冷和平

冷戰、熱戰之外的第三條路，台灣該如何選擇？

Cold Peace: Avoiding the New Cold War

邁可・多伊爾
Michael W. Doyle

邁可・多伊爾的著作

《干預問題：約翰・史都華・密爾與保護責任》
《自由主義式和平論文集》
《第一擊：國際衝突的先制與預防》
《發動戰爭與和平建構：聯合國維和行動》（與尼古拉斯・桑巴尼斯合著）
《戰爭與和平的方式》
《聯合國的柬埔寨維和行動：UNTAC的平民託管政權》
《帝國》
《貨幣混亂的替代方案》（與弗雷德・赫希及愛德華・莫爾斯合著）

獻給

莉亞・梅芙・朱瑞克

願她的世代

生活在和平之中

繁體中文版作者序——致台灣

台灣正處於一場新冷戰崛起的最前線，這場冷戰將令美國及其歐亞盟友對上中國、俄羅斯與其盟友。這場衝突既是意識形態的（民主對上獨裁），也是經濟的（統合經濟對上市場經濟），更是地緣政治的（崛起的中國對上受到挑戰的美國）。而台灣，正處於這場衝突的正中央。因此，台灣的安全與繁榮，將決定是否能出現緩和局勢的「冷和平」，進而緩解「冷戰」的緊張，讓氣候變遷與經濟繁榮等諸多全球性的挑戰能夠有所進展——這些都需要跨越陣營界線的合作。

我首先想點出一些本書提出的概念；接著指出緊張關係的源頭；最後總結思考台灣在

「冷戰」與「冷和平」中同時兼具的核心地位。

「冷戰」是指不使用直接武力，但雙方或多方被視為挑戰彼此政治獨立或領土完整的衝突。經典例子當然是第一次冷戰，亦即一九四八至一九九〇年間的美蘇對抗，其中涉及代理人戰爭、經濟戰與多次顛覆政權的企圖。當代的例子則包括二〇一六年俄羅斯干預美國選舉；中國指控美國煽動香港的雨傘運動；蓄意進行的網路破壞及產業間諜活動。

「冷和平」則是在競爭之中，雖然質疑彼此的合法性，但各方經過協商，擱置積極顛覆行動（例如勒索病毒、網路破壞行動等），以追求對互惠互利的全球目標，例如減緩氣候變遷的壓力。一九七〇年代的緩和政策曾試圖達成冷和平，但效果有限，最終崩潰。當前與中國進行的協商，則是另一波嘗試。

第一次冷戰主要是通過軍備競賽與代理人戰爭（例如在越南、安哥拉與阿富汗的戰爭）來進行「對抗」。當前崛起的冷戰，是以代理人戰爭（如烏克蘭）進行，但更直接的跨國性對抗，則是通過產業競爭與網路戰來發動。第一次冷戰為雙極；這一次的冷戰卻是多面向，明確呈現三極。到一九六〇年代末期，美國的工業實力已明顯將壓倒蘇聯。此刻，中國的GDP則持續以兩倍速的增長超越美國，且擁有超過美國兩倍的人口，而俄羅斯

（儘管經濟疲軟）則大力投資在軍事能力與網路戰。第四「強權」——歐盟，是經濟超級大國，但性格卻過度平和，在全球外交政策上也不很團結。

全球對抗的軸心是雙極的，是獨裁政權（中國、俄羅斯、伊朗、北韓及其盟友）對上民主政體（美國、北約、日本、澳大利亞及其盟友）。衝突的根源深植於兩個體系的政治經濟、文化與意識形態。獨裁政權作為政治體制的合法性，必須透過鎮壓政治異議分子，或實現強勁的經濟表現（貧困或經濟危機都是上一代人的往事），或以極端民族主義來強化——又或者是三管齊下。俄羅斯與中國都帶著失去帝國的恥辱感：中國是受制於十九世紀末、二十世紀初西方與日本的帝國主義；俄羅斯則是源於蘇聯解體。

崛起中的新冷戰有兩重源頭。首先，美國與中國之間的地緣政治緊張局勢，是擾亂權力動態的核心，中國的崛起威脅到美國的主導地位。此即所謂的「修昔底德陷阱」，可遠溯至西元前五世紀的伯羅奔尼撒戰爭；這場崛起的雅典與保守的斯巴達之間的戰爭，由於斯巴達恐懼雅典挑戰自己的希臘霸權，為了保衛霸權而備戰。這個問題已經成為美國政治學家格雷厄姆·艾利森的暢銷書主軸。他在書中記錄了歷史上十六次「修昔底德陷阱」中，只有四次和平解決，其他十二次中，主導霸權（如美國）以發動攻擊保持卓越地位，或是由（像中國這樣）崛起中的大國發動攻擊，要求獲得遭到拒絕的領導特權。除了權力動態之外，還存在著資訊的不確定性。像中國這樣的新興大國，有足夠的動機將自己描繪成不具威脅性的形象——直到他們強大到有能力推翻國際秩序為止。受到威脅的既有大國如美國，同樣也有放大警報的動機。兩者共同激發了緊張局勢。

第二源頭則是各陣營內部的國內問題。普丁與習近平希望「創造讓獨裁制度安全生存的世界」，而拜登則希望「營造讓民主制度安全生存的世界」。理論上，三國都尊重政治獨立、領土完整和自決的原則。問題在於，「民主制度安全生存的世界」尊重人權與自由市場的規範（意即此價值是值得和平提倡的）。而「獨裁制度安全生存的世界」中人權與自由市場是有名無實的（由上位者視情況決定）。習近平與普丁對世界上的其他獨裁者，提供直接（如俄羅斯公司華格納武裝傭兵集團）與間接的支持，並藉此贏得獨裁者的地緣政治忠誠。美國與其民主盟友則令獨裁者坐立難安，即便民主國家一向依賴他們來取得石油與市場。

中國和俄羅斯的國際安全威脅，得透過他們內部安全的稜鏡來觀察。中國聲稱擁有南海水域的主權，而且不希望北韓在滿洲邊境上崩潰，變成一個統一的民主韓國。中國現在也已經展示，它不會容忍完全民主化的香港。普丁支持俄羅斯西方的白俄羅斯強人盧卡申科；卻不會容忍南方的烏克蘭加入歐盟。俄羅斯在烏克蘭境內的代理人亞努科維奇撐不起來的情況下，直接奪走烏克蘭的克里米亞，形成不安定且脆弱的俄裔少數族群，持續需要潛在援助：這一切都是為了讓烏克蘭分裂、危機四伏，並給在俄羅斯勢力範圍內可能想要尋求民主或自治的人一個教訓。

在新冷戰中，緊張的局勢和衝突的驅動因素，並非全都來自中國和俄羅斯。西方的自由派譴責威權主義者普遍侵害人權，並希望對其施加額外制裁。最極端的情況是，美國也發動了破壞穩定的侵略行為，例如，布希政權在二〇〇三年發動「自由議程」允許入侵伊拉克對抗海珊，這一行動使得各地的極權主義者都坐立難安。同時，跨國企業精英對於必須跟中國和俄羅斯的國有或國營企業競爭一事，擔憂到心中警鈴大作。任何形式的自由民主資本主義，都會發現要跟統合民族主義獨裁政權合作，相當困難。

更加複雜的因素在於，就像民主資本主義的「第一世界」與獨裁共產主義的「第二世界」之間的第一次冷戰，催生了發展中國家尋求中立立場的「第三世界」。同樣地，今天巴西、南非、印度、印尼與土耳其（儘管名義上是北約成員），也正在尋求一條獨立道路，意欲藉由此局勢獲利並遠離民主與獨裁之間的全球對峙。

我們要記得，理性利益應該也確實抵制了獨裁民族主義與民主自由主義之間的冷戰。這兩者的命運深深交纏並相互依存，是一九四六年前東西方之間從未出現的情況。歐盟依賴俄羅斯的天然氣；而俄羅斯經濟仰賴西方的科技。在第一次冷戰中，光是國防開支，估計就耗去美國約十一兆美元。第二次冷戰可能更加昂貴：根據某些指標顯示，中國仍是經濟增長最快的國家之一，且已成為世界最大的經濟體。而孤立俄羅斯已經讓歐洲跟俄羅斯都付出極大代價。此外，若欲壓制伊朗核擴散，實有賴美、俄之間的合作。另外，地球是否能適宜人居，端視中、美在領導抑制全球暖化議題上的合作。新冷戰讓所有一切都處於風險中。

冷和平緩和戰略將需要高難度的妥協與堅定的防禦。對中國而言，國內的壓力無助於緩和情勢，且可能帶來反效果。習近平有效控制著人民與企業精英。在外交政策上，西方自由派雖承認亞投行(亞洲基礎設施投資銀行)的國際經濟投資帶來正面經濟效應，但他們也揭露這些投資如何在發展中國家，如緬甸、柬埔寨、菲律賓及非洲各國內，孕育且助長獨裁的恩庇侍從主義。

在這場新的競爭中，台灣在意識形態與物質利益兩個面向上都是至為重要的關鍵。就意識形態來說，島嶼的安全是民主自決原則的體現，而民主自決對民主世界來說至關重要。對中國而言，台灣是中國國家主權與領土完整的具體體現，是祖國尚未統一的最後一「省」。在物質利益上，台灣則對全球經濟繁榮也至關重要，台灣在高級電腦晶片上的重要性，等同於沙烏地阿拉伯在石油戰略中的關鍵位置。這解釋了拜登總統之所以承諾保衛這座島嶼的原因。然而，不管是意識形態與物質利益的爭戰，都沒有明確或簡單的解決方案。台灣必須加強軍事防禦能力；也必須制定軍備控制協定（正如本書中所討論）；同時，兩岸若真的，同時有意想走向統一之路，也只能且必須建立在共同且和平的認知上，找到適切且雙方均可行的形式，才可能有助於緩解部分緊張局勢。

本書結論中，我解釋了這些妥協是從「冷戰」轉向我們所稱之為「冷和平」的部分努力。冷戰是一場沒有「熱」武裝敵對行動的戰爭，目的在於摧毀對方的政治獨立或領土完整。今日，我們需要的是冷和平，這是以共同生存與全球繁榮為名，擱置顛覆性轉變的緩和局勢。政治體制可能相互衝突，說服與批判論辯必須合法進行。但是，武裝代理人介入、顛覆性網路戰、針對國內政治機構與重要基礎設施的秘密行動，都應該受到禁止，並被視為非法武力。這意味著要重新確立國際法治原則，重申既有聯盟，並改善跨大西洋與跨太平洋的貿易體制，讓所有願意遵守規則的人都可以參與。

邁可・多伊爾

目錄

引言

從冷戰到冷和平

此刻已經愈來愈清楚，後冷戰時代已經結束。這讓我懷念起一九八八年聯合國大會上那美好的一日，那是冷戰結束的日子，戈巴契夫（Mikhail Gorbachev）宣布人權不再只是西方概念（冷戰期間被視為如此），而屬於全人類及全球。[1]柏林圍牆倒塌，華沙公約組織瓦解，接著是蘇維埃聯邦崩潰，俄羅斯開始實行民主。接著一九八九年，中國年輕人在天安門廣場上立起了一座自由女神像，[2]預示著自由主義的「春天」傳播到其他共產主義大國的可能性。

一九九〇年代初期是充滿希望的年代，卻也是機會錯失之際。我跟偉大的冷戰小說家大衛・康瓦爾（David Cornwell，筆名約翰・勒卡雷 [John le Carre]）感受到部分相似的悲哀諷刺。他在二〇〇一年時表示，正確的一方輸了冷戰，但錯誤的一方卻贏得這場戰爭。[3]二〇二〇年，他在一九九〇年對喬治・史邁利（George Smiley）的評論中，進一步闡述這句話；史邁利是勒卡雷自我投射的角色：「有一天，歷史可能告訴我們誰真正贏了。倘若民主俄羅斯崛起——那麼俄羅斯將是贏家。倘若西方仍困在自己的物質主義中，那麼西方最終仍舊成為輸家。」[4]勒卡雷希望在新建立的國際秩序中，實現無勝利者的和平。不幸的是，我們卻進入了混合傲慢的美國單極主宰時代。

俄羅斯陷入民粹主義，後來又陷入獨裁專制的竊國政權，東歐則轉往依賴北約及歐洲聯盟。中國透過成功向市場融資，同時壓制民主進展。

今日，新冷戰崛起中，我們正為一九九〇年代的缺乏創意付出代價。而且情況愈來愈嚴重；遠比相互侮辱更加危險。今天烏克蘭人試圖勇敢捍衛國家獨立，就是人類為此付出代價的一環。

後冷戰時代非但不是標誌著意識形態紛爭的結束，和平合作的國際自由秩序擴張，或回歸古典的多極權力平衡體制，緊接而來的反而是一場新冷戰。迄今為止仍算是冷戰的這場戰爭，發生在強國與強國之間，及對撞的政府體制之間。它的特徵是工業競爭、資訊顛覆及網路戰。

這一切都沒逃過政治家的注意。拜登（Biden）總統在二〇二一年的首場記者會結束時說：「我向你們預測，」他對記者說：「你們的子女或孫子女的博士論文，將會辯論誰贏了：獨裁還是民主？這就是當前問題之所在。」[5]

新地緣政治世界對於控制氣候變遷、促進人權及保障國家安全，都至關重要。全球公民需要更同心協力應對全球安全的緊張局勢，也需要更謹慎但堅定的人權策略，兩者都必須適應當前時代，並確保後冷戰時代能超越烏克蘭戰爭，至少進入冷和平的狀態。

對美國來說，這類努力必須包含在應對俄羅斯跟中國時，更謹慎一致的外交作為，目的在於建立一個基於互不顛覆的緩和情勢。這類努力也必須在國內政策方面促進實質改革，建立韌性，強化更平等的秩序。加強自由安全，促進繁榮，支持人權，都需要重新確立國際法治原則，重申現有的聯盟關係，解決部分自由民主國家國內的不平等問題，並改善貿易體制——這些全都是促進更好的國際關係形勢的必要條件。

幸運的是，雖然存在著發生一**場**冷戰的危機，卻非重演**那場**冷戰的危險。第二次冷戰不太會像第一次冷戰那樣極端。有三項因素阻礙衝突升高。首先是理性認知美中之間冷戰可能帶來的成本。只需回想一下，中國的經濟成長率超過美國的兩倍，國內生產毛額接近美國，人口則是美國的三倍。其次，在依賴共榮與保護地球免受環境惡化的影響上，全球的共同利益是前所未見的巨大。第三，俄羅斯和中國都是威權國家，卻非極權國家。普丁主義不是史達林式共產主義，習主義也不是毛主義，他們都不是納粹。

然而，美國、俄羅斯跟中國之間不太可能建立像西歐內部或歐洲、美國和其他盟友之間所共享的那種「暖」和平。

這些強權都不是特別具有侵略性。近年來，美國入侵了阿富汗和伊拉克（後者基於很有問題的情報），並與盟友干預了利比亞及敘利亞。俄羅斯入侵喬治亞和烏克蘭（兩次）。中國則對南海提出領土主張，並對自治的台灣主張主權。

全球衝突的更深層根源是防禦性的。美國及其盟友不想透過武力強推民主制度。[6]他們想「為民主」創造一個「更安全的世界」；這個世界擁有可負擔的國家安全，安全選舉，自由市場，即使人權仍舊是個理想。中國與俄羅斯也不是為了追求獨裁而獨裁。他們同樣也是想要「一個獨裁體制的安全世界」；這個世界裡，政府擁有舉行選舉及賦予人權與否的自由，市場及資訊則受制於國家指導，政府之外的任何人都不得質疑國家政策。雙方都受到威脅，因為這兩種願景（都是系統性的，所謂的**環境** [milieu] 目標）並不相容，除非雙方都同意進行艱難的妥協。

入侵烏克蘭後引起的震撼、戰爭罪行及嚴厲報復制裁後，恢復外交妥協的前景將變得困難。然而即便最糟的戰爭也會結束。越戰與蘇聯入侵捷克斯洛伐克之後，冷戰緩和（Cold War détente）隨之而來。

冷戰衝突可以發展成妥協，成為一種冷和平的緩和狀態（cold peace détente），前提是非顛覆協議能付諸實踐；也就是說，雙方都不試圖侵犯對方的政治獨立或領土完整。促進國家利益與人權的重大辯論仍舊可以進行，但須伴隨著對網路衝突、產業競爭、烏克蘭、台灣及南海的談判。美國需要建立深層防禦：保護民主程序不受網路攻擊，啟動新政（New Deal）來解決國內的不平等問題——這些問題助長了當代民主國家中的顛覆威脅（例如二〇二一年一月六日在華府發生的企圖政變）。

本書中，我將描繪我們正逐步邁入的新冷戰危機。儘管美、中、俄之間的緊張局勢主宰著世界政治，但我們不應假設它們是不安的唯一來源，這我也將於書中一一點出。

我將在本書的第一部，概述崛起中新冷戰的定義與輪廓。第二部中，我將主張，就像最初的冷戰，這是一場在國際上（internationally）及跨國間（transnationally）深受結構限制的衝突。國際上，兩極對抗與霸權轉移邏輯啟發了一些人（尤其是格雷厄姆．艾利森[Graham Allison]），對於新的「修昔底德陷阱」提出警告，亦即崛起大國將挑戰沒落大國，競爭將以戰爭解決。從跨國的角度來看，這場衝突是由國內驅動的社會及政治體制間的政治競爭，這些制度各自都支持顛覆性的國內變革。網路戰與資訊戰的新技術都是有利的條件，但今日更重要的是，這些技術已經在致命的競爭中轉化為武器。

這種衝突愈演愈烈。一些知名的美國政治家，其中以已故參議員約翰．麥坎（John McCain）最為突出，已經在俄羅斯的顛覆性威脅中發現了一場新冷戰，他們呼籲民主國家聯合對抗這些威脅。然而麥坎的分析忽略的是，美國以北約東擴及後冷戰全球主導的軍事戰略等方式，威脅了俄羅斯及中國。我並非不同意團結民主國家的價值。一九三〇年代末期曾有滔滔（卻無效的）呼籲，希望團結民主國家；然而今日，獨裁政權的威脅既不夠極端，也未獲得足夠重視，無法維持全面團結的回應。同時，民主國家之間的政策差異，使得在形成正式機構化的聯盟關係的廣泛議題上，將難以獲得緊密的協調。

其他人則點出麥坎忽視的因素，並描述西方針對俄羅斯及中國的侵略行動，主張俄國人與中國人不過是透過在烏克蘭、喬治亞與南海建立緩衝區以自衛。這些策略人士卻低估了民族主義、統合主義（corporatism）與獨裁體制的內在驅動力——以及這三者之間的關聯——這些驅動力驅使這些大國競逐名聲與資源。新的獨裁國家運用國家力量參與國際企業競爭，並培養外部敵人以證明內部鎮壓的必要性。

考慮衝突的國內驅動因素時，我將區分不同形式的統合主義（包括國家通過規劃強制實施的形式，以及由下興起而形成的各種裙帶關係形式），以及不同形式的民族主義及獨裁體制。我還將探討這些因素如何相互關聯，並以不同方式，跟各種資本主義、自由主義與民主體制之間難以產生穩定關係。

若不考慮二〇一六年的美國選舉，我所描述的新冷戰本應十分清晰。唐諾・川普（Donald Trump）並非這場衝突的根本原因，只是一個異常情況。事實上，倘若希拉蕊・柯林頓（Hillary Clinton）成為總統並致力於人權、民主與全球市場，那麼新冷戰將更加清晰，並更具對抗性。儘管川普的風格、個性與偏好不像任何當代領袖，跟他最接近的反而是弗拉基米爾・普丁（Vladimir Putin），但川普跟普丁的兄弟情誼並不能保證美俄的合作關係。川普的軍事主義、不穩定及不可預測，成了這場新冷戰的惡化力量。現在，拜登出任總統，民主與獨裁之間的全球分歧變得更加明顯，拜登總統非但沒有減緩新冷戰，反而推動它的發展。

第三部裡，我將探討這場新冷戰在歷史上的重要類比。跟某些學者不同，我解釋普丁不是史達林，習近平也不是毛澤東，今日也沒人會是希特勒。然而，我同時也將點出二十一世紀的「統合主義、民族主義及專制體制」與二十世紀的法西斯主義之間的重要關聯。普丁主義的意識形態與政策，跟墨索里尼攻擊衣索比亞並干預西班牙共和國的思想及政策之間，存在著迷人連結。正如麥克奎格．納克斯（MacGregor Knox）所主張，墨索里尼試圖奪取軍事榮耀並擴大他的海外控制，以支持他在國內打造法西斯主義國家的運動。一九三〇年代日本軍事政權創造的戰略環境與選擇，跟今日中國習近平主席面對的環境及政策選擇之間，存在著更為重要的連結。我並不是說我們將重演二次大戰，核威懾、地緣經濟及其他差異都至關重要，但我們可以從政治家在「戰間期」所面對的環境跟犯下的錯誤之中，吸取許多經驗與教訓。

第四部中，我將提供證據，說明另一場冷戰並非不可避免，並列出讓冷和平有望實現的重要妥協。然而，這場衝突的國內結構根源，使得美國、俄羅斯跟中國之間不太可能建立像西歐內部或歐洲與美、加、澳、日之間所共享的那種「暖」和平。

冷戰之中，光是美國國防支出就耗費了十一兆美元（一九九〇年的美元）。總的來說，超級大國之間雖維持「冷淡」關係，卻在代理人戰爭與激發的衝突中，造成一千四百萬人傷亡。[7]我們今日的憂慮，不僅在於新冷戰對全球安全的意義，同時對於意欲保護人權及地球的人道世界來說，新冷戰又將帶來哪些影響。我想明確指出，此刻並非全球安全、世界繁榮、韌性環境或人權的好時刻。

因此，我的總結將提出建議，我們需要更努力協調，透過在氣候、網路關係、烏克蘭及台灣議題上發展妥協並尋求共同點，以管理全球安全的緊張局勢。美國及其盟友需要新的思考，設計更謹慎但堅定的人權策略，以適應這個時代，以期能為更好時刻創造條件。在這些更好的時刻裡，競爭就算不是在協議中進行，也至少是在冷和平的緩和狀態中進行，取代逼近的冷戰。在冷和平中，任何大國都不會企圖顛覆另一個國家的政治獨立或領土完整。但我們今日所處的世界，保持政治獨立與領土完整這兩者都受到挑戰，基本安全處於風險之中，人權處於防禦狀態。

倘若主要強權能實施不顛覆協議，世界就可以從冷戰的對抗形勢演變為冷和平的緩和狀態。促進國家利益與人權的重大辯論仍舊應該進行，但須伴隨著對克里米亞及南海的談判。緩和情勢可能會鼓勵俄羅斯和中國採取較為溫和的政策，但我們應節制對此的期望。與此同時，美國需要保護民主程序不受網路攻擊，並培養更加中間路線且負責的領袖。然而支持川普總統的白人民族主義的崛起與中產階級削弱有關，美國與其他自由主義國家需要啟動類似「新政」的計畫，以解決助長當代民主國家內部民粹主義的國內不平等問題。

最後，我們必須理解新冷戰的威脅，並採取措施遏制其發展，以免將新一代人拖入軍備競賽的漫長黃昏，更錯失應對全球挑戰的機會。最重要的是，我們必須努力緩和局勢，以共同生存及全球繁榮之名，讓針對國內政治機構及關鍵基礎設施進行的秘密行動不再被列入考慮。本書邀請您一同展開這項計畫。

第一部

新冷戰？

二〇二一年，隨著以俄羅斯為根據地的網路犯罪激增，中國共產黨（CCP）的人權侵犯行為也日益上升，美國與俄羅斯及中國的關係日益緊張。北大西洋公約組織（NATO，簡稱北約）高峰會議針對俄羅斯與中國對「基於規則的國際秩序」所帶來的「系統性威脅」，採取了更加團結的立場。北約並稱這兩個國家，將它們視為對北約聯盟的雙重威脅，這個聯盟過去幾乎完全專注在蘇聯（USSR）／俄羅斯身上。幾日後舉行的七大工業國高峰會議（G7）裡，包括美國、英國、法國、加拿大、日本、義大利及德國在內的成員，對於中國對新疆、香港和台灣的侵害作為，也提出類似批評。北約峰會與G7峰會後，中國外交部發言人趙立堅回應稱，西方國家「對中方蓄意污衊」，並補充：「可以說，中俄新時代全面戰略協作夥伴關係是全方位的，也是全天候的。中俄合作上不封頂，下接地氣。」當G7討論美國撤離阿富汗時，中國和俄羅斯挑釁要求追究美國軍隊對阿富汗平民造成的損害責任。當中國察覺到印度和美國之間增加協調合作時，便開始稱呼它們為「敵人」。[1]

第一章

定義冷戰

新一輪冷戰爆發的可能性，已經引起政治家及學者的關注。前美國國務卿亨利・季辛吉（Henry Kissinger）說，美國與中國已經處在「冷戰的山腳」，並提出警告，若不加以限制，這場衝突可能比第一次世界大戰更加惡劣。「在我看來，在一段相對緊張時期後，進一步理解政治肇因，並令雙方致力克服這些原因的明確努力，尤為重要。」季辛吉在新經濟論壇（New Economy Forum）的一場會議中談到：「此刻為時仍不晚，因為我們還處在冷戰的山腳。」季辛吉還指出：「我支持也期盼貿易談判能夠成功；大家都知道貿易談判可以是政治討論的小開端，後者的發生是我所期盼。」[1]

聯合國秘書長安東尼奧・古特雷斯（Antonio Guterres）宣稱：「冷戰帶著威脅重返，卻有所不同。」他解釋道：「過去的危機升級風險管理機制與保障措施似乎已不復存在。」[2]川普政府早期的第二位戰略大師麥克馬斯特（H. R. McMaster）預告了一場崛起中的地緣政治鬥爭。在一場預覽川普政府的新國家安全戰略（稍後討論）的演講中，言談間喚起當前秩序的戰爭圖像，包含恐怖主義團體對「自由的威脅」、中國與俄羅斯的「修正主義大國」，以及伊朗與北韓的「流氓政權」，將之比為美國及其盟友過去面對的「法西斯主義、帝國主義與共產極權主義」威脅。[3]傑出國際史學者，如勞倫斯・弗里德曼（Lawrence Freedman），則描述了一個「新冷戰」時代，特徵是「企圖暗殺、網路攻擊、軍事干預——俄羅斯再次跟西方玩起致命遊戲。然而，虛張聲勢之下是個充滿不安全感的國家。」[4]進步左派的聲音也提出他們的觀點，正如邁可・克雷爾（Michael Klare）在《國家》雜誌（*The Nation*）一文中呼籲，他點出川普跟普丁互相挑釁的核武教條，回歸冷戰風格的核技術競賽，同時習近平宣布自己沒有任期限制。[5]

冷戰蘇聯專家羅伯特・萊格沃德（Robert Legvold）不情願地接受，俄美之間因為烏克蘭危機而升溫的緊張局勢，意味著**冷戰回歸**。他補充說，論點裡的兩項要素——關係惡化等同冷戰，以及雙方都有責任——將引起強烈異議。[6]但在理據充分的研究裡，他仍然宣稱他的結論都是有憑有據。接著他追溯了關係是如何惡化的。本書同意他的觀點，但發現了更廣大的緊張領域，包括跟中國的緊張局勢，並探討新冷戰分裂的更深層政治、經濟與社會根源。[7]

當然，有其他人持不同意見。右翼的哈德遜研究所（Hudson Institute）總裁肯尼斯．韋恩斯坦（Kenneth Weinstein）拒絕用「冷戰」這個詞來形容美中關係，他並指出川普與習近平個人關係良好，以及此類衝突會帶來的巨大經濟成本。[8]其他人則創造出新標籤，包括「熱和平（Hot Peace）」（前美國駐俄羅斯大使邁可．麥克福爾 [Michael McFaul]）與「酷戰爭（Cool War）」（國際法學者諾亞．費爾德曼 [Noah Feldman]），兩者都點出了想要形塑崛起中競爭關係的含糊之處。[9]

美國國務卿安東尼．布林肯（Antony Blinken）也拒絕了「新冷戰」的標籤，但他隨後的言論聽起來卻像是另一場長期鬥爭的呼籲。他說，他認為美中之間的關係是「複雜的」，是反映了各種面向的混合。他點出「對抗的面向……競爭的面向……合作的面向——三者都是。」[10]然而，美蘇冷戰自然也是複雜的：敵對、競爭，也有合作（大量的軍武控制條約及核武不擴散條約可資證明）。布林肯繼續在演說中向大眾保證，美國將「以實力為後盾」與中國交往，將動員盟友，並如拜登總統在二〇二一年四月對國會的演講中所強調，支持民主與獨裁專制之間的對抗。二〇二二年五月他在喬治．華盛頓大學的一場重要演講中，繼俄羅斯入侵烏克蘭後，重申了美國的政策：「即便普丁總統的戰爭仍然持續，我們仍將專注在當前國際秩序所面臨的最重大長期挑戰，亦即來自中華人民共和國的挑戰。中國是有意想要重塑國際秩序，並且逐漸擁有經濟、外交、軍事與技術實力來實現這一目標的唯一國家。北京的願景，將使我們遠離過去七十五年來維持世界進步的普世價值觀。」[11]

＊　＊　＊　＊　＊

重要的是，正如後續章節將要論述的，這場衝突實則根深蒂固。它並不是通往全球自由和平的「歷史終結」進程的短暫岔路，也不僅是普丁對上川普或拜登，或兩人對上習近平的總統自尊競爭。它也不只是重返古典多極大國競爭的外交調整，或美中之間的新地緣政治雙極，或者美國主宰的單極世界的艱難處境。

相反地，就像原初的冷戰，這是一場社會政治體制之間的深刻衝突，而不只是東歐、中東或南海等地爭奪區域軍事主導權的競爭。新冷戰是一場跨國政治競爭，美國和俄羅斯—中國都各自支持著國內的混亂或轉型。網路戰和資訊戰的新技術使之成為可能，但今日更重要的是，在致命競爭中將這些技術武器化。在此我們不禁要問，這跟其他形式的國際關係有何不同。

我們需要新的標籤來描述我們正要進入的世界。我在表一（見第三十三頁）羅列了一些傳統的選項。倘若「戰爭」是為了削弱政治獨立和領土完整，「和平」則是相互接受彼此的政治獨立與領土主權，有時與「安全共同體」有關；「冷」意指非武裝衝突，「熱」則是武裝的動態衝突。各種可能性都呈現在表一中。[12]

「熱戰」是動態的武裝國際衝突，正如二十世紀發生的兩次世界大戰，以及此前與此後國家之間發生的許多戰爭。一方或多方挑戰另一方的領土完整或政治獨立，並使用武力來實現他們的目標。

「冷戰」則是國家之間不涉及直接軍事行動的衝突，「主要通過經濟和政治行動、宣傳、間諜活動或代理人戰爭來追求」的衝突。正如華特・利普曼（Walter Lippman）在其對圍堵政策的經典批評（《冷戰》）中所定義，[13]是不直接使用武力的衝突[14]，至少有一方質疑另一方的合法性，無論是試圖削弱其政治獨立還是領土完整。這可能涉及領土的競爭，甚至像歐洲傳統上基於王室繼承權的競爭，如百年戰爭期間英法王室之間的爭奪統治權力。[15]它還涉及資本主義與共產主義之間的競逐，人權究竟屬於普世價值亦或應由國家定義，宗教之間的鬥爭，以及專制或民主何者更具有統治合法性的爭議。南非的鄰國因其對待非洲裔人民的方式欠缺合法性，因此拒絕種族隔離制度。伊朗和沙烏地阿拉伯則因伊斯蘭教派別的宗教差異而分裂，不只是對石油和區域強權地位的商業競爭。

「暖和平」幾乎是前述的悖反。此處的和平關係反映出國家的合法性，因為國界獲得承認，意識形態被認為是相容的或無關緊要。著名的例子包含拿破崙戰爭之後的維也納和會協議，以及隨後的歐洲協調（Concert of Europe）外交。專制的俄羅斯與奧地利（以及恢復波旁君主政權的法國）雖與統治英國的議會貴族不同，但皆由貴族地主主導政治的共同基礎，加上遏制法國再次崛起的共同利益，促成了合作關係。現代的經典案例，則是在十九世紀逐漸崛起，二戰後在北約及歐洲聯盟中蓬勃發展的，在自由民主國家之間共享的自由主義和平。它不像歐洲協調體系下合法國家之間的和平，自由主義和平或「民主和

表一　戰爭與和平的狀態

	暖和平	冷和平	冷戰	熱戰
意識形態較高	自由主義和平安全共同體	美國 vs. 俄－中 2023?-	美 vs. 俄－中 2012-2022	總體戰 第二次世界大戰
	美國－日本 1922-1931	美國－義大利 1925-1939	第一次冷戰 1948-1990	革命戰爭[16] 以色列－阿拉伯諸鄰國 南韓－北韓 1950-1953
		美國－日本 1931-1941	美國－古巴 1961-	
			蘇聯－中國 1960-1989	
			納瑟時代埃及－沙烏地阿拉伯 1958-1967	
			南韓－北韓	
			美國－伊朗 1989-	
			以色列－阿拉伯諸鄰國	
			中國－日本 2010-	
意識形態較低	歐洲協調 1815-1830	美國－英國 1789-1812 1815-1865	俄國－烏克蘭 2014-2022	俄國－烏克蘭 2022-
		美國－法國 1793-1803		第一次世界大戰
		法國－英國 1885-1898		十九世紀的權力平衡戰爭 美國－英國 1812-1815
		德國－法國 1871-1914		
		帝俄－英國 1856-1918		

平」已證實相當堅固，只要各個政體繼續由民主制度統治，自由主義代議政府之間的和平就能持續存在（也只會在它們之間存在）。[17]

「冷和平」是此中最難定義的。其概念上是建立一個禁止使用武力的體系，體系之中的各方能確保基本合法性，儘管其合法性仍存在重大差異。美蘇冷戰時期難以捉摸的緩和情勢，就是往此方向的一種摸索。通過正式的保證與正式合作的建立，可以更深入地制度化，就像本書將為美國與中、俄關係提出的方向一樣。[18]另一個相關的概念點出，冷和平通常是在締結正式和平條約而非和解條約後出現，例如，締結和平契約後，至少一方的政府或人民「在國內公開對條約表示厭惡」。不像冷戰，冷和平不包括代理戰爭、秘密破壞或企圖破壞競爭國家的政治獨立。以色列和埃及在《大衛營協議》（Camp David Accords）後，以及印度與巴基斯坦在卡吉爾衝突前後的關係（較不成功），都被視為冷和平的案例。[19]

「大國競逐」？古典協調

川普政府在第一份國家安全戰略（NSS）中，對新國際秩序的描述則是對未來的預視：「大國競逐」。這意味著什麼？

川普政府發布的國家安全戰略高舉「美國第一」的承諾（彷彿先前的美國政府都未試圖追求美國利益），並認為這個世界非但不是「國際社會」（先前政府使用的禮貌空洞口號），實際上是一個「大國競逐」的競技場，特別一邊是美國，另一邊是中國與俄羅斯。[20]

「中國與俄羅斯挑戰美國的力量、影響力及利益，試圖侵蝕美國的安全與繁榮。他們決心壓縮經濟的自由與公平程度，擴增軍隊，控制資訊及數據以壓制他們的社會並擴增影響力。同時間，朝鮮民主主義人民共和國和伊朗伊斯蘭共和國的獨裁政權則決心破壞地區穩定，威脅美國及我們的盟友，並殘酷對待自己的人民。從伊斯蘭聖戰恐怖分子到跨國犯罪組織，這些跨國威脅團體都積極試圖傷害美國人。儘管性質上與程度上，這些挑戰各不相同，但它們基本上都是重視人類尊嚴與自由者，跟壓迫個體、強迫一致性的人之間的競爭。」21

這看似嚴格的教條，實際上意涵相當模糊。「大國競逐」可以有很多不同意涵，既可以是經典的權力平衡，也可以是新冷戰。對某些人來說，回歸大國衝突標誌著回歸傳統的權力平衡現實政治（realpolitik）——亦即通過外部（聯盟轉變）與內部（軍備建設）競爭來控制的體系。22這種聯盟間的彈性調整及有節度的世界政治，令人想起如撞球在桌上彈跳的形象，賞心悅目一點的畫面則如十八世紀的小步舞曲般有序的你進我退。十八世紀的歐洲平衡，是合法政府之間的衝突受到調節的時代，那時，盟友可以成為敵人，反之亦然；同時期，在「界線之外」的美洲、非洲或亞洲則正陷入武裝衝突。季辛吉式的十九世紀維也納會議或協調體系，可能讓策略規劃者鬆一口氣，因為侵略將為對抗性聯盟所遏止。但這種體系的關鍵是「聯盟的靈活性」，正如十九世紀英國外務大臣帕爾默斯頓（Palmerston）所形容：「我們沒有永遠的盟友，也沒有永遠的敵人。我們的利益是永恆不斷的，我們的責任是追求這些利益。」23

川普政府一位「高級官員」也引用了這種古典觀點，傑弗瑞・戈德堡（Jeffrey Goldberg）稱為「沒朋友也沒敵人」原則。[24]這一點也回應了對被視為霍布斯主義者的川普前國家安全顧問約翰・波頓（John Bolton）的描述：「生命粗暴而短暫……美國國內有其價值觀，但他對他國的價值觀毫不關心。倘若與他國合作可以增進你的利益，那就做吧。」波頓的一名同事如此表示。[25]

理查・哈斯（Richard Haass）與查爾斯・庫強（Charles Kupchan）則提出一個更具合作性的版本，即歐洲「大國協調」的復興。[26]事實上，一八一五年的維也納會議（Congress of Vienna）是另一個國際合作成功的精采案例。儘管當時將小國視為大國可以隨意重新分配的棋子，它卻克服了意識形態上的差異，形成了協商歐洲各國之間分歧的「歐洲協調」，並創建了驚人穩定的歐洲國際秩序，在沒有爆發另一次世界大戰的情況下持續了整整一世紀。最重要的成就在於後者，它建立了歐洲範圍內的權力平衡，既恢復了法國，又通過創建更強大的鄰國，即聯合的荷蘭王國與德意志聯邦，實現了平衡。[27]可能有人懷疑「合作」比法國帝國主義這個共同敵人更具挑戰性，且維也納會議的各方與會者，也比一般公認來得更加多元。神聖聯盟——由俄羅斯、奧地利與普魯士組成的聯盟——提議在全歐實行君主專制制度，而大不列顛則堅持議會制政府。因此，許多英國人對義大利、希臘、西班牙、葡萄牙及歐洲其他地方出現的自由主義革命表示同情。儘管如此，由於歐洲協調的主要支持者卡斯爾雷（Castlereagh）領導了英國國會，因此各國接受彼此的合法性，創造了外交談判的條件，讓與會國家得以建立協調體制。季辛吉注意到，協調外交的條件之一：「只要不存在主張其正義觀念具有獨占性及普遍性的國家，就夠了。」[28]各個國家的正義觀念總是互相競爭，一個國家必須謹記並能在觀念上妥協，才能實現有效的合作。

不幸的是，協調體制的普遍合作精神卻壽命短暫。一般認為，一八一五年維也納會議造就的外交合作「協調」持續了一世紀之久，直到第一次世界大戰爆發才被打破。然而，正如尼科森（Nicolson）所指出，權力平衡聯盟往往在最初團結對抗的共同威脅消除後，就開始瓦解。法國一恢復波旁王朝統治，就不再被視為對歐洲和平的威脅，會議中各國不同的政治意識形態就開始瓦解聯盟；[29]目的在於實現君主立憲制的一八二〇年代革命，也造成歐洲協調的分裂。例如，奧地利希望干預那不勒斯，以恢復君主專制統治，但英國拒絕此一提議；[30]至此，維也納會議不再能執行神聖聯盟提出的議程，亦即「強化貴族制度，廢除民主。」[31]一八六〇年代的義大利和德意志統一戰爭更完全暴露協調體制的局限性，最終導致俾斯麥於一八七〇年入侵法國的危機。今日，兩大國之間類似的國際戰爭，幾乎稱不上是成功的合作或調節。[32]

古典平衡邏輯的當代核心意涵在於，倘若對俄羅斯或中國有利，它們就可能重新與美國結盟，又或者相對地，若權力平衡的傾向改變，美國也可能與俄羅斯和中國結盟對抗歐洲。然而明顯地，川普政府的教條性宣告中，並未暗示那些「重視人類尊嚴與自由者」跟「壓迫個體、強迫一致性的人」之間有任何此種靈活性；也不符合拜登總統在「民主」和「獨裁」之間劃下的那道線。這類的傳統平衡，全都不適用於現代世界的大眾政治與複雜經濟相互依存的關係。全球規範所反映的、小國所堅持的是平等主權，同時小國也拒絕被視為大國博弈中的棋子。外交政策不再是那些土地貴族的專屬領域，那些人既不接受民主大眾問責，也不受商工業競爭的影響。

「冷戰」作爲「大國競逐」的形式

「大國競逐」的第二種形式，更加反映出意識形態的分歧，亦即「冷戰」。此處的競爭，是在代表更基本利益與價值觀的半固定聯盟之間進行，這些利益與價值觀通常根植於國內的意識形態，例如蘇聯與美國之間的冷戰。

韋氏字典對「冷戰」一詞提供兩種意涵。首先是「基於意識形態差異而產生，通常不會斷絕外交關係，且以軍事行動以外的方式產生的衝突。」它舉出的例子是二十世紀下半葉，美蘇之間的冷戰意識形態衝突。第二種則比較沒那麼極端：「是一種敵對、不信任的狀態，通常是在暴力之外的公開敵意，尤其是權力團體之間（例如工會與管理層）。」

第一個意義更能捕捉我們所稱的國際冷戰。此意涵下的冷戰，是一種目的在於擊敗（類似戰爭）但避免使用軍事（運用影響力或體育競賽）手段的基本衝突。因此，它是「冷」的，而非「熱」的；雖是「冷」的，它仍然「類似戰爭」——拒絕接受，並蓄意破壞另一個國家的領土完整或政治獨立，後兩者皆是現代國際法秩序中主權權利的核心。此外，「冷戰」也意味著一場革命性的意識形態或宗教衝突，不只是物質利益的衝突；它挑戰一國政體的合法性；它也超越特定爭端，延伸成在地理範疇及功能性上，對生活方式的全面競爭。一九四八到一九九〇年的冷戰，是美國和蘇聯之間，也是資本主義與共產主義經濟體系之間，以及民主自由與極權獨裁政治體制之間的兩極對立。

在古典權力平衡時代，要占據領土就需要武力，要控制人民的政治獨立（主權），就需要占領他們的領土。然而，隨著國際相互依存日漸加深，貿易、金融和跨國意識形態，在適當的情況下成了不需「熱」戰征服領土，即能實現控制政治獨立的影響途徑。在民主和跨國交流的時代，這類途徑變得深而廣。外國政府可以直接間接地資助並操縱政黨，就像美國在冷戰期間的反覆作為（例如二戰後義大利首次選舉，一九五三年干預伊朗等一連串清單），也像普丁在二〇一六年對美國所做的事。

拜登總統在二〇二一年六月五日發表的一篇媒體投書中就做出此一區別，當時他正準備首次出訪歐洲。「我也對破壞美國主權的行為施加了有意義的懲罰，包括干預我們的民主選舉。普丁總統知道，對於未來的有害活動，我將毫不遲疑作出回應。我們見面之時，我將再次強調美國、歐洲與志同道合的民主國家，在捍衛人權與尊嚴上的承諾。」[33]

看待此一觀點的另一種方式，是將重點放在冷戰是對合法性的競爭，而不僅是利益競逐。腓特烈大帝、瑪麗亞．特蕾莎（Maria Theresa）、路易十五與喬治三世引領了一場武器競賽、武裝對抗和原型世界大戰（七年戰爭）。他們或他們的貴族政府都未質疑對方的合法性，[34]他們為了貿易、領土、威望和霸權（及生存）而戰：關於哪個政府應當統領多少的問題。他們戰爭的目的，不是為了決定哪種政府應該根據何種原則、律法，或是該以哪個階級或意識形態之名進行統治。[35]

我們思考「冷戰」時，自然會想到**那個**冷戰，即一九四八至一九九〇年間的那場全球雙極競爭。但在我使用的意涵上，冷戰可以指涉僅發生在兩國之間，例如一九八九年至今的美國與伊朗，或者不同時間點上的印度與巴基斯坦；甚至是在兩個小國之間進行，如北韓和南韓，或者能力差距極大的兩國之間，例如美國和古巴、俄羅斯與烏克蘭，甚至是台灣與中國。（有些冷戰則轉變成「熱戰」，如二〇一四年及二〇二二年俄羅斯與烏克蘭之間的紛爭。）

然而，這並不表示兩個意識形態相似的國家，就不會捲入冷戰或熱戰。意識形態相似的國家，可以爭論誰更純正或更合法（回想冷戰期間蘇聯與中國之間的競爭，或者百年戰爭期間法英競逐法國王位的主張，雖是對立但都基於王朝繼位原則）。[36] 同樣明顯的是，兩個意識形態不同的國家也能合作。著名的案例，如第二次世界大戰期間英美與蘇聯合作，對抗希特勒德國。[37]

儘管如此，冷戰跟總體戰一樣，往往是對合法性的革命性競爭。總體「熱」戰競爭的明確案例就是第二次世界大戰。富蘭克林・羅斯福總統宣稱，這場戰爭不只是為了從法西斯主義手中，保護或解放被占領的領土。他在一九四三年九月十七日的國會演說中（當時盟軍部隊正登陸義大利）更進一步地說：「倘若仍有任何邪惡法西斯主義的痕跡殘存在這世界，我們就無法宣稱在戰爭中取得了全面勝利。」[38]而冷戰，則近似一場未使用武力的全面戰爭。

蘇聯的觀點是基於共產主義和資本主義之間的意識形態分歧，這清楚反映在一九二四年蘇維埃憲法宣言的這個段落中：

> 「自蘇維埃共和國成立以來，世界各國分為兩個陣營：資本主義陣營和社會主義陣營。在資本主義陣營中：民族仇恨和不平等，殖民奴役與沙文主義，民族壓迫與屠殺，各種殘暴與帝國主義戰爭。在社會主義陣營中：相互信任與和平，民族自由與平等，人民之間和平共處與兄弟合作。」[39]

第二次世界大戰之後，蘇聯成為全球強國，展現出威脅美國與西歐的能力。美國的應對假設，從喬治・肯楠（George Kennan）知名的「長電報」與「X論文」[40]，斷斷續續演變成溫斯頓・邱吉爾的「鐵幕演說」，再到一九五〇年美國政府國家安全會議報告NSC 68中的基礎戰略原則：

「現在，兩組複雜的因素，基本上改變了歷史上的權力分配（二戰前的多極體系）。首先，德國與日本戰敗，英法帝國的衰落，都跟美國與蘇聯的發展交互作用，使得權力逐漸向這兩個中心傾斜。其次，蘇聯跟過去的霸權競逐者不同，是由一種跟我們信念相反的新狂熱信仰所鼓動，並試圖對世界其他地方施加絕對權威。因此，衝突無處不在，蘇聯這方面則權宜選擇以暴力或非暴力的方式掀動衝突。隨著愈來愈令人害怕的大規模毀滅性武器的發展，一旦衝突進入總體戰階段，每個人都將面臨著隨時滅亡的可能。」[41]

這種精神也延續到冷戰行為之中。美國政府將此競爭描述為確實有如戰爭一般，這是一場為了生存而進行的衝突，正如司法部在豬玀灣危機中所說：

「發動一場全球性競爭，以強化自由國家並圍堵共產主義國家，從而維護美國的生存（粗體為作者所加），總統應有權以秘密行動來應對秘密行動，若總統認定此類行動有所必要，並與我國目標一致。」42

因此，冷戰的主要特點如下：

- 冷戰是一場以戰勝為終極目標的戰爭性衝突，如赫魯雪夫關於「埋葬」的著名威脅（但非透過軍事征服）。
- 美國領導的西方與蘇聯領導的東方之間的熱戰，首先受到傳統軍備力量阻止，後續則受到核威懾阻攔。
- 相對地，美國和蘇聯遂於東亞、中東、非洲和拉丁美洲進行代理人戰爭的競爭，導致冷戰在地理上擴展到全世界。
- 它們還在許多方面競爭，包含工業競爭、秘密行動、宣傳活動與文化競賽（體育、鋼琴、西洋棋等）。

冷戰由多面向、相互強化的三重競爭所組成：

- 首先，這是一個雙極國際體系；
- 其次，這是資本主義和共產主義經濟體制之間的競爭；
- 第三，這是兩種政治意識形態之間的競爭——自由民主和共產主義獨裁。

意識形態上的競爭並不是絕對的。邱吉爾曾說過：「倘若希特勒入侵地獄，我至少會在英國下議院替這魔鬼做出有利的評價。」他的意思是說，在極端情況下，國家安全會超越意識形態上的對立，正如第二次世界大戰期間，史達林成了同盟國的「喬大叔」一樣。但在缺乏極大必要性的情況下，冷戰將引發敵意並主宰世界政治的發展。

第二章　第二次冷戰？

今日，我們在美國與其盟友對抗中國和俄羅斯的情況中，看見許多冷戰的特徵。這些競爭不僅是涉及聲譽、影響力、權力與繁榮的競爭，它們還是明顯影響政治獨立與領土完整（因此類似「戰爭」）的非武裝（「冷」）衝突。每個大國都在不同形式與程度上，經歷這些衝突。

儘管第一次冷戰是通過軍備競賽及各種形式的間諜活動，在越南、安哥拉和阿富汗的代理戰爭中「交戰」，今日（除了烏克蘭的代理戰爭外）的衝突主要包括一系列的網路間諜活動、技術竊取、勒索病毒、顛覆行動、政治干預及軍備競賽。主要的區別在於網路，它讓競爭幾乎變得無所不在，極其廉價，卻具有極高的潛在破壞性（雖然目前為止少有受害能實際歸因於網路）。[1]

網際冷戰

網際衝突有各種形式。[2]第一種是國家之間為了獲取情報而進行的常規間諜活動。例如，根據戰略與國際研究中心（CSIS）的一份報告紀錄，二〇一三年中國駭客竊取了美國的武器設計，並攻擊南海的民用與軍事海事行動。[3]同一年，愛德華·史諾登（Edward Snowden）揭露，美國也對中國目標進行網際間諜活動。[4]二〇二〇年，俄羅斯軍事情報系統的分支之一發起「太陽風」（SolarWinds）攻擊行動，入侵美國財政部、國土安全部及多家私人機構。[5]

第二種是針對工業技術的間諜活動，行動者出於公、私領域或兩者結合。許多案例之一，早在二〇一一年，美國聯邦調查局（FBI）報告指稱，中國貿易公司造成美國企業達一千一百萬美元的損失。二〇二一年，俄羅斯與中國情報機構瞄準歐洲藥品管理局（European Medicines Agency），竊取了與COVID-19新型冠狀病毒疫苗及藥物有關的文件。二〇二二年，網際安全公司安穩特（Cyberreason）回報，中國APT駭客組織Winnti「大規模竊取商業機密」，「這個組織專門從事網際間諜活動與知識產權竊取，公認是為中國國家利益工作。」[6]

第三種則是為了獲利而進行的勒索病毒攻擊，這是網際世界的主要成長領域。光是二〇二一年，美國的燃油管道系統殖民油管（Colonial Pipeline）就成為俄羅斯駭客組織DarkSide的勒索攻擊目標；而世界最大的肉類加工公司JBS，也成為俄羅斯組織REvil的勒索病毒攻擊受害者。殖民油管是美國最大的燃油運輸管道，從德克薩斯州延伸到紐約州，每天運輸三百萬桶燃油。DarkSide攻擊是一次非常普通的安全密碼漏洞——儘管殖民油管投資了兩億美元用於資訊科技系統，其中包含網際安全——結果仍導致美國東南部汽油極度短缺。殖民油管的執行長決定支付價值五百萬美元／七十五比特幣的贖金，並通知政府當局。美國司法部後來至少取回價值兩百三十萬美元（六十比特幣）的加密貨幣。[7] REvil對JBS的網際入侵，癱瘓了該公司在美國、加拿大與澳洲的營運。JBS迅速向駭客支付了價值一千一百萬美元的比特幣贖金，以恢復公司營運。此事件的重要性，在於JBS提供了全美五分之一牛豬肉消費量。[8]由於美國政府跟受到攻擊的私人企業之間幾乎沒有接觸，導致這些駭客攻擊事件更加複雜；這些駭客同意不對俄羅斯政府等其他國家發動攻擊，後者遂為其提供掩護並從中獲利。[9]

第四種則是由國家支持，針對工業公司、公共事業及銀行發動的破壞顛覆行動。美國與以色列聯合對伊朗發動的「震網」（Stuxnet）攻擊，以及俄羅斯對烏克蘭的攻擊都是主要案例。二〇一〇年六月十七日，伊朗人發現一台機器一次又一次不斷重啟，目的在於破壞離心機（鈾濃縮過程中的關鍵生產控制系統）。「震網」是網際顛覆行動的第一個案例（運用數位程式來破壞物理性存在），據信此後持續成為美國對抗伊朗核計畫的網際行動的一部分。這個行動稱為「奧運行動」（Olympic Games），始於小布希總統（George W. Bush），一路持續到巴拉克·歐巴馬總統（Barack Obama）任內。[10]過去幾年，烏克蘭遭受大量來自俄羅斯的網際攻擊，針對烏克蘭的媒體、金融、交通、軍事、政治、電力和能源，進行破壞。這些攻擊都是有計畫地顛覆並企圖控制烏克蘭。[11]

第五種則是網際政治運動，企圖影響或干擾政治過程或支持分裂運動。這些行動直接針對「政治獨立」與「領土完整」，因此會觸發反侵略並支持自衛反應的強大行為模式。二〇一六年的知名案例是，俄羅斯被發現透過臉書去影響二〇一六年的美國選舉。主要影響在於三十九州的選民數據庫、柯林頓競選團隊、民主黨全國委員會及民主黨國會競選委員會都遭到駭客攻擊。在社交媒體平台上散布政治性破壞訊息，以及部分地區投票站因為選舉當天的結果遭到篡改而暫停。聯邦調查局在選前數月就已經意識到了來自俄羅斯的海外網際攻擊，卻未能阻止及阻擋來自許多不同駭客的大量攻擊。早在二〇一八年，美國司法部就指控十二名俄羅斯情報官員的駭客行為，儘管克里姆林宮否認涉入。[12]

這些攻擊仍舊持續進行。二〇一八年，微軟發現了俄羅斯駭客針對三名競選二〇一八年期中選舉的民主黨候選人的競選活動；二〇一九年，俄羅斯駭客在歐盟選舉前兩月內，瞄準多個歐洲政府機構。然而攻擊並非僅只單方面。例如，俄羅斯指責美國在普丁選舉期間，煽動國內不滿；中國也指責美國在香港製造不滿，最終導致鎮壓。

對美國來說，針對政治獨立的最直接攻擊，發生在二〇一六年的選舉。二〇一八年二月，國家安全局（NSA）、中央情報局及聯邦調查局在國會聽證中，描述了真正的對抗情況。根據他們的證言，俄羅斯正策劃對烏克蘭工業進行有計畫的網際攻擊，並計劃繼續長期通過假新聞加劇美國分化，以破壞美國民主。這活動看來是鎖定要極盡擴大美國政治體制內的裂隙，包含試圖加深非裔美國人對美國刑事司法系統的不信任。[13]

此外，根據可信的指控，俄羅斯直接策劃讓二〇一六年美國選舉結果對川普有利。這是對於美國政治獨立的驚人干預。二〇二一年英國《衛報》（The Guardian）一篇引人注目的報導，描述普丁將川普推上美國總統寶座的清楚計畫。提交給普丁的莫斯科秘密報告標示為「No 32-04\ vd」，稱川普是對克里姆林宮「最有利的候選人」。川普被描述為「性格衝動、精神不穩且失衡的人，患有自卑情結」。此外，克里姆林宮據稱擁有川普早期訪俄的「把柄（kompromat）」（可能令人妥協讓步的材料）。普丁支持並下令執行的這份報告如此總結：「迫切需要採取一切可能力量，讓他（川普）選上美國總統。」[14]

俄羅斯的努力顯然成功產生重大影響。[15]它的攻擊延伸到美國選舉基礎設施，這是美國全國選舉所依賴的州選舉系統。[16]《穆勒報告》（二〇一九年）確認俄羅斯已經「入侵佛羅里達一處郡政府的電腦，在選舉設備製造商的系統中植入惡意軟體。」[17]美國與英國隨後聯合發表一份評估報告，稱俄羅斯正在對網路基礎設施，例如路由器、交換器與防火牆，進行系統性攻擊。[18]二〇二〇年，英國國會在一份拖延已久的報告中，確認俄羅斯一直在干涉英國政治體系。除了暗殺前俄羅斯特務外，俄羅斯還試圖破壞英國的脫歐公投及蘇格蘭獨立公投。[19]迄今為止的最佳研究之一指出，法國政府確認了一項特別針對法國與其他歐洲國家的資訊戰略。[20]

儘管二〇二〇年拜登的選舉似乎較未受到俄羅斯的網際顛覆行動所影響，但川普總統的律師魯道夫・朱利安尼（Rudolph Giuliani）似乎跟提供前副總統拜登之子杭特・拜登（Hunter Biden）可疑資訊的烏克蘭商人建立了密切聯繫。這導致參議院情報委員會主席理查・伯爾（Richard Burr）警告威斯康辛州參議員朗恩・詹森（Ron Johnson）及愛荷華州參議員查克・格萊斯利（Chuck Grassley），稱他們針對拜登的調查，可能會讓烏克蘭國會議員安德列・德爾卡奇（Andrii Derkach，此人受到美國財政部制裁，並稱其為俄方的人）的聲明獲得毫無根據的可信度，並「可能會幫助俄羅斯在美國政治體系中製造混亂與不信任。」[21]

美國前國土安全部部長克絲汀・尼爾森（Kirstjen Nielsen）在二〇一九年確認，網路戰是美國面臨的頭號威脅，這威脅跟川普總統對移民造成「國家緊急狀態」的執念不同，她特別譴責的是普丁總統「全力通過網路手段破壞我們的選舉與民主程序。」[22]

CSIS記錄了過去十五年間的重大網路攻擊事件。[23]從二〇〇五年中國對美國國防部的駭客攻擊（驟雨行動［Titan Rain Operation］），針對海軍及陸軍戰略中心的事件，以及滲透美國太空總署（NASA）網路獲取太空梭相關資訊。其中的紀錄還包括二〇〇六年至二〇〇八年期間，俄羅斯駭客竊取超過一億三千萬筆信用卡及簽帳金融卡的身分資訊，以及二〇二一年由DarkSide發動的殖民油管勒索病毒攻擊，以及REvil對JBS公司發動的勒索病毒攻擊。

情報官員甚至點出普丁「混合戰」的箭頭部隊，就是俄羅斯聯邦軍隊總參謀部情報總局（GRU）的「29155部隊」。它結合了宣傳、駭客攻擊及虛假資訊宣傳活動，手段包括進行顛覆、破壞與暗殺。它曾參與擾亂摩爾多瓦政局、在保加利亞毒殺一名軍火商、在英國暗殺一名前間諜，以及蒙特內哥羅的一場未遂政變。它的目標似乎逐漸擴展至歐洲各地。[24]

二〇二〇年對美國政府發起「太陽風」駭客攻擊的俄羅斯間諜機構SVR- Nobelium，在二〇二一年五月又發動新一波網際間諜攻擊行動，目標是美國政府機構及公民社會組織。駭客入侵美國國際發展署（USAID）所屬的行銷電子郵件帳號，鎖定其中與國際發展及人道組織有關的三千人，並及於政府和人權組織。這些受攻擊的目標一直是普丁的強烈批評者。[25]

當時的前副總統，也就是二〇二〇年民主黨總統候選人拜登，展現出對此潛在威脅的跨黨派理解：「俄羅斯人仍舊試圖讓我們的選舉程序失去合法性。這是事實。中國和其他國家也參與了這些活動，意圖令我們對選舉結果失去信心。」[26]

中國也被視為網際侵略者。二〇二一年夏天，拜登總統動員了歐盟與北約，共同譴責中國對微軟的駭客攻擊，該攻擊讓中國得以透過微軟的電子郵件系統滲透許多政府及私人電腦網路。北約對此發出一份特別強烈的譴責：

> 「我們向近日所有受到惡意網際活動影響的人表達支持，包括微軟 Exchange 電子郵件伺服器入侵事件。此類惡意網際活動損害網路的安全、信心及穩定性。我們認同北約盟國發布的國家聲明，如加拿大、英國及美國，將微軟 Exchange 電郵伺服器受入侵一事之責任，歸咎於中華人民共和國。根據近日的布魯塞爾峰會公報，我們呼籲包括中國在內的所有國家，恪守其國際承諾及義務，並在包括網際

空間的國際體系中，任責行事。」[27]

因此美國及其盟友指責中國協調私人駭客，並指中國情報機構負責指導這些攻擊。[28]幾乎同時，美國也指認中國已滲透許多油氣管道公司的電腦網路，顯示出它有能力藉此勒索（就像二〇二一年俄羅斯支持的殖民油管駭客攻擊事件），或者更惡意地，作為國家領導的顛覆行動之一，破壞油管系統。[29]中國採取的網際間諜策略，導致美國政府認為幾乎所有中國高科技產品都存在著危機。[30]

CSIS的戰略科技計畫點名了自二〇〇〇年以來，一百六十起經公開報導、針對美國的中國間諜行動。（這一百六十個案例不包括對其他國家、對在中國的美籍企業或個人的間諜行動，也不包括涉及將美國軍火或管制技術走私送往中國的五十多起案例。這些案例也不包括在美國或中國法律體系內，由美國公司對中國提起的超過一千兩百起知識產權侵權訴訟。）一百六十起案件中，二四%發生在二〇〇〇年至二〇〇九年間；七六%則發生在二〇一〇年至二〇二一年之間。列表呈現出驚人範疇與影響。CSIS概述如下：

「在能夠辨別行為者及意圖的案例中，我們發現：

四二％的行為者是中國軍隊或政府雇員。

三二％是中國平民。

二六％是非中國行為者（通常是中國官員招募的美國人）。

三四％的案件目的在於取得軍事技術。

五一％的案件目的在於取得商業技術。

一六％的案件目的在於取得美國民間機構或政治人物的相關資訊。

四一％的案件涉及網際間諜活動，通常由國家附屬行為者執行。」31

冷戰範疇擴大的其他管道

新冷戰中的經濟面深受政治力影響，一個引人注目的案例就是國際投資銀行（International Investment Bank）。這個冷戰時代的遺留物，過去曾用來資助蘇聯集團國家的對外貿易，是由成員國管理的公共投資銀行，包含俄羅斯、古巴、保加利亞跟匈牙利，由俄羅斯控制其中四〇%的資產。國際投資銀行由前俄羅斯情報機構成員主導，匈牙利分行最近獲得匈牙利總理維克多·奧爾班（Viktor Orbán）授予外交豁免權。西方官員則視它為俄羅斯在歐盟情報活動的據點，藉此緩和英國在俄羅斯毒殺事件後對俄實施的限制。[32]

另一個案例是美國晶片製造商擔心，川普政府試圖解決美中雙邊貿易逆差時，將損害他們的長期利益。他們擔心，提議中國增加進口美國晶片之後，需要在中國境內生產晶片，他們將因此失去對專利技術的控制。[33]

美中之間的貿易與技術緊張局勢在二〇二〇年開始升溫，美國對華為實施制裁，禁止向華為出售美國技術或向華為購買中國技術（將華為視為受中國政府控制的風險技術來源）。華盛頓將那些與中國軍方合作的中國媒體公司從美國股市摘牌，以回應它們向中國政府提供監視設施，用於監控維吾爾人及香港的民主異議分子。中國的回應則是，允許中國公司或在中國的外國公司，可對那些遵守美國法規的公司所造成的損害提起訴訟。[34]

以下論點更進一步凸顯美國視中國為敵對威脅，眾議院情報委員會於二〇二〇年九月發表的一份跨黨派報告中確認：「中華人民共和國為了促進自身戰略利益，破壞西方整體、特別是美國的利益，逐漸企圖改變國際秩序和全球規範。」該報告宣稱：「中國在軍事方面，正進行大規模現代化改革，建立能跨洋運作的『藍水』海軍，大力投資於高超音速武器，自行開發第五代戰機，軍事化一系列南海環礁小島，以加強在該地區的主權，並在吉布地（Djibouti）建立首個海外軍事基地。」此外，中國正利用科技打造「一個後現代威權國家，通過手機及日益擴大的監控攝影機網路，配備臉部識別技術，全天候監控國內人民。這種『數位威權主義』不僅部署在國內，甚至開始銷售給國外潛在的專制主義者。」[35]

緊張局勢不斷攀升的其他跡象裡，我們可以看到聯合國安全理事會（UN Security Council）中的種種衝突，例如俄羅斯遭控攻擊敘利亞境內的醫療設施，以及二〇二〇年美國情報機構指控，俄羅斯人活躍在英國、摩爾多瓦及其他地方的暗殺組織，付錢給塔利班（Taliban）部隊以刺殺在阿富汗的西方聯軍（包括美國）。[36]

國家安全顧問麥克馬斯特是川普政府中的溫和派是眾所皆知的，在一次播客訪問中他總結了華府的觀點：「中國與俄羅斯試圖做的是，擊潰國際政治經濟秩序，再以一個更符合他們目標的新秩序取而代之。俄羅斯希望再度成為一個偉大的國家，中國則希望能振興國家。很大程度上，他們想拿我們當墊腳石，來實現這個目標。」[37]在一篇思考縝密的文章中，澳洲前總理陸克文（Kevin Rudd）點出二〇二〇年美中關係裡真正的爭端熱點——香港、台灣與南海——是特別容易出現誤判和緊張升級之處，若缺乏良好外交斡旋，很可能會升級成戰爭。[38]美國參議員則特別關注「訊息—影響力」的混和操作。[39]

中國已重申跟獨裁專制俄羅斯之間的關係，他們共同跟其他反對受美國支持的自由國際秩序的國家建立關係。俄羅斯提議建設通往中國的油氣管道，而中國則成為俄羅斯的主要貿易夥伴（吸收一六%的俄羅斯出口量，俄國卻只占中國出口量的一%）。中國也跟伊朗簽署了類似的能源協議。

二〇二一年六月，金磚國家（BRICS）峰會前夕的一通電話裡，中國外交部長王毅致電俄羅斯外長謝爾蓋·拉夫羅夫（Sergei Lavrov），聲稱：「美國以民主為幌子搞小圈子，以人權為藉口干涉別國內政，打著多邊主義旗號推行單邊主義。」他補充道：「中俄作為負責任大國和安理會常任理事國，應當共同揭露和抵制這些倒行逆施。（我們應當）堅定維護以聯合國為核心的國際體系，堅定維護以國際法為基礎的國際秩序，堅定維護國際公平正義，堅定捍衛多邊主義……我們也將全力支持俄羅斯捍衛其法定權利。」[40]

二〇二二年北京冬季奧運會前夕，也是俄羅斯入侵烏克蘭之前，中俄宣布了「全面戰略協作夥伴關系」，包括太空、氣候變遷、人工智慧與網路，[41]雙方都強調支持對方在台灣及對抗北約上的立場。俄羅斯能源公司俄羅斯天然氣公司（Gazprom）與俄羅斯國家石油公司（Rosneft）同時也跟中國簽署了價值數百億美元的協議；中國承諾支持俄羅斯的貨幣交換安排，避開美元在世界金融的主宰地位。二〇二二年，俄羅斯入侵烏克蘭之後，緬甸、伊朗及北韓（全都是獨裁專制政權）都加深跟俄羅斯及中國的關係。伊朗向俄羅斯供應無人機，北韓供應飛彈，伊朗加入上海合作組織，緬甸軍事政變領袖則稱普丁為「世界領袖」。[42]

為了回應此一發展，拜登總統動員英國、加拿大及歐洲國家譴責中國對維吾爾人的人權侵害，這是自天安門事件以來，歐盟首度對中國實施人權制裁。拜登總統隨後在二〇二一年十二月召開了「民主峰會」（Summit for Democracy），齊集來自一百個國家的兩百七十五名領袖，針對「民主與普世人權面對的持續憂慮挑戰」，發起集體行動。各國領袖承諾攜手共同對抗威權主義，打擊貪腐，推動人權和誠信選舉。[43]此事被北京跟莫斯科視為另一次拉攏盟友的努力。

拜登政權上台之初，中美在阿拉斯加會談上言辭交鋒加劇。中國宣稱跟美國在意識形態上「平起平坐」，不再對美式自由資本主義卑躬屈膝，中國外交官譴責美國的種族主義暴行（響應「黑命貴」運動）與內政動盪（一月六日川普引發的美國國會大廈叛亂事件）；拜登團隊則與川普一樣譴責中國對維吾爾人的種族滅絕及破壞香港自主的承諾。這一切當然引發了關於台灣的更深層問題。長期以來，受到保護的港式多元主義被視為統一台灣後的未來理想，但隨著香港民主運動遭到打壓，此承諾現在似乎成了一場噩夢。同時間，習近平重申一統大中國的「中國夢」時，帶著武力威脅的暗示。[44]美國雖然承認「一個中國」，但也再度重申對台灣的防衛武器銷售。

冷戰期間東西方的激烈對峙中，勢力深入非洲的俄羅斯在蘇聯崩潰後，已大幅從非洲大陸撤退，但過去幾年裡，莫斯科重新跟蘇聯時代的老客戶重溫關係，例如莫三比克與安哥拉，並跟其他國家建立新聯繫。[45]二〇二二年，俄羅斯總統普丁入侵烏克蘭後，趁著非洲大陸因此糧食供給受到嚴重影響，試圖全力贏得非洲國家的支持。[46]

在一次對非洲的相關入侵行動中，普丁的親信葉夫根尼・普里戈津（Yevgeny Prigozhin）領導一支任務團進入中非共和國，該任務團將軍事援助顧問和鑽石商業利益結合。

俄羅斯傭兵讓政府得以震懾當地軍閥，俄羅斯則藉由位於中非共和國的鑽石礦及金礦，向其他弱國輸出俄羅斯的強大政治角色。[47]

當時的副國務卿約翰・蘇利文（John J. Sullivan）提出警告：「俄羅斯經常使用脅迫、貪腐及秘密手段，試圖影響主權國家的安全及經濟合作夥伴關係。」美國正對此作出回應。約有六千名美軍及一千名國防部的平民人員或承包商，在非洲從事各種任務，主要是訓練當地軍隊並進行演練。波頓補充，克里姆林宮「持續出售武器及能源，以換取聯合國內的支持票——這些支持票維持強人政權，破壞和平與安全，違反非洲人民的最佳利益。」

二〇二二年，一項民主與獨裁專制全球化競爭的案例中，所羅門群島總理馬納塞・索加瓦雷（Manasseh Sogavare）與中國簽署一項授權協議，在中國將軍事力量部署到南太平洋時，賦予中國在它們當地的投資與僑民受到威脅時，可以出手干預。當時，中國在當地的投資和索加瓦雷政府正經歷數日的暴力騷亂，這份安全協議的目的在於確保政局穩定。在協議的秘密草案中，「幾乎任何事情都跟中國綁在一起，從公民、小企業、基礎設施到體育場——就像中國承包商正在首都霍尼亞拉（Honiara）建造的那座體育場——都足以請求中國軍隊出動。」[48]真正的變化在於，先前承認台灣的索羅門群島，現在卻不再承認；

先前依賴澳洲的安全援助，現在轉而依賴中國。不像澳洲及世界銀行等國際金融機構，中國向索加瓦雷提供安全保障時，不附帶人權、環境或其他麻煩的條件。

即使是最不涉政治的全球危機，如COVID-19新冠病毒疫情，也在某些地方成為地緣政治極化的展現。中國外交部發言人趙立堅指責美國在二〇一九年十月通過美國軍事代表團的訪問，將病毒傳播到中國武漢。中國政府官方媒體《環球時報》（*Global Times*）後來暗示該病毒源自馬里蘭州的德特里克堡（Fort Detrick）的生化武器實驗室。另一方面，美國參議員湯姆．科頓（Tom Cotton）於二〇二〇年二月十九日的福斯電視訪談中，暗示「武漢病毒」並非偶然演化，而是中國當局未明說的計畫。[49]反映官方觀點的中國評論家，接著宣稱病毒源自其他地方，例如義大利，同時中國比起西方的自由主義競爭對手更能有效管理應對病毒事件，也證明了中國政治體系的優越性。[50]

因此拜登政府開始將美國與俄羅斯及中國的關係，描述為一種新形態的、「位於灰色地帶」的戰爭——既非和平也非戰爭——而是類似冷戰期間情報機構衝突的持續強制競爭。拜登在其政府成立之初，概述對於全球威脅的認知：

「我們還必須面對世界權力分布正在變化的現實，這創造出新威脅。尤其是中國快速變得更加自信。它是唯一可能結合經濟、外交、軍事與科技實力，持續挑戰穩定開放的國際體系。俄羅斯仍舊決心強化其全球影響力，並在世界舞臺上扮演破壞性角色。北京與莫斯科都大力投資，制衡美國力量，阻止我們在世界各地捍衛我們的利益與盟友。」[51]

為了強化對中國的立場，二〇二一年六月，美國參議院以壓倒性的票數，通過了二〇二一年《美國創新和競爭法案》（United States Innovation and Competition Act，簡稱USICA），這是一項項目廣泛的包裹法案，目的在於提升美國對中國科技的競爭力。法案授權約一千九百億美元，投資美國科技及研究，包括五百四十億美元用於半導體及電信設備研究。[52]法案新增加與中國相關的條款，例如禁止政府設備下載社群媒體應用程式「抖音（TikTok）」，禁止採購由中國政府支持的公司所製造銷售的無人機。法案還帶著挑釁意味地允許台灣外交官及軍事人員在美國公務期間，陳列國旗並穿著制服。此外，它對中國在美國所進行的網路攻擊或從美國企業竊取知識產權，實施新制裁。它還要求對可能用來侵犯人權的物品，進行出口審查管制。諷刺的是，在許多方面，這個法案就跟中國推展高科技工業發展的計畫——「中國製造二〇二五」十分相似。不出所料，中國很快就批評此法案「充滿冷戰思維與意識形態偏見」。53

在新冷戰迫在眉睫的情況中，拜登政府最具挑釁的舉動之一，是美國商務部長吉娜．雷蒙多（Gina Raimondo）表示，美國將聚集盟友，對全球第二大經濟體施加壓力。她說：「我們若真想減緩中國的創新速度，我們需要跟歐洲合作……他們正竊取我們的知識產權，不按照規矩行事。這不是一場公平的競爭。」她進一步說：「我們不希望由中國這樣的獨裁專制政府來制定規則，我們跟關心隱私、自由、個人權利跟個人保護的盟友一起，我們必須制定規則。」她強調出口管制的重要性，並說：「我們必須跟歐洲盟友合作，讓中國無法取得最先進的技術，因此無法在半導體等關鍵領域迎頭趕上……。我們想跟歐洲合作，為科技制定規則，無論是關於抖音、人工智慧或是網際網路。」54

二〇二二年二月俄羅斯入侵烏克蘭，標誌著發展中的冷戰的新階段，並成為新冷戰的第一場代理人戰爭。俄羅斯入侵（受到中國等獨裁專制國家的外交支持）後，烏克蘭得到北約及主要由民主國家組成的聯盟支持，英勇捍衛自身。烏克蘭的存亡自然受到許多人的關注，但同樣迫切的問題是，激起烏克蘭戰爭的發展中的新冷戰是否能夠受到控制？瑞典和芬蘭打破了好幾代的外交中立傳統，申請加入北約。

就像冷戰期間的代理人衝突——韓戰（一九五〇～一九五三年）、越戰（一九五五～一九七五年）及阿富汗戰爭（一九七九～一九八九年），烏克蘭戰爭的主要支持國家之間並未發生重大的直接武裝衝突。蘇聯和美國從未在朝鮮交戰（雖然中國直接參戰）；蘇聯、中國和美國避免在越南發生直接軍事衝突，美蘇在阿富汗的情況亦是如此。[55]二〇二二年，美國及北約大量援助烏克蘭，包含人道及軍事援助，然而俄軍與北約軍隊之間也沒有直接武裝衝突。

拜登總統在二〇二二年三月一日的國情諮文中，總結美國對新冷戰衝突的看法：「儘管全球人民不該透過如此可怕的情況才能理解何者至關重要，但現在每個人都已清楚看見……，民主國家正在面對與獨裁專制鬥爭的挑戰，而世界明確選擇了和平與安全的這一邊。」[56]

歐盟對於冷戰的看法

歐盟也對新的全球緊張局勢發表意見：「俄羅斯不再被視為戰略合作夥伴；倘若俄國持續違反國際法，歐盟必須準備實施進一步制裁。」[57]此外，決議還譴責俄羅斯的總統選舉，稱其為「非民主」。俄羅斯被控「侵犯烏克蘭與喬治亞的領土」、「干預敘利亞並干涉利比亞等國家」，以及「影響選舉並加劇歐洲的緊張局勢」。它進一步指責俄羅斯「違反武器控制協議」，包括《中程飛彈條約》（Intermediate-Range Nuclear Forces，簡稱ＩＮＦ），並「在俄羅斯境內大肆侵害人權，包括酷刑及法外處決」，此外「俄羅斯特務更在歐洲土地上使用化學武器進行謀殺」。

歐洲議會更火上加油，宣布經由波羅的海供應德國的俄羅斯天然氣管道「北溪二號」（Nord Stream 2）「必須停止，因其強化對俄羅斯天然氣供應的依賴，威脅其內部市場及戰略利益」。然而，德國決定繼續建設這條管道，直到著名的「**歷史轉折點**」（Zeitenwende），總理蕭茲（Scholz）才改弦易轍。然而，北溪二號的最大功用，卻是讓俄羅斯在施壓烏克蘭（停止天然氣供應）的同時，不會同時切斷對整個西歐的天然氣供應，進而引發全歐反應。

歐盟執委會警告，中國雖是合作夥伴，卻也是「提倡另類治理模式的制度性對手」，並警告歐盟必須「保護關鍵數位基礎設施，以防止（華為之類的中國公司所提供的 5G 網路可能帶來的）嚴重安全威脅」——這些公司在美國遭到禁止。歐盟執委會委員保羅・簡提隆尼（Paolo Gentiloni）在類似主題的詳述中，談到歐盟需要發展「地緣政治」實力，以匹配其經濟實力（特別是有鑑於美國從阿富汗撤軍的災難）。他提出歐盟可以填補美國及北約對中國問題的措施，他說：「我們（跟中國）有經濟合作，貿易合作，但我們仍是不同的體制。這種無涉民主自由的資本主義模式，必然與歐洲模式不同。」他說：「所以在這種對抗中，我們將與美國成為強力夥伴，但若我們這個歐洲夥伴也能在地緣政治上更為強大，擁有更多影響力，對美國也有利……。我們總把歐洲形容為安靜的超級大國，像是金星與火星，好吧，現在是給金星來點地緣政治力量的時刻。」58

二〇二一年法國國防部發表一份深具影響力的研究中，研究人員警告，中國資訊戰在全球成長，並且這些行動同時也將針對歐盟。作者舉出一個澳洲事件作為前兆：在澳洲，中文媒體的記者因發表批評中共的內容，而遭到威脅甚至人身攻擊。中國還試圖操縱鄰近民主政體的政治。最引人注目的案例裡，據稱有一名跟中共有關的捐款人，以威脅撤回四十萬美元的捐款，說服澳洲參議員山姆・達斯提亞利（Sam Dastyari）支持中共在南海的立場。59

中國雖然也是歐洲關注的對象，但被認為比起俄羅斯較不具有直接威脅。簡單地說，歐洲人認為雖然普丁試圖破壞國際秩序，而中國仍希望與其競爭，然後用自己的秩序取而代之。因此，法國總統埃曼紐・馬克宏（Emmanuel Macron）雖批評中國的侵害人權，仍辯稱歐盟需跟中國合作，特別是在應對氣候變遷的問題上。他也拒絕拜登建立民主聯盟的作法，他說：「所有人一起對抗中國，是一種對抗衝突的最高情境。」並說：「對我而言，這於事無補。」60

俄羅斯和中國的立場

俄羅斯也對美國展現出類似的擔憂。被稱為俄羅斯頂尖軍事戰略家瓦萊里・格拉西莫夫（Valery Gerasimov）將軍解釋道，美國的「目標是清算麻煩的國家，破壞主權。」61 雖然他指的是二〇一八年美國對委內瑞拉的尼可拉斯．馬杜羅（Nicolas Maduro）政府施行的制裁行動，但明顯地，格拉西莫夫試圖將此項指控普遍化。至於委內瑞拉的指控，確實在美國政策中有其根基，因為美國國務院官員承諾：「在委內瑞拉完全恢復民主自由之前，我們將持續向馬杜羅政權究責。」[62]美國承認反對派領袖胡安．瓜伊多（Juan Guaido）為合法的國家元首，實施破壞性的經濟制裁，並多次表示「所有選項都在檯面上」，因此必須認真看待美國要求政權更迭的威脅。

據稱是二〇一六年俄羅斯對美國網際攻擊所引發的重大升級衝突，也隨之而來。早在二〇一六年，歐巴馬政府就滲透俄羅斯的電力設施，並發出信號表明，若俄羅斯持續攻擊美國選舉可能會招致的後果。[63]川普政府雖否認普丁為川普操縱選舉的指控，隨後卻全面升級網路戰的規模，授權中情局針對伊朗與其他目標進行秘密網際行動。一名前美國政府官員透露（先前的小布希與歐巴馬政府都未認可的）「總統級新發現」，賦予中情局「非常具體的權力，針對少數敵對國家發動攻擊」。文件中直接提及俄羅斯、中國、伊朗和北韓，但關於網際手段及目標，卻沒有結論。這項發現為中情局發動攻擊性網際行動敞開了大門，目的是「製造混亂，例如切斷電力或在網路上公開檔案的方式，破壞情報行動。此外還有破壞行動，類似二〇〇九年美國跟以色列對伊朗核設施發動的震網攻擊。」它允許對銀行及金融機構甚至石化廠之類的「關鍵基礎設施」進行網路攻擊；也允許使用俄羅斯駭客及維基解密所使用的駭客攻擊與資訊洩露手段，洩漏大量被竊的文件或資料給記者或放上網路。」[64]根據前任官員指出，它還降低了授權的證據門檻，可以針對那些被認為是替敵國情報單位工作的媒體、慈善機構、宗教機構或企業，以及跟這些組織相關的個人，進行秘密網際行動。簡言之，川普政府授權中情局進行的網路戰，就跟美國指控俄羅斯與中國發動的網路戰是類似的。

馬莎．李普曼（Masha Lipman）是莫斯科的知名評論家，於二〇二〇年十月觀察到，不論是拜登還是川普贏得二〇二〇年大選，俄羅斯與美國之間關係改善的前景都暗淡無光。拜登將團結歐洲盟友對抗莫斯科；而川普並無法讓俄羅斯免於美國國會制裁。李普曼說，唯一對克里姆林宮有益的，就是美國內部更加極端化與混亂。「混亂意味著美國變弱，」她說：「克里姆林宮可以由此實際受益，而不是關係改善。這可能是俄羅斯唯一的期望。」[65]

中國也對美國的威脅和不尊重表達憤怒。中國外交部就是一個例子，譴責美國侵害中國政治獨立，將美國以制裁譴責中國接管香港及維吾爾族種族滅絕，視為對領土主權的侵犯，並點名美國媒體在播放二〇二一年奧運會片段時使用的一張中國地圖，其中並未包括台灣及南海。[66]（美國認定台灣為自治，而南海是國際水域。）

二〇二一年，北京列出二〇一九年香港大規模反政府抗議活動以來，美國干預香港事務的一百零二種方式。外交部發布了一份名為《美國干預香港事務、支援反中亂港勢力事實清單》的文件，並稱之為「干預香港事務的罪證簿」，還進一步指責美國是「邪惡幕後黑手」，破壞香港的繁榮安定。清單中舉例說明：美國參議員與香港抗議者會面，前美國國務卿邁可・龐佩奧（Michael Pompeo）譴責活動人士依國安法遭到逮捕，以及美國駐港總領事決定在建築物窗戶內點亮四百支電子蠟燭，紀念一九八九年北京在天安門廣場上的鎮壓。[67]而美國則認為所有行為都是合法的言論自由。

美國與中國這些分歧並不容易克服，正如拜登總統在一次聯合國演講中所言，他宣布對人權及尊嚴的支持，包含讓「民主價值」得以發聲，是「我們國家基因」的一部分。[68]

第二次冷戰並非第一次冷戰

總結這些趨勢，我們可以看見，儘管第一次冷戰主要是通過軍備競賽及代理人戰爭（如越南、安哥拉及阿富汗）來「打」，興起中的第二次冷戰，主要卻是通過產業競爭及網路戰，直接跨國開「打」。儘管如此，代理人戰爭仍然可能發生，美國與俄羅斯在敘利亞內戰中支持不同方；69 俄羅斯指導並支持烏克蘭東部的頓巴斯（Donbas）反對派，美國與歐洲則向烏克蘭政府提供武器與財務支援，直到二〇二二年俄羅斯全面入侵，北約堅定為烏克蘭提供武器、訓練及軍事情報，但未派遣軍隊。

第一次冷戰是雙極的，但這一次在軍事上是三極（美國對抗「結盟」的俄羅斯和中國），在經濟上也是三極（中國對抗美國和歐盟的結盟）。在一九六〇年代末期，美國的工業實力已明確壓倒蘇聯，現在，中國的人口是美國的兩倍多，經濟增長速度是美國的兩倍以上，而俄羅斯（雖然經濟上較弱勢）也大力投資軍備及網路戰。70

美國、中國和俄羅斯雖然都是大國，但在地緣政治上並不平等。俄羅斯只是軍事大國，經濟規模則只相當於墨西哥。美國在軍事支出上遠超越中國及俄羅斯，然而俄羅斯與中國的核武庫、更高的軍事支出增長率及修正主義策略，都使它們成為明確的競爭對手。近日，俄羅斯在能夠躲避現有防禦措施的「高超音速武器」（一種非常快速、可改變軌跡、再度進入大氣層的飛行器，如「先鋒」[Avangard]）方面的進步，可能會引發致命武器競賽。71

雖然全球軍事地緣政治是三極化的，但俄羅斯與中國目前實際上卻是結盟的（儘管過去兩國間也曾存在競爭，並可能再次出現競爭）。同樣，美國與歐盟也是結盟，然而川普的右翼民粹主義傾向及激進貿易策略，卻讓傳統結盟遭受巨大壓力，進而侵蝕這種關係。到了二〇二二年，在烏克蘭戰爭的推動下，拜登試圖重新建立跨大西洋的自由民主共同體。第四「大國」——歐盟，是經濟上的超級強權，但性格卻過度溫和，而且在全球外交政策上並不一致。72

目前為止，第二次冷戰的影響力尚未擴及全球，雙方的界線也不太明確。然而，這場新冷戰正在地理上擴散，並在意識形態上分裂各國。中國在二〇二〇年與伊朗達成協議，並將其納入一帶一路投資網絡中（以換取大幅度折扣的石油）。隨著二〇二一年拜登與習近平外交團隊在阿拉斯加舉行的爭議性峰會後，美國一直試圖動員亞洲的四個民主大國——日本、澳洲、印度及美國——來對抗中國。

重要的是，這場新興的第二次冷戰還不像前身那樣極端或範圍廣闊，各方之間相互敵對的程度也不如冷戰期間那樣堅決。中國還特別明確地否認自己身處冷戰。二〇二〇年中國外交部長王毅訪問巴黎期間，抱怨美國一直在「迫使其他國家選邊站」，並煽動衝突，然而「中方從來不想跟任何人打新冷戰。」[73]拜登總統二〇二一年九月在聯合國大會上的演講，基本上也說了相同的話：「我們不追求新冷戰，或嚴格地將世界區分成不同陣營。」[74]（接著他宣布捍衛「所有人的普世權利」是「我們國家的基因」，並舉新疆跟車臣作為權利侵害的案例。）

當然我們可以主張，發生中的冷戰將不像二戰後，西方對東方、美國對蘇聯、北約組織對華沙公約組織的那次冷戰。[75]那場冷戰是雙極統治的時期，在德、日戰敗及法、英、中的毀滅後，由美國和蘇聯主宰。今日，雖由美國與中國主導（下一章將討論），但俄羅斯仍是重要的軍事大國，歐盟則是重要的經濟強權。

美、中都尚未組織起緊密的對抗聯盟，也尚未以意識形態嚴格界定。前次冷戰是超級大國之爭，但也是資本主義與共產主義、民主與獨裁之間的革命性對決。民主與獨裁專制的對抗確實塑造了當前的分歧，資本主義和統合主義的經濟體系間也產生衝突（兩者都在下一章中進行探討），然而二〇二二年中國經濟體系中所產生的億萬富翁人數，已經超越美國。中國並非為了自己的利益散布專制主義；同時中國跟歐、日、美的資本主義經濟體系都明白，它們是彼此最好的客戶及供應商。

俄羅斯和中國對美國的國家安全構成不同挑戰。俄羅斯被稱為「流氓」，中國則是競爭同儕。76俄羅斯並非同儕或接近同儕的競爭對手，而是武裝精良的流氓國家，試圖破壞它永遠無法主導的國際秩序。它可以在軍事上主宰鄰國（正如它對烏克蘭所為）及附庸國家（如敘利亞）。相比之下，中國是一個全球競爭對手，希望塑造出自己有望主導的國際秩序。兩國都想改變現狀，但只有俄羅斯在近年攻擊鄰國，兼併征服的領土，並支持叛亂勢力試圖分裂更多領土。俄羅斯在國內外暗殺反對派，干預外國選舉，顛覆其他民主國家，並努力瓦解歐洲與大西洋兩岸的機構。相比之下，中國日益成長的影響力，主要是基於更積極的措施：貿易、投資和發展援助。這些特點使中國比較不是眼前立即威脅，而是更大的長期挑戰。它樂於主宰國際貨幣基金、世界銀行或其他多邊機構，而非摧毀它們。

軍事領域裡，俄羅斯可以被圍堵，但中國不行。中國在東亞的軍事優勢將將隨著時間不斷增長，迫使美國為了確保現有承諾，承受更大成本及風險。然而，世界領導地位的競爭主要將在地緣經濟領域展開，而非地緣政治領域。在地緣經濟領域中，美、中之間對全球影響力的平衡，已經開始向中國方面傾斜。一份深具影響力的蘭德研究報告結論指出，隨著中國的人均國內生產毛額接近俄羅斯時，其人口數是俄羅斯的八倍，經濟增長率是俄羅斯的三倍，中國對美國構成的地緣經濟挑戰將大於俄羅斯。截至二〇一七年，中國經濟排名全球第二，僅次於美國，而俄羅斯排名第十一。

俄羅斯的軍事支出低於中國，此一差距可能會持續擴大。蘭德研究報告的作者指出，俄羅斯在軍事上主宰了所有鄰國（中國除外），卻「容易受到各種非軍事威懾因素」影響，例如針對俄羅斯出口石化燃料經濟的多邊制裁。相較之下，「中國的軍事還可以被遏阻更長一段時間；但經濟上卻已經擺脫了區域性限制。」77

然而，冷戰的威脅是實際的，且持續增長。中國的新「戰狼」外交，將中國捲入深層衝突，造成不同陣營沿著意識形態斷層劃分。當中國外交部長王毅威脅捷克政治人物，若訪問台灣將面臨嚴重後果時，引發捷克外交部長宣稱「我是台灣人」——有意呼應美國總統甘迺迪在柏林圍牆上的著名冷戰發言：「我是柏林人（Ich Bin Ein Berliner）」。

然而，中國並沒有將習主義（Xi-ism）出口到世界各地的意思，聲稱只想為人民帶來繁榮，並避免外國干預內政。我們本無理由質疑此聲明的誠意，讓情況變得複雜的是，中國將南海、台灣、香港、西藏和維吾爾人視為其國內事務，不容外國干預。然而，對中國的南方鄰國（以及美國與其他航海國家）來說，南海是國際水域；台灣獨立運作，並包裹在《上海公報》裡禁止使用武力；香港則受制於「一國兩制」協議，保護此地在法院訴訟及其他事務中的地方自治權；維吾爾人與西藏問題則是國際社會關注的人權問題。這些全都容易引發緊張局勢。

中國雖是競爭對手，卻非流氓國家，它的國際秩序，跟由美歐及民主國家主導的現有秩序並不相同，對中國來說，並非只是國際秩序換個主導者而已，相反地，它將致力於威權的國際秩序。[78]在這個秩序裡，人權將不再是「所有人的共同標準」，國際金融機構將不再鼓勵市場經濟，聯合國也不再正式支持民主治理。

此外，如第二部將討論的，川普主義支持者對普丁或金正恩（Kim Jong-un）等威權統治者的崇拜，也使得意識形態的二分法變得更加複雜。然而，國務卿龐佩奧在二〇二〇年訪問西歐期間，仍試圖為「民主聯盟」爭取支持，以對抗中國。

讓第二次冷戰更加複雜的另一個因素是，這次對抗並非如共產社會主義對自由資本主義那樣簡單的意識形態分歧。共產主義，就像某些版本的自由主義，是一種普世意識形態，認為所有人都應該被解放。普丁或習近平的獨裁專制民族主義，是一種以俄羅斯優先或中國優先的哲學，而非吸引人加入新一波威權主義浪潮的普遍吸引力。[79]正如萊格沃德在關於俄美新冷戰的深具說服力的描述中所指出，民族主義與仇外心理可以引發關於合法性的冷戰衝突，正如伊朗革命以來，長期存在於美國及伊朗革命派之間的衝突。[80]

此外，許多中型國家反對冷戰式的二分法。泰國、巴西、墨西哥、南非、印尼、印度與其他許多發展中國家，在聯合國大會投票譴責二〇二二年俄羅斯入侵烏克蘭並將其逐出聯合國人權理事會一案時，都是選擇棄權的大批少數派。這些國家，有些回想起美國主導的破壞性干預行動，比如二〇〇三年的伊拉克跟二〇一一年的利比亞，這些行動令他們的區域陷入動亂；有些國家本身即存在人權問題，擔心若美國擊敗俄、中後，由美國主導的全球將會浮現的世界秩序。印度擔心喀什米爾問題；墨西哥則長期面對殘酷的毒品及毒梟戰爭；其他半民主國家則歡迎另一種、來自獨裁體制的金融與貿易資源；有一些國家，比如坦尚尼亞，發現中國的一帶一路融資，意味著他們不再需要迎合美國或西歐的要求；一些人則對拜登式的全球民主參與能持續多久表示懷疑，並想像一個川普派共和黨重返執政的美國；[81]還有許多人只是試圖從雙方獲得各種好處，而無需做出選擇。因此，類似冷戰時期介於北約第一世界及華沙公約第二世界之間的第三世界，一個「新的第三世界」，正從「新冷戰」裡嶄露頭角。

此外，當前各方之間尚存有共同的戰略利益領域。美國與中國都擔心北韓核武化；歐盟跟中國都受到氣候變遷困擾；美國、歐盟及俄羅斯在打擊伊斯蘭國恐怖主義方面有所聯繫。如同本書下一部的描述，新的軍備競賽將對這些合縱連橫的關係產生壓力，甚至可能破壞它們。

所有行動者在經濟上的相互依賴性遠超過第一次冷戰，因此彼此之間的緊張關係必定要昂貴許多。好萊塢影業、美國農業、美國的消費品製造業、德國汽車公司及歐洲天然氣消費者，都將反對向中國及俄羅斯豎起新經濟鐵幕。另一方面，爭奪5G主導地位的美國網路及科技行業，可能會歡迎孤立中國競爭者。

最後，與第一次冷戰不同，第二次冷戰似乎成了美國國內政治的兩黨避雷針，國內政治不再「止於水邊」，已非兩黨於內政政策上競爭、對外團結一致的傳統。川普總統似乎對俄羅斯的侵略視而不見（他將對俄羅斯的批評，視為對自己及二〇一六年大選險勝的批評），而中國則被視為支持民主黨（根據川普政府二〇二〇年選舉中的論調）。

冷戰對國際政治其他部分的影響

過去，冷戰迅速侵蝕跟蘇聯的合作，而對世界秩序產生嚴重影響；關於新冷戰，雖然還需要多方探討，但似乎也開始產生類似的影響。82

這一點特別令人擔憂，因為全球化的許多方面——從公共衛生危機到非國家的暴力革命者崛起——都在當前國際亂局中成為新興威脅。全球化的巨大機遇未來將會持續，但國際合作在各方面都將更加困難，因為以下提出的現象將不斷測試合作的穩定性。全球化加劇了相互依賴的程度，從而使合作在不斷增長的聯繫下，變得更加複雜。沒有任何問題可以單獨解決。83

公共衛生危機及大規模流行病，尤其是今日的 COVID-19 新冠病毒疫疾，暴露出全球缺乏防止傳染病傳播的能力。

- 金融危機及國際和國內的不平等，可能會破壞社會凝聚力，並增加民眾的不滿，因為種族或地區之間的橫向不平等，跟暴力衝突的增加有關。[84]
- 網路犯罪和網路恐怖主義利用快速發展的科技創新，將全世界連接為單一的資訊空間，創造了大量的新發展機會，但同時也讓非國家行為者輕易取得致命科技，例如武裝無人機及大規模毀滅性武器。
- 移民與都市化，包含到了二〇五〇年，預計將有四億零五百萬的跨境移民，[85]為經濟增添生產力，但也對移民接收國的社會凝聚力帶來風險。人道災害——無論是人為還是自然——都為這個動態增添一層複雜性。例如，源自敘利亞的人道災難——四百零八萬六千難民——給土耳其、約旦、黎巴嫩、伊拉克和埃及[86]與歐洲的庇護系統帶來了巨大壓力。敘利亞難民湧入讓接收能力不堪負荷，並採取穿越地中海及巴爾幹半島的危險路徑。
- 氣候變遷將全世界更加緊密地連結為一個命運共同體：生命所必需的食物、水、土地及清潔空氣的供應愈來愈有限，而且，由於人口增加，對這些資源的需求正在上升。[87]根據聯合國的數據，到了二〇三〇年，世界至少需要比今日多三〇%的水、五〇%

的食物跟四五%的能源。[88]這些全都可能增加地球的壓力，並引發資源爭端。

■ 最後，新的非國家行為者的崛起，導致國際舞台上參與者數量增加，性格多樣，對衝突組合增添了基進與暴力的傾向，這對多邊體系帶來挑戰與威脅。在極端情況下，這包含恐怖主義造成的襲擊與平民傷亡（可理解為非國家行動者對非戰鬥人員的攻擊）。

讓前述不安定因素更加惡化且更複雜化，在於它們都是國際秩序面臨的普遍危機的一部分——今日如此，可見未來亦然。國家必須努力保護人民免受恐怖攻擊及網路犯罪的威脅。然而正如約翰·穆勒（John Mueller）等人所主張，這些應該要被視為治安議題，而非地緣政治威脅。[89]二〇一一年後敘利亞遭受的破壞以及二〇一八到二〇一九年的委內瑞拉危機等區域性危機，對身歷其中的人來說，都是深刻創傷，但它們造成的更廣泛影響，卻是受到美、俄、中之間的整體競爭所形塑。正是這些國家之間的競爭，賦予了個別危機額外的全球敵意牽連。這些全球敵對競爭將推動軍備競賽，並對《聯合國憲章》（UN Charter；第二條第四款）所承諾的「政治獨立與領土完整」這些基本權利，構成了類似戰爭的威脅（卻不一定採取行動）。實際上，在最糟的情況下，我們可能會懷念只是混亂跟難以治理的時代，而不是分裂成不同陣營的世界；在這個世界裡，單純的問題也會變成戰略破壞的工具。

新冷戰的威脅，對合法性以及以解決問題為基礎的合作等基本原則提出質疑。它鼓勵各國加深而非緩解危機，以施壓對手。它會讓上述六項挑戰中的每一項，都不太可能以解決問題的精神來面對和處理。

歐盟外交政策負責人喬賽普・波瑞爾（Josep Borrell）對產生的問題提出以下診斷：「對多邊解決方案的需求將遠大於供應。」他指出：「更多分歧、更多不勞而獲者跟更多的不信任，將超過這個世界所能負荷。」「我們需要奠基於議定規則的全球合作，否則就是叢林法則，問題將得不到解決。」他說：「我們每天都能看到缺乏多邊行動的代價，難以取得疫苗、氣候行動不足，以及和平與安全危機不斷惡化。」[90]

一個相關案例，是二〇一九年十一月在聯合國大會中提出的，由俄羅斯主導的新全球網際犯罪條約所引起的爭議。這項條約將取代關於網際犯罪執法的《布達佩斯公約》（二〇〇一年，Budapest Convention）。很少人對前述網際犯罪的危險提出異議，但西方國家組成的聯盟，將新條約提案描述成為了保護政府免受批評，以模糊的「緊急情況」為由，授予政府監控網路言論及傳輸自由的權力。一名美國官員形容的「數位鐵幕」，掀起了新的威權對抗自由的分野；中國、俄羅斯、北韓、緬甸、尼加拉瓜、敘利亞、柬埔寨、委內瑞拉及白俄羅斯等國，引領控制網路的新提案，而美國、日本、摩洛哥、哥斯大黎加，以及所有歐盟國家（兩國除外）則捍衛現有條約。[91]

另一個案例則是針對北韓核武化的制裁體制。二〇二二年五月，聯合國安理會就更新並強化安理會第一七一八號決議的草案進行投票，這項決議涉及對朝鮮人民共和國（Democratic People's Republic of Korea，簡稱 DPRK）的制裁體制。儘管先前所有關於北韓核武化的決議都獲得五個常任理事國（P5；即美國、俄羅斯、中國、法國、英國）的支持，這次中國與俄羅斯都投下否決票。其餘十三位理事會成員則支持該項決議。[92]

甚至連 COVID-19 新冠肺炎病毒大流行的全球災難，也成為冷戰對立的工具，俄羅斯與中國的間諜機構侵入美國及歐洲實驗室，竊取疫苗研究（我們不清楚西方間諜機構是否也回敬此舉）。[93]

冷戰裂解多邊主義

人權（依《世界人權宣言》（Universal Declaration of Human Rights，簡稱ＵＤＨＲ）的界定）、維和行動及北約組織，都誕生於一九四八至一九四九年間。前兩者在冷戰升級前就已誕生，最後一項則直接反映了冷戰的升級。

《世界人權宣言》在一九四八年通過，正值二戰期間的「聯合國」聯盟（即同盟國）逐漸退場，冷戰緊張局勢升級之際。它反映了許多意識形態：西方的自由主義與社會民主主義、全球南方的發展主義及蘇聯共產主義。伊莉諾·羅斯福（Eleanor Roosevelt）的社會民主主義、約翰·彼得斯·漢弗萊（John Peters Humphrey）的自由主義，與查爾斯·馬利克（Charles Malik）及勒內·卡森（René Cassin）的人文主義，將這些意識形態結合起來就產生了《世界人權宣言》這個混合體。《世界人權宣言》在一九四八年無反對票通過，有四十八票贊成，但有八票棄權（蘇聯、白俄羅斯、烏克蘭、波蘭、南斯拉夫、捷克斯洛伐克，以及出於明顯原因的南非跟沙烏地阿拉伯）。這很快就在人權問題上產生分歧，西方支持公民與政治權利，而東方則支持社會和經濟權利，而這些權利在《世界人權宣言》中卻是合一的。

東西方在聯合國安理會上的冷戰僵局也限制了維和行動的範疇。一九四八年出現了「第一代」維和行動，旨在交戰方之間介入調停，以監督停戰。然而其影響力僅限於美、蘇雙方都想孤立的少數衝突，其功能也僅限於監督停戰——除了剛果與黎巴嫩維和行動明顯例外。

另一方面，成立於一九四九年的北約組織則直接反映冷戰，並在冷戰時期蓬勃發展。它不僅是軍事聯盟，正如《北大西洋公約》前言規範：

> 「本公約的締約方……重申其對《聯合國憲章》宗旨及原則的信仰，並決心捍衛其人民之自由、共同遺產與文明，奠基於民主、個人自由及法治原則的基礎上。」

冷戰，刺激、強化並形塑了北約與華沙公約組織在歐洲各地的對抗，這些對抗反映和複製在一群字母組合聯盟的無數衝突區域中，包含中東的中部公約組織（CENTO; Central Treaty Organization）及東南亞公約組織（SEATO; South East Asia Treaty Organization）。

冷戰後的全球多邊主義

冷戰隨著戈巴契夫放鬆對東歐的控制而終結：知名的「辛納屈準則」（各國可以走「自己的路」）；他宣布開放民主將是真正社會主義的根基（一九八五年黨代表大會演說）；以及最驚人的，他宣稱人權不只是西方價值，而是全人類所擁有且認可的「人類價值」。94冷戰終結因蘇聯內部開放（glasnost）和改革（perestroika）運動的強化，最終於一九九一年蘇聯崩解而確認。

冷戰之後，人權原則蓬勃發展，高潮則是《維也納宣言》（Vienna Declaration），一致認定人權是「普遍、不可分割、相互依存且相互關聯」，從修辭上將公民與政治權利及經濟和社會權利相融合起來。同樣地，根據《和平議程》（Agenda for Peace，一九九二年），維和行動也蓬勃發展，任務數量及深度急劇升級。這包含從第一代停火監督，轉向第二代的多面向和平建設，及第三代強制執行維和（包含保護平民）。一九八八年前，聯合國進行過十三次維和行動（平均每十年三次以上），而在一九八八到二〇一〇年間，則進行了五十三次（平均每十年約二十六次）。

雖然人權與維和行動蓬勃發展，北約卻陷入了一段認同危機期。它原本是設計來嚇阻蘇聯與華沙公約組織，阻止共產主義擴散。但這些威脅消失後，它該做些什麼呢？事實上，許多國際關係學者預測它會迅速消亡。

然而，北約並未消亡，成員數目反而擴增並承擔了新的角色，包括在巴爾幹半島的維和行動，接著是阿富汗的和平強制（peace enforcement）行動。這些組織並未消亡。美國仍然擁有兩支強大的騎兵團，不過現在騎的是直升機。雖然如此，北約的預算與戰備能力確實都下降了。

新冷戰多樣主義

二〇一二年起，普丁重登俄羅斯總統寶座，習近平在中國崛起，兩件事都引起了美歐的警戒，我們看到了另一場冷戰浮現的跡象。

總體來說，我們看到了面對全球多邊主義時，兩種不同的「多樣（plurilateral）」途徑。

[95]新美國安全中心（Center for a New American Security）在二〇一九年發布的一份寶貴報告中，指出中國的途徑是：

一、提倡特殊主義人權觀，各國的獨特情況可為政府無視個人或少數民族的要求提供正當性。

二、重新定義民主，以所謂的「經濟與社會權利」，而非不可剝奪的政治權利來界定。

三、令國家主權不可侵犯，並重新確立國家作為全球治理中唯一合法的利害關係人。

四、通過雙邊談判解決政治問題，好讓中國可以利用全部籌碼對較小、較弱的國家達成自己的目的。

傳統上（川普前後）美國及其盟友採取的自由民主途徑則是：

一、支持普世人權觀；不論一國的內部政治情況或考量為何，公民自由都是不可剝奪的權利。

二、肯定代議政府體制支援人民追求和平繁榮的渴望，國家無需在民主跟發展之間做出選擇。

三、支持民間社會獨立形成國際組織回應政治議題。

四、強化以規範為基礎的多邊途徑，為大小國家在明確共識原則的前提下，提供推進其利益的途徑。

但隨著川普政府上台，人權受到各方攻擊。事實上，冷戰式緊張局勢上升加上川普的不自由主義，大幅損害人權計畫。美國退出聯合國人權理事會（然後在拜登政府任內重新加入），中國迫害維吾爾人的行為與普丁打壓言論自由（批評國家跟政府都是違法）都受到了歐洲議會譴責。

聯合國人權理事會二〇二〇年的一次投票表決結果，成為分歧浮現跟中國影響力崛起的象徵。中國成功地獲得壓倒性勝利，支持其根據新的國安法鎮壓香港民權。五十三國與中國投票支持，二十七國反對。

支持：中國、安地卡及巴布達、巴林、白俄羅斯、蒲隆地、柬埔寨、喀麥隆、中非、葛摩、剛果共和國（布拉薩）、古巴、吉布地、多米尼克、埃及、赤道幾內亞、厄利垂亞、加彭、甘比亞、幾內亞、幾內亞比索、伊朗、伊拉克、科威特、寮國、黎巴嫩、賴索托、茅利塔尼亞、摩洛哥、莫三比克、緬甸、尼泊爾、尼加拉瓜、尼日、北韓、阿曼、巴基斯坦、巴勒斯坦、巴布亞紐幾內亞、沙烏地阿拉伯、獅子山、索馬利亞、南蘇丹、斯里蘭卡、蘇丹、蘇利南、敘利亞、塔吉克、多哥、阿拉伯聯合大公國、委內瑞拉、葉門、尚比亞與辛巴威。

反對：澳洲、奧地利、比利時、貝里斯、加拿大、丹麥、愛沙尼亞、芬蘭、法國、冰島、愛爾蘭、德國、日本、拉脫維亞、列支敦斯登、立陶宛、盧森堡、馬紹爾群島、荷蘭、紐西蘭、挪威、帛琉、斯洛伐克、斯洛維尼亞、瑞典、瑞士與英國。

中國的支持者中，僅有三國被「自由之家」（Freedom House）評為「自由」的國家：

安地瓜及巴布達、多米尼克及蘇利南（三者人口數合約七十萬）。這三國，以及其他至少四十個贊成國，都加入了中國的一帶一路基礎設施建設計畫。許多非洲贊成國則正試圖跟中國重新協商債務支付，以應付 COVID-19 新冠病毒疫情大流行造成的嚴重經濟下滑。[96] 並非所有支持者都經常跟中國與其他威權政權立場一致；有些國家，如沙烏地阿拉伯，事實上是美國的親密盟友。然而在新冷戰競爭中，專制主義和自由主義之間的分歧是可以利用的。

另一次重大表決發生在二〇二一年五月，聯合國大會欲重新投票支持二〇〇五年首次採納的「國家保護責任」（Responsibility to Protect）原則；這個原則責成國家有保護人民免於暴行的責任，並授權聯合國安理會在國家未能履行責任時採取行動。投票結果是一百一十五票贊成，十五票反對，二十八票棄權（及三十五國未投票）。[97] 反對國家中包括一個重要集團，再次反映出新興的反對陣營，包括俄羅斯、中國、白俄羅斯、尼加拉瓜、古巴、委內瑞拉、玻利維亞、蒲隆地、北韓、埃及、厄利垂亞、吉爾吉斯、辛巴威與印尼。中俄提出的主要反駁是「國家保護責任」已經且將會因此受到操控，但顯然，這是意識形態在劃清界線。除非俄中都同意，聯合國安理會不會採取任何行動。

在美國與其自由派盟友一方，及另一方的俄中及其盟友之間，已經出現聯合國的控制權爭奪戰。中國控制了任命人權特使的委員會，確保它的觀點能發揮影響力；它還接管了世界衛生組織中的 COVID-19 新冠病毒疫情調查。[98]

維和行動的承諾也在緊張局勢升級中連帶遭殃。二〇一二年以來，聯合國僅啟動了五次維和行動；同時由於俄羅斯和中國的否決，聯合國安理會成了敘利亞問題上的逃兵。國際危機組織（International Crisis Group，簡稱ＩＣＧ）的一份報告凸顯重要趨勢。二〇一九年，聯合國安全理事會的

「成員在委內瑞拉問題上爭吵不休，難以維持葉門和平進程，也未能就蘇丹和利比亞事件達成共同立場。……自五月以來，安理會根本未討論委內瑞拉問題（即使想讓它採取更多行動的成員也認為危機過於極端化），並且難以應對新一波爆發的葉門暴力事件。它幾乎未對利比亞的持續戰鬥採取任何制止行動；同時，除了同意讓聯合國維和人員留在達佛（Darfur）之外，對蘇丹的政治過渡幾乎未有貢獻。它對其他挑戰也猶豫不決，包含喀什米爾危機與土耳其入侵敘利亞。」

國際危機組織繼續點出三個趨勢。「首先是中國與安理會的西方成員之間的關係逐漸顯著惡化。其次，美國與歐洲盟友，對於安理會在回應敘利亞及北韓等麻煩地區時，該扮演何種角色的歧見加深。第三則是安理會該如何處理非洲危機的爭論增加——這些爭論不僅在非洲及非洲之外的外交官之間造成分歧，也在非洲官員之間造成分歧。」[99]

新冷戰分歧代價的案例之一，就是北韓的軍武控制外交。二〇一七年十二月，聯合國安理會同意，若北韓只要試射一枚能夠抵達美國的彈道導彈，就將對其實施新的燃料制裁以迫使金正恩屈服。然而二〇二二年三月，當金正恩的確試射了那種導彈時，安理會卻猶豫不決。中俄拒絕對北韓實施制裁，因為北韓在俄羅斯入侵烏克蘭後，成為俄羅斯反對北約回應的盟友。[100]

即使在涉及如疾病控制等基本的全球公共財時，新冷戰也正在侵蝕合作。根據聯合國秘書長古特雷斯的說法，安理會成員之間的「失調關係」阻礙了全球對 COVID-19 新冠病毒的有效應對。他補充道：「各國自行其是，震央從一國轉移到另一國……我們看到今日美—中、美—俄之間的失調關係，幾乎讓安理會無法作出任何根本性的重要決策。」[101]

因此人們可能預期，北約此刻應該一如冷戰之時，正在復興。然而，儘管歐洲與加拿大的國防支出在大衰退期間下降後，於二〇一四年大幅上升，北約本身也可能身處危機之中。直到烏克蘭入侵重新振興這個機構之前，北約深陷於西歐成員與美國的分歧之中。引述兩位知名外交官尼可拉斯・伯恩斯（Nicholas Burns）與道格拉斯・盧特（Douglas Lute）的話：

「北約今日面臨的最大挑戰，是迫切需要恢復強大可靠的美國領導……在最基本的層面上，下一位美國總統必須在言語跟行動上，重申美國對北約的承諾，特別是第五條集體防禦承諾。二〇一七年五月就職不久時，川普總統曾有機會這樣做，但他卻拒絕實踐對第五條的承諾，甚至是在新北約總部為紀念碑揭幕，以紀念九一一事件後北約引用第五條承諾的歷史事件之時。」102

諷刺的是，新冷戰似乎對二戰後國際秩序的三大支柱，都帶來了充滿問題的前景。新冷戰的對抗傷害了維和行動與人權，而川普總統任內則對北約造成傷害。類似政策的回歸，也將帶來相似影響。

第二部

衝突的來源

冷戰主要是通過北約及華沙公約組織之間的軍備競賽，透過秘密行動及在越南、安哥拉及阿富汗等地的代理戰爭來「打」。[1] 如前一章指出，崛起中的新冷戰，主要是透過直接及有限的方式來打（敘利亞跟烏克蘭是重要例外），同時還透過政治顛覆、工業競爭及網路戰等跨國方式進行。冷戰是兩極；新冷戰在軍事上是三極（美國、俄羅斯和中國），經濟上也是三極（歐盟、美國和中國）。但總體而言，美國和中國在軍事和經濟方面都形成兩極競爭。同時間，全球政治分裂為兩個聯盟：一個是自由派，由美國領導，另一個則是獨裁專制派，為俄羅斯跟中國的結盟。

一九六〇年代末期，美國的工業實力顯然將壓倒蘇聯；現在，中國的經濟增長率持續是美國的兩倍以上，人口也是美國的兩倍多；而俄羅斯（雖然經濟上較弱勢）在敘利亞問題上占據主導地位，並在二〇二二年入侵烏克蘭，且大力投資軍事能力及網路戰。[2]

三大強國脫穎而出，但在地緣政治上的力量並不（尚未）對等。美國的軍事支出遠遠超過中國和俄羅斯，但俄羅斯與中國擁有核子武器，軍事支出的增長率也較高，還有積極的戰略，讓它們成為明顯的競爭對手。第四「大國」——歐盟是經濟超級大國，性格卻過度溫和。其成員國在北約中與美國結盟，但在普丁入侵烏克蘭動員起北約的團結精神之前，其成員在全球外交政策方面的一致性卻遠遠不足。[3]

情報專家艾美．澤加特（Amy Zegart）清楚總結了美國（及自由西方）面臨威脅的不同層面：

「從前，權力與地理位置保護了美國，這樣的優勢此刻卻已不再。網路空間讓敵人能不開一槍，即從遠距離外攻擊我們，不僅能入侵機器，還能入侵思想；中國展開長久且成功的行動，竊取大量美國的知識產權，以獲取經濟與軍事優勢；俄羅斯則利用網際資訊行動干涉選舉，並從美國內部破壞民主；犯罪團體正對美國城市、能源供應商及其他關鍵基礎設施，發動勒索病毒攻擊。我國從未面臨如此多種不同的威脅，因為網路空間正在強化弱者，削弱強者。先進工業民主國家特別容易遭受各種網路入侵，因為這些是最數位化聯結的國家，而它們的言論自由則讓陰謀行動者能夠發動大規模欺騙行動。」[4]

中國的競爭力、俄羅斯的流氓行徑以及各種破壞，都構成重大但形式各異的威脅。在自由與威權陣營之間崛起的新冷戰中，它們一同構成了重大威脅。它的根源為何？這些根源在多大程度上是國際性的（意指在不同國家與陣營之間）及跨國性的（國內政治與經濟的滲入與溢出）？

我將從國際關係合作所面對的一般性挑戰著手。第三章中，我將探討權力由霸權轉移到對手時，國際競爭的特殊情境。第四與第五章中，我將探討威權與民主政治體制的跨國性體系競爭。

國際合作的挑戰

在世界政治中，合作總是困難的。欠缺世界政府，使利益協調變得困難，因為「和諧」——亦即利益與策略全都一致——是非常罕見的。即便利益與價值重疊的情況下，協調仍是個問題，因為即使各國在目標上有共識，國家也會理性地想把合作成本轉嫁給其他國家。誤解和無法信賴未來行動的承諾，也會產生選擇眼前利益而非合作行動的動機。即便合作的好處大於個別行動的回報，也會再度因為不確定其他國家是否利益相容，就算相容，是否也願意合作的考量所影響。

若將霍布斯式的人類動機假設——恐懼、榮譽及物質利益——納入無政府狀態中，「自然狀態」就成了「戰爭狀態」（存在戰鬥的可能性），正如霍布斯那句名言：「人的生活是孤獨、貧窮、骯髒、野蠻而短暫的。」[5]

這是結構現實主義對於世界政治的核心敘述，國際體系中的國家被類比為霍布斯式的個體，處於缺乏政府的狀態。合作可以實現，但只有在無政府狀態得到控制，或動機被改變的時候才能實現。因此，根據傳統國際關係的隱喻，我們得改變「叢林」（國家之間的體系）或「野獸」（國家本身），或者兩者都須改變。

無政府狀態底下的合作，可以透過國際強制（帝國或霸權）或改變體系的理性策略來推進。帝國像霸權一樣強加秩序（對主導國家有利的）。

在更平等的情況下，儘管國與國之間常有利益競爭，仍有一些國家追求榮耀，但在相互依存的世界中，更深層次的合作難題在於，即便國家擁有共同利益，這些利益也不足以產生合作成果。各方都能從合作的解決方案中受益，但除非它們（或夠多的成員）受到激勵自行採取行動，否則不會有合作。這就是著名的「公地悲劇」（集體行動問題）。各方都會理性轉嫁責任、搭便車，而不是自願承擔相應的成本，因為它們的假設中是由其他人來承擔這些成本。或者，若有一方有合作意願，它也會假設在無法確保其他方的合作狀態下，它的投資將會白費。

因此，只有當單一主導行動者願意承擔全部成本，並期望所得收益會大於全部成本（讓其他參與者搭便車）時，合作才有可能發生。或者，極少數理性且相互依存的行動者，相當緊密地結合在一起時，才會採取共同行動（「我為人人，人人為我」）。[6] 冷戰期間，在西方占據主導地位的美國，被認為擔任了第一種領導者。[7]

至於力量相當的國家之間，採用「以牙還牙」策略（懲罰叛逆，獎賞合作）且資訊完善，國家數量少，相互依賴明顯，且「遊戲」沒有預期的終點時，藉由反覆的互動及滾動式調整也是可以產生合作關係。這些嚴格的假設都是必要的，如此才能對後果進行明確的計算。[8] 顯然，有效合作的挑戰不小。

自由主義理論（及部分馬克思社會主義理論）中，有另一種著名的替代方案——改變「野獸」，它設想從國內結構（民主制度、憲政主義、社會主義）的改變中產生價值觀及利益的變化，進而創造出可靠（「能自我執行」）的誘因來促進合作。因此，受到十八世紀偉大德國哲學家康德（Immanuel Kant）思想所啟發的「民主和平論」中，自由民主國家之間是彼此尊重的，因為它們都致力於尊重個人自由，自由民主國家內部所受的約束，來自同樣鼓勵言論自由的憲法條文以及承擔戰爭成本（擔任士兵及納稅人）的選民代表。

行動者與過程理論探討了這些變化如何在不同環境組合中發揮作用，正如歐玲（Elinor Ostrom）在其諾貝爾獎得獎研究[9]中所探討的，她概述了大量有助於成功合作的態度與過程。同樣地，羅伯特·埃里克森（Robert Ellickson）針對沙斯塔山谷相互競爭的牧場主與農民之間發展出非凡合作的案例，也提出了具有啟發性的描述。埃利克森的論點之一是，即便在缺乏外部（即全球）規範與法院的情況下，合作仍舊有可能而且有效。那麼問題在於，怎麼讓國家成為可靠的「鄰居」，就像沙斯塔牧場主與農民一樣。

對埃里克森來說，成功合作的關鍵似乎有三個：最小的「社會距離」（共通環境及相容的價值觀）；較低或分散利益關係，而非較高度且既存的利益關係；以及相互依賴（缺乏可以轉嫁後果與成本的第三者）。[10]

今天的國際體系缺乏埃里克森式的合作前提。它有共通環境（包含氣候變遷），但缺乏明顯共有的價值觀（獨裁主義對民主主義）；倘若合作失敗，代價可能非常高；雖然相互依賴，卻有多個行為者（為合作失敗背罪）。自冷戰以來，美國霸權已經下降，因此減低了強制合作的體系源頭，而獨裁與民主之間不斷出現的分歧，讓合作價值與可信承諾失去潛力。11

普遍性理論暗示著前方道路崎嶇難行。當我們深入研究體系對立與跨國競爭的具體情況時，前景看來更加具有挑戰性。我們正處於一個動態發展之中，眼見中國的影響力崛起，挑戰美國及其盟友在第二次世界大戰之後建立的規則。中國在全球貿易、金融和多邊機構（如聯合國、全球海洋和全球基礎設施投資）的管理上，要求（有時合理的）新標準及更多參與。正如拜登總統最近的警告，我們正在經歷政治制度與意識形態之間的競爭，即民主制度對上獨裁制度的競爭。這些都將讓全球合作變得更加困難，正如我將在書中接下來的這個部分，進一步追蹤闡述新興國際秩序／失序的源頭。

第三章

超級強國體系、霸權轉移與多維極化

我們可能經歷哪些國際體系？單極、雙極、多極……還是多維？這些會帶來什麼樣的影響？

正如先前所提，跟主導國家合作的私利超過合作的集體成本時，超級大國的霸權可以強化自利國家之間的多邊合作。霸權合作的前提是，霸權國家跟其他國家有共同的合作目標並且所有國家都能從中獲利。這種形式的合作在雙極體系中特別普遍，它會強化陣營內的團結，但也會加劇陣營之間的對抗。[1]因此，舊超級大國的相對衰落（最顯著的是蘇聯與華沙公約組織的崩潰）在一九九〇年代與二十一世紀初開啟了一個短暫時期，讓美國成為單極體系中唯一的超級大國，美國的軟硬實力都占據主導地位。自由主義的樂觀派，如法蘭西斯・福山（Francis Fukuyama），當時就宣稱此為「歷史的終結」。[2]今日，美國霸權的相對衰落（伴隨著中國等新興大國的崛起），帶來了霸權合作衰退、意識形態與偏好多樣性增加的相關問題，使得各種形式的合作變得更加困難。

國際體系的權力結構影響著組成國家之間的敵對或合作關係。根據組成結構中主要國家的數量和相對實力，國際體系會被視為單極、雙極或多極。[3]

單極的超級大國霸權可以增強自利國家之間的多邊合作，特別是當自由貿易、貨幣合作或多邊安全利益明顯有利於單一大國（以國內生產毛額衡量）時。霸權國家在補助其他國家維持合作的成本下仍然可以獲益。其他國家可以搭便車，不然霸權國家可以選擇對不合作者施加成本，以維持合作布局。許多人認為冷戰時期的西方情況就是如此，只不過後冷戰時期的一九九〇年代，是在全球範圍中更加反映這些動態。

單極體系可以是穩定的，[4]前提其他國家對霸權國家沒有安全的疑慮。霸權合作是預設霸權國家跟其他國家享有共同目標，如果合作，所有國家都會從中受益。[5]然而，對國家安全的擔憂將輕易凌駕貿易、投資或其他合作形式帶來的利潤，因此，這些國家必須得到可信的保證且不具威脅性的外交政策。這種形式的合作，出於明顯原因，在雙極體系當中特別普遍，這種體系強化了結盟國家的團結，卻同時加劇結盟內部之間（如自由民主國家之間）的對立。因此，二戰後的國際秩序分為兩個部分：西方由美國領導，國際自由合作蓬勃發展；而東方則形成了一個蓬勃發展（更多是強制施加的）的國際共產主義秩序。

那麼，今日我們進入的是什麼樣的國際秩序呢？

* * * * *

單極體系似乎已經結束（除非中國內部動盪導致崩潰），三極體系不太可能發生（除非歐盟突然聯合起來成為單一聯邦強權），而金磚五國（巴西、俄羅斯、印度、中國和南非）則毫不意外地談論著由他們跟美國組成的新多極秩序。然而，從比較各國國內生產毛額的角度來看，物質趨勢上似乎更有利於雙極體系。

根據美國農業部最新的宏觀經濟預測，到了二〇三〇年，中國仍將是世界第二大經濟體，僅次於美國（表二，見第一一〇頁）。根據預測，同一年印度將是第三大經濟體，但

表二　1969 年、2014 年及 2030 年最富有國家的實質國內生產毛額（以兆為單位），以 2010 年美元計[7]

排名	1969	2014	2030（預測）
1	美國 4.8	美國 16.3	美國 24.8
2	日本 1.9	中國 8.1	中國 22.2
3	德國 1.4	日本 5.6	印度 6.6
4	蘇聯 1.10[8]	德國 3.5	日本 6.4
5	法國 1.0	法國 2.6	德國 4.5
6	英國 0.89	英國 2.4	巴西 4.0
7*	義大利 0.87	俄羅斯 1.67[9]	俄羅斯 2.43[10]

* 見俄羅斯相關註解。

美國與中國兩國預測數字是印度的三到四倍。就基本物質力量形塑國際秩序的程度來說，表示未來十五年內，雙極世界秩序比多極或單極世界秩序更有可能。[6]

其他估計還預測，到了二〇三〇年中國的國內生產毛額將是美國的兩倍（以當前美元計算）。[11]另一項估計則運用二〇一〇年美元為基礎的購買力轉換（即考慮相同價值可獲得的實際商品），差異如表三所示。（見第一一一頁）

當然，國內生產毛額並非地緣政治權力的直接來源。此外，預估國內生產毛額的長期趨勢也遠非精確科學。[14]購買力平價（同樣一籃商品的成本）跟軍隊成本有關，卻不適用在衛星成本上，後者更適合以反映全球高科技價格的市場交易來衡量。因此，國內生產毛額的估算反映出無法控制的不確定性及方法論的差異。

讓情況變得更加複雜的是，我們是否可以輕易預測當前趨勢。中國的國內生產毛額及人均國內生產毛額的增長速度，都令人印象深刻。但一些預測者擔心中國的年齡不平衡；過去中國擁有高比例年輕且生產力高的人口優勢將發生變化，高比例的高齡人口將降低生產力，並增加醫療保健及高齡相關的其他成本。這讓裴敏欣（Minxin Pei）在內的一批知識淵博評論者提出警告，以中國經濟增長來推論其經濟將超越美國，卻忽略了中國經濟發展的重要限制。裴敏欣強調人口老化帶來的影響，可能包括到了二一〇〇年人口數從十四億下降到五億八千七百萬。他還點出，中國共產黨的集中控制將拖累創新及效率，他說：「黨對失去控制的生存恐懼，迫

表三　購買力平價轉換後的國內生產毛額
（以 2010 年為轉換基礎；兆美元）[12]

國家	2020	2040
中國	17.7	36.5
俄羅斯	3.0	4.7
美國	17.7	27.5
日本	4.3	5.5
「歐盟十五國加英國」[13]	13.8	20.2

使它對經濟保持嚴格控制，讓它失去效率。巨大僵化的國有企業將持續浪費資源。」[15]接著他補充，美國擁有全球的盟友優勢，中國卻面臨近鄰日本與印度的競爭。

不確定性的另一來源在於，國內生產毛額並非預測權力的強有力指標。倘若權力是展現出來的影響力，那麼約瑟夫・奈伊（Joseph Nye）所稱的「軟實力」，包括規範、觀念及文化等方面就會產生影響。[16]此外，即便是硬實力，也取決於情境和策略：影響力取決於想做的事（對誰、何時及如何進行）。[17]

即便軟實力的模糊（卻重要）影響遠遠不足，軍事上的「硬實力」仍然算數。武器採購及軍備競賽也形塑了一九六〇年代的雙極對峙局勢。（一九六九年，美國擁有兩萬六千九百一十枚核武，蘇聯僅有一萬零五百三十八枚。）[18]權力的軍事層面仍有其重要性，事實上也愈來愈不全然取決於經濟資源。決心才是分野的關鍵。今日，擁有近六千枚核彈頭的俄羅斯，在全球軍事領域占據鰲頭，超越了美國目前儲備的五千五百枚。事實上，俄羅斯的經濟弱勢與持續核武強權之間形成了危險的不平衡。

今日，美國在全球軍事能力方面，明顯超越中國。美國的核彈頭是中國的二十倍；十一艘核動力航空母艦，中國只有兩艘（即將增至三艘）傳統動力航母；美國有兩千架現

表四　2040 年軍事支出預估[20]

國家	2010 年美元（億）
中國	5,500
俄羅斯	1,700
美國	7,000
日本	500
「歐盟加英國」	3,000

代戰鬥機，中國只有六百架。[19]

相對性決心也會產生影響。布魯金斯學會的軍事專家邁可・奧漢龍（Michael O'Hanlon），思考軍事資源與決心之間的重要差異，估計二〇一八年美國的軍事支出占國內生產毛額的三・三%（六千零四十五億美元），中國為一・五%（兩千兩百億美元），俄羅斯為三・七%（四百六十六億美元）。若在類似的決心水準下，二〇四〇年這些國家的軍事支出可能如表四所示。（見第一一三頁）

從表四進一步推斷，我們很容易想像，倘若關係變得更加激烈且近似冷戰，屆時更富有的中國可能會開始以美國的速度推升軍事支出，將其支出推高到約一兆兩千一百億美元。這可能導致中國與俄羅斯的軍事支出總和（共一兆三千八百億美元）跟美國、日本與歐盟的總和（共一兆零五百億美元）趨近相等。

這些估算似乎都一致同意，未來二十年內，五個或更多大國之間形成多極、相對平等的「古典」平衡，是最不可能出現的情境。同時也有可能，（倘若美國發生經濟危機）中國將成為單極大國，或者（倘若歐盟聯合成為單一主權國家）可能會出現三極秩序。然而這兩種情境，都不如美國和中國之間的某種雙極情境來得有可能，並由俄羅斯支持中國、日本與歐盟國家支持美國，各自從旁強化。

同時間，考慮到權力組成的複雜性——包括硬實力及軟實力，俄羅斯的軍事硬實力及歐盟的經濟力量與軟實力，最好的描述似乎是擁有平行、多維、多極的多個「棋盤」的全球雙極，在不同時間與地點，進行不同的地緣政治賽局。[21]

出於下個段落中將描述的種種原因，這些情境都不利於國際合作。舊超級大國的相對衰落（特別是蘇聯與華沙公約組織的崩潰）和新大國的崛起，帶來了（在西方由美國主導的）霸權合作衰退以及意識形態與各種偏好增加的相關問題，這使得各種形式的合作變得更加困難。

多極與雙極

多極的權力平衡體系因為具有靈活性，通常被視為能夠緩和緊張局勢，穩定國際安全。[22]這種體系之所以節制，是因為可以用改變聯盟（試圖對抗來自其他國家的威脅）取代預防性戰爭或建立軍事實力所需要的昂貴努力。它們也能抑制意識形態對抗，因為意識形態相反但實力相當的國家發現，為了對抗其他國家的聯盟，他們可能需要跨越意識形態分歧在新聯盟中合作。這些系統性特徵（再加上十八世紀歐洲的共同文化與貴族政府），構成了古典權力平衡體系中為人稱譽的節制特點。[23]

對抗這種節制的是「牽連」與「卸責」的危險，如湯瑪斯．克里斯汀森（Thomas Christensen）及傑克．史奈德（Jack Snyder）的經典文章所指出。[24]當攻擊性武器被視為占據主導地位，先發制人擁有優勢時，多極體制就會鼓勵牽連行動，聯盟發動預防性攻擊，避免成員叛逃（就像第一次世界大戰初期，德國決定支持奧地利，而法國和英國決定支持帝俄一樣）。當防禦占上風時，聯盟成員則會卸責綏靖，藏身在其他國家的防禦之後，潛在侵略者可以選擇性對付個別聯盟成員，藉此擴張自己的力量（就像二戰前期對納粹德國的綏靖政策）。

雙極體系也主張穩定，如肯尼斯・華爾茲（Kenneth Waltz）的知名論文所述。[25]事實上，雙極體系據稱解決了多極體系中的牽連與卸責問題。牽連問題之所以獲得解決，是因為跟極點國家結盟的任何成員，其實力的重要性都不足以掀起一場不必要的戰爭以獲取保護；卸責問題被排除，則是因為除了極點國家外，沒有其他國家能夠應對來自另一極的威脅。因此極點國家始終保持警惕並準備就緒，部分原因是因為他們的注意力始終都在對方身上。另一個著名的類比是，「瓶裡的一隻蠍子」固然安全，兩隻蠍子卻因為警惕威懾，比起兩隻以上的蠍子更可能倖存，因為意外致命接觸的威脅可能會導向互相毀滅的戰爭。

對抗雙極的穩定，或至少是雙極的節制，是另外兩種更強大的傾向。首先是高度集中的雙極對立，其雙邊情境傾向極端：生存即勝利，失敗即毀滅。普魯士軍事戰略家卡爾・馮・克勞塞維茨（Carl von Clausewitz）在經典之作《戰爭論》（*On War*）中，精闢傳達這種雙邊戰爭將持續直到全面毀滅的趨勢。每次失敗都將引誘輸家重新努力，以避免終極毀滅，每次勝利也都引誘勝方升級，以避免輸家恢復軍事實力並再次發動戰爭。[26]

第二種傾向則是雙極體系助長（甚至某些說法認為是發動）意識形態衝突的傾向。經典來源是強納森・史威特（Jonathan Swift）於一七二六年發表的諷刺小說《格列佛遊記》（*Gulliver's Travels*）。[27]小說中的相關段落（第一部，第十四章）如下：

「一般認為吃蛋之前要將它敲開，是敲在鈍端：然而陛下的祖父還是男孩的時候打算吃蛋，並根據這個老方法敲蛋，卻傷了一根手指。因此，他的父親也就是皇帝，就下令所有臣民得從尖端敲蛋，否則將受到嚴厲處罰。人們對這條法律非常不滿，歷史告訴我們，此事已經引發六次叛亂。其中一名皇帝失去生命，另一位則失去寶座。這些內亂一直受到布雷夫斯庫君主的煽動，動亂平息時，流亡者總是逃到該國尋求庇護。據估計，不同時間點有一萬一千人寧死，也不願從尖端敲蛋。數百本關於這個爭議的厚重書籍出版，然而鈍端派的書籍早已遭到禁止，且根據法律，鈍端派全派都被剝奪工作。這些騷亂期間，布雷夫斯庫的皇帝經常派使節抗議，指控我們違反偉大先知魯斯特洛格的基本教義，造成宗教上的分裂；這教義位於布倫德克拉爾經典（他們的阿爾可蘭經）的第五十四章。然而，這只是對文本的過度解釋：因為話是這樣說的；所有真正的信徒都應該從方便的一端敲蛋：而哪一端是方便的，在我謙卑的意見裡，應交由個人良心，或至少由最高行政長官來決定。」

這段話是在諷刺十八世紀初英國新教徒與天主教徒（或輝格黨與保守黨）之間的雞毛蒜皮衝突，同時也是對英法之間激烈競爭的諷刺。系統上的重點，在於布雷夫斯庫（法國）保護鈍頭派（托利黨），並在利利普特（英國）煽動鈍頭派叛亂的方式。（我們可以假設反之亦然）。國內的二元意識形態衝突，是由國際政治衝突的平行雙極分布所支撐。每種意識形態都成為另一外部勢力的黨羽，使得每場內戰都國際化，每場國際性戰爭都成為國內內戰……同時加劇各地的衝突與暴力。當然，許多人在二次戰後美國／北約的民主資本主義與蘇聯／華沙公約的專制共產主義之間的冷戰，看到了許多相似之處。

雙極體系還明顯促進非正式帝國主義。雙極體系的兩極都透過確保有利於自己的統治派系，來控制次級國家。這種國際控制是更加牢靠，因為叛變等同於革命，讓另一種敵對意識形態置於統治地位。[28]通過有效控制來實現非正式統治，同時保持次級國家在名義上的獨立，與美國在資本主義中美洲控制反共主義，及蘇聯在共產主義東歐強加的反資本主義，有相似之處。

以此種方式促進非正式帝國主義時，系統會鼓勵雙極將衝突擴展到邊陲地區，將最初的兩極衝突全球化。雙極體系還會確保衝突升級，並擴展到權力政治以外的其他蛋端衝突，諸如經濟、意識形態、文化、體育，及任何可能產生勝敗的人類活動。

霸權轉移

國際體系的最後一個主要影響，是霸權之間的轉移。長期以來，這都被視為極度不穩定的因素。對此動態的關注，可追溯到修昔底德（Thucydides）在其著作《伯羅奔尼撒戰爭史》（*History of the Peloponnesian War*）中的警告——亦即雅典崛起對斯巴達霸權的挑戰，引發了戰爭。當舊霸權試圖保持卓越地位的特權，新興挑戰者堅持要強加自己的國際秩序時，戰爭就成了決定者。[29]

今天，地緣政治戰略家因此擔心中國崛起、俄羅斯衰落及美國面臨威脅，將引發的動邊權力動態。這被稱為「修昔底德陷阱」，目前是美國政治學家格雷厄姆・艾利森（Graham Allison）所著的暢銷書主題。[30]他在書中記錄了歷史上十六個「修昔底德陷阱」中，其中只有四個和平解決。其他十二個案例中，當權國家（如美國）為保持卓越地位發動攻擊；或新興國家（如中國）發動攻擊以爭取未能得到的領導特權。

不意外地，習近平「東昇西降」的宣稱，拉響了警報。[31]國家榮耀與經濟繁榮繼續支持著他的勃勃雄心，習近平似乎決心支持中國崛起，要求至少跟美國平起平坐，同時根據蘭德公司一項研究，還包括在最大程度上，實現東亞地區霸權及全球領導地位。[32]

評論家指出，倘若中國決定不跟西方合作，並堅持在多邊秩序中推動根本改變，那麼中國崛起將特別棘手。中國是世上軍事開支第二大的國家。中國與美國是唯二擁有四位數國防預算（以億美元計）的國家。[33]此外，中國國防預算的分配並不透明[34]，也經常顯示出不願遵循多邊法律秩序的跡象，它在南海問題上的行動可為證明。[35]

霸權轉移也產生重要的資訊不對稱，促使爭端發生。結構上的誘因會促使舊霸權拉響警報，以動員國內及國際上的支持，對抗挑戰者崛起；相同的結構性誘因也會促使挑戰者傳達出一種順應的形象，直到它準備好要推翻舊秩序。因此，兩者在外表上都傳遞出虛假訊息，加劇爭端。由於這些誘因，兩者都不可信。正如前一章中指出，我們看見拜登在專制獨裁與民主之間劃清界限，也看到習近平激烈否認對冷戰的興趣。

逆風思維的複雜性

其他結構性因素也反對雙極對抗。俄—中聯盟並非毫無緊張（如在西伯利亞問題上），而美國的盟友，特別是歐洲，也不願意看到對抗升級。同時如先前所見，關於中國「崛起」程度的辯論仍在繼續。知名的美國國家安全歷史學家哈爾・布蘭茲（Hal Brands），對中國所謂「崛起」的可靠度提出質疑。儘管中國的軍事能力正在增強，但經濟似乎正走下坡，這可能會導致美國對中國威脅的意識降低，或者產生出一種「兩頭空」的情景，即美國認為中國是崛起的挑戰者，而中國則認為自己是衰落中的大國，因此產生趁著力量衰退前盡早出擊的誘因。[36]

長期以來，北約盟友一直躲在美國對抗蘇聯／俄羅斯及中國的全球平衡安全保護下，免費搭乘順風車。歐洲人知道美國會對抗俄羅斯，因此並不覺得需要在北約國防支出上，支付他們的相應份額。[37]他們想起二〇〇三年伊拉克戰爭時，當時美國不顧法國與德國的反對，在缺乏安理會授權下就發動戰爭，他們擔心屈服於美國會替更加冒險的外交政策寫下空白支票。此外，二〇二一年，法國經歷了澳洲、英國和美國聯盟（AUKUS）拒絕了法國潛艇「世紀交易」的痛苦（澳洲選擇以美國核動力潛艇取代法國柴油潛艇）。德國則是因為跟俄、中的有利貿易安排，因此不願冒險破壞極其有利的聯結：北溪二號管道輸送較便宜的俄羅斯天然氣[38]，同時中國占大眾汽車與其他德國企業半數以上銷量的市場。[39]此外，儘管依賴中國華為的技術可能存在風險，但歐洲人並不願意進一步強化美國在網路科技上的壟斷。

許多事情在二〇二二年發生變化，普丁入侵烏克蘭，北約盟友一致同意對俄羅斯實施嚴厲制裁令許多人感到驚訝，拜登政府致力於徵詢所有北約成員，德國將國防支出提升到國內生產毛額目標的二％以上，芬蘭與瑞典申請加入北約，法國總統馬克宏與北約盟友協調外交政策——北約聯盟凝聚強盛了起來。全球壓倒性地譴責俄羅斯入侵。然而，一些非洲國家似乎不願意加入反對俄羅斯入侵的陣營。聯合國投票中，非洲三十五國中有十六國棄權，部分原因出於他們仍記得，在漫長的對抗殖民主義及種族隔離期間，蘇聯曾提供他們的關鍵支援。40

因此，集團之間的結構性因素導致對抗，但集團內部的緊張關係卻有利於和解。目前為止，集團之間的緊張關係似乎占據主導地位。

第四章 統合民族主義式獨裁

國內政權和意識形態的差異，導致跨國政治衝突，使得新興國際秩序變得更加複雜，並且威脅到新冷戰。儘管雙極體系既能緩和緊張局勢、也能加劇緊張，但意識形態歧異的雙極體系，更強烈導向冷戰式對峙，而非全球合作。

美國的政治權威的合法性，來自公民與政治自由（如言論及集會自由）、民主選舉、私有財產和生產手段私有制。中國的政治權威則仰賴物質進步、官僚權威、國家控制經濟，以及高舉儒家和共產主義價值觀（令人困惑的混合）。俄羅斯的政治權威則建立在對過往帝國力量的懷舊情感、對西方的民族主義的怨恨，以及對普丁復興經濟的支持之上。合法性概念的不同，是這些國家之間潛在猜疑的根源，因此導致誤解和衝突。當前主要的對抗，是統合民族主義獨裁國家（簡稱為CNA：俄羅斯和中國），對上自由資本主義民主國家（簡稱LCD：美國及其主要歐洲大西洋與太平洋盟友）。

冷戰結束時，「志得意滿者」認定俄羅斯與中國將迅速演變成自由民主國家。有些人主張，自由資本主義的消費主義民主將是「歷史的終結」，這種社會組織形式提供了物質需求、政治合法性和精神滿足的最終滿足。[1]然而過去幾年中，一種不同的新現實卻開始浮現。我們西方國家已經承認，俄羅斯和中國不是蓄勢待發的自由民主國家，至少短時間內不是，他們有著自己根深蒂固的政治體制、利益與意識形態。俄、中也不像美、德、日、英、法等富裕民主國家，或甚至印度、巴西或南非這樣比較貧困的民主國家。他們的外交政策也不相似：冷戰結束以後，民主國家並未對美國的單極優勢形成平衡。即便在小布希冒險主義或川普的貿易外交政策引起的挑釁之下，它們也仍未形成平衡。

最大的諷刺是，中國的獨裁制度似乎對美國產生了變革性的影響，而非美國的自由民主制度改變了中國。美國中產階級的淘空（部分由貿易競爭推動）侵蝕了穩定民主的基礎，催生了傾向獨裁的川普總統與政治兩極化現象。此外，對中競爭鼓勵美國在國內經濟方向上允許更多的國家干預（而非減少），包括貿易配額與國際投資限制，全都以國家及網路安全的名義為之。

除了中國崛起之外，其他大國也持續震動多邊秩序。從小布希總統二〇〇三年入侵伊拉克可見，超級大國具有破壞區域穩定及無視多邊原則的獨特能力。近日，俄羅斯總統普丁發起的行動（併吞克里米亞、入侵烏克蘭、保護敘利亞的阿薩德政權等），再次提醒全球，在多邊秩序下軍事衝突扮演的特殊角色。

當我們關注國內緊張局勢的根源，以及這些根源如何跨越國界，與其他國家的國內因素互動時，有三項發展引人注目。首先，二〇一二年以來，中、俄轉變過程中凸顯出來的統合民族主義式獨裁，再次回歸。其次則是自由擴張主義的持續影響，體現在美國自由主義原則、資本主義利益與民主機構啟發下的外交政策。第三則是二〇一六年川普的異常當選（二〇二四年可能再次出現），他在風格和價值觀上更像（似乎也欣賞）普丁和習近平，而非任何過往的現代美國總統。

儘管領導風格確實有所影響，但來自俄、中的敵對衝突根源，卻是結構性的。這兩個曾是共產主義、極權主義的體制，已經轉變成統合主義，國家形塑私部門，以回應影響力強大的寡頭企業富人的需求。兩者都反映出強烈的民族主義，對自己失去的帝國感到不滿，並對西方的帝國侵略記憶猶新。兩者都受到獨裁政府主導，逐漸由單一最高領袖的意志來決策。這三種特徵結合起來，愈來愈像經典的二十世紀法西斯主義，但同樣重要的是其中的不同之處，包含缺乏社會主義—共產主義替代方案，後者決定了法西斯主義獲得的多數支持及演變，並且兩者都缺乏以群眾為基礎的激進政黨。同樣重要的，是點出俄、中的統合民族主義獨裁體制之間的不同處，後者的統治形式具有更強大的國家與黨控制，前者則擁有較獨立（雖受壓制）的公民社會。[2]

儘管有所差異，俄羅斯與中國在統合主義、獨裁與民族主義的重要特徵上，仍舊相似。這三者的任一單項，都可能導致跟自由資本主義式民主國家的緊張關係。但最重要的，同時也具有侵蝕性的，卻是三者的結合。我將在以下段落中進一步探討。

統合主義

關於統合主義的現代經典討論中，菲利浦・施密特（Philippe Schmitter）定義並概述了統合主義的各種形式：

「統合主義可定義為一種利益代表制度，其構成單位被組織成數量有限的單一、強制性、非競爭性、依階層架構或按功能區分的種種類別，（若非由國家建立）由國家承認或特許，並在各自類別中，被授予經過盤算的代表性壟斷權，以換取對其選擇領導人及表達要求和支持的某些控制權。」[3]

在最簡單的情況下，我們可以思考統合主義跟傳統市場導向下，勞資關係之間的差異。在後者，公司經營者（代表股東）與個別勞工或工會代表進行談判；前者則是由經理人－勞工委員會管理的公司。在更高的層次上，我們可以思考競爭市場的公司與組織成集團分割市場的公司之間的差異。最高層次，則是私人所有權與國有／國家指導的所有權之間的區別。

在整體概念中，我們就能區分施密特所謂的「一元式（monist）」組織形式（由國家或政黨壟斷控制，如蘇聯共產主義）與「工團主義（syndicalist）」的形式（不存在壟斷，更多出於自願，沒有國家控制，例如瑞典或德國各種形式的公司合議和利益相關者的協商民主）。這種區別還涉及「社會統合主義」（控制來自下方）和「國家統合主義」（控制來自上方的國家）之間的區別，以及「革命性」（迅速實施之新秩序的一部分）和「演變性」（不同社會力量之間的協議所長期形成）之間的區別。[4]

施密特的關鍵觀點在於，統合主義是一種可以跟各種政治體制相容，並產生不同效果的組織形式。它們全都反映一種對各種市場危機的回應，是對市場不穩定性以及市場對精英到大眾等所有人產生之不良影響的社會反應。統合主義的主要替代方案是多元主義（pluralism），它依賴市場和獨立的社會反應，後者是沿著階級、公民社會或職業（工會、企業或專業組織等，非由單一公司或行業內的功能性單位組織）組織起來的。

統合主義的來源之一，出現在二十世紀的一本重要著作中，亦即卡爾・博蘭尼（Karl Polanyi）的《鉅變》（*The Great Transformation*）。[5]他的書對市場經濟在國內和國際上的影響，進行了深刻研究。博蘭尼的論點總結來說，市場化令市場社會難以永續，因其破壞了社會的穩定性。

他承認，國內市場經濟、政治代議制、金本位制及國際勢力平衡的結合，確實創造出一個相互強化經濟接觸的持續性循環，這有助於社會穩定，甚至是十九世紀的和平——即「一八一五至一九一四年的長期和平」。但貿易不僅僅是在近距離或在邊界上交換商品，它是一種革命性的交換形式。交換商品會改變價格，產生收益，這會改變生產這些交換商品的各種「要素」（勞力、資本和土地的投入）的需求。正如後來關於「要素價格均等化」的一套定理所論述，商品貿易對生產這些商品的土地、勞力與資本的收益，具有潛在的革命性影響。國家傾向大量出口密集使用本國要素投入的商品，並進口能帶來國內稀缺要素的商品。因此，國外貿易提升相對豐富要素的需求、價格及最終收益，並減少國內稀缺要素的需求、價格及收益，因為後者現在得跟便宜的進口商品競爭。整體而言，這將趨向於造成全球要素價格均等化（理論上還附帶許多假設前提，因此現實世界中也多所限制）。[6]

市場意識有時假定貿易是一種公平的商品交換，卻忽略了商品貿易對生產交換商品的投入要素（土地、勞力與資本）可能產生的影響。為什麼這一點很重要呢？無論是國內貿易還是國際貿易，透過改變土地、勞力與資本的收益，打亂根植於社會階級與政治權力之中的種種關係。將土地、勞力與資本僅視為商品，忽略了既定社群、村落生活、區域生活及階級、產業與部門間的種種關係所經歷的動盪，最終改變了國際間的勢力平衡。因此，貿易產生反動。農民不喜歡看到他們的農產品價格，下降到更具競爭力的對手所設定的價格。消費者可能更喜歡較低的價格，但通常組織較好的生產者會抵制。無論是在新整合的國內市場或國際市場，勞工與製造商都不想跟收入只有他們十分之一的勞工，或成本只是他們九牛一毛的公司競爭。

當人們的生計被邊緣化時，他們往往會做出反應。博蘭尼回溯十九世紀末時，對市場的反應，是以左派的社會民主主義或右派的法西斯主義等政治統合主義形式出現。國家經濟試圖通過提高關稅以保護國內消費，或者通過發動帝國征服來擴大國家資源，以保護自己免受全球經濟波動的影響。博蘭尼指出，競爭的結果是導致國內社會主義、共產主義與法西斯主義崛起，以及第一次世界大戰、經濟大蕭條及競爭性貨幣貶值，最終走向第二次世界大戰。和平、繁榮和民主在沉重的相互依存重量下崩潰。

俄羅斯的統合主義

一九一八年的俄羅斯共產主義，是市場社會在第一次世界大戰衝擊下崩潰的極端案例。今日俄羅斯雖非共產主義，仍擁有許多統合主義的特徵。從國家自上而下控制的統合主義（即共產主義）中崛起，一九九〇年代俄羅斯的私有化和市場化離完成還有很長的距離。如今，在工廠階層，經濟面仍然缺乏完全多元化的「勞動力－市場」的勞資關係。[7]俄羅斯勞資關係領域的主要評論家之一曾說：「俄羅斯工會未能建立代表成員利益的新認同，因為他們同時依賴著管理層及國家。」[8]企業間競爭和企業與國家之間的關係，情況也很復雜。如今，即便是私營企業也大量依賴國家照顧，並受到許多控制。正如提姆·弗萊（Tim Frye）所暗示，出現了一種「法律雙重體制」的微妙平衡，國家允許市場關係及法治的實質運作，以促進經濟增長，同時間保留足夠的影響力來掌控市場、所有權及法院，以確保企業為當前政權（二〇〇一年以來皆為普丁的統一俄羅斯黨 [United Russia Party]）服務。[9]

根據俄羅斯的寡頭統合主義模式，國家與寡頭共同掌握、共同擁有經濟，統一俄羅斯黨確保寡頭受其控制，寡頭則資助執政黨。對外來說，石油與天然氣行業已經成為收入及國際影響力的重要來源，並由普丁政府積極控制。更廣泛地說，俄羅斯經濟市值的百分之六十三到七十，是掌握在國有企業（SOE）手中，過去三年中，政府擁有的「單一制企業（unitary enterprises）」數量翻了三倍。總之，俄羅斯國內生產毛額，據稱有四〇%到五〇%受到國家控制。[10]國家控制有助於確保俄羅斯政府保有人民支持，若有人表示異議，他們將會失去工作。

也許更重要的是，俄羅斯經濟體現了「恩庇侍從」版的統合主義。《經濟學人》雜誌（*The Economist*）指出，（非國有企業的）「裙帶」部門，吸收了整整百分之十六的俄羅斯國內生產毛額。[11]美國國務院最近表示：「國有企業的採購規則不透明，政府官員利用非正式壓力歧視外國商品與服務。現任俄羅斯政府的進口替代政策，要求對某些類型的機械、設備和商品的生產進行在地化，並規定許多要求。」[12]

最近俄羅斯統合主義運作的一個案例，是二〇二二年奧列格．丁科夫（Oleg Y. Tinkov）的垮臺。二〇二一年十一月，丁科夫的身價超過九十億美元，以俄羅斯少數自行創業的大亨之一而聞名。跟俄羅斯掠奪體制的運作領域（能源及礦產資源）不同，丁科夫是以啤酒釀造起家，後來成為世上最複雜的線上銀行之一的創始人。但在二〇二二年，他在社群媒體 Instagram 上批評了烏克蘭戰爭。丁科夫稱入侵為「瘋狂之舉」，並嘲笑俄羅斯的軍隊：「如果這國家的一切都失常，陷入裙帶關係、奉承與奴性之中，我們怎麼會有強大的軍隊呢？」正如《紐約時報》報導：「第二天，普丁總統的政府聯繫他的高階主管，如果他的銀行不跟他斷絕關係，威脅要將銀行國有化。」於是他將自己的百分之三十五的股份出售給弗拉基米爾・波塔寧（Vladimir Potanin）——跟普丁先生關系密切的礦業大亨。丁科夫形容這是克里姆林宮強迫他進行的「絕望出售，跳樓拍賣」。[13]

中國統合主義

中國經濟在很多方面都引人注目，它是當代全球化的成功故事。一九八〇年代的改革開始推動雙位數增長，中國從貧困的發展中國家，變成全球第二大經濟體、最大的出口國，及全球建築業的中心。二〇〇一到二〇一一年的十年間，中國的中產階級人口增加了兩億零三百萬人。[14]中國也遠非共產主義。二〇二一年，中國的億萬富翁人數超過美國，來到一千零五十八人。[15]

這個成功很大部分來自鄧小平發起的大規模市場導向改革。在習近平的領導下，二〇一三年中國共產黨第十八屆中央委員會第三次全體會議，重申市場在振興中國經濟方面具有「決定性作用」。但是，正如中國問題專家易明（Elizabeth Economy）指出，中國的經濟現實表現出普遍惰性。一九七八年，國有企業製造了中國八〇%的工業產出，私有化大幅減少此一比例；今日，十五萬家國有企業僅雇用四千萬名勞工，產出四〇%的中國經濟生產（他們卻控制了二十一兆美元的資產）。然而，更重要的是，這些國有企業是國家控制主要部門及政治維穩相關核心部門的關鍵成分。無論效率或償債能力如何，它們都能取得優惠的融資、監管與投資支持。這種統合治理形式的主要目的是多方面的，為中國共產黨提供「的控制，除了身為股東的財富最大化之外，其他目的還包含維護都市就業水平、直接控制敏感行業，或出於政治動機安插職位」。[16]通過財產監管、批准合併與新建設，以及取得國內外融資，國家也間接控制了大多數其他公司，極大程度嘉惠了關係緊密的統合主義新興精英成員。[17]

出於如此高度的整合，這些公司通常也充當國家的代理人。在經濟學者易明敘述的故事裡，中國的鐵礦砂公司似乎依照國家指導，協調購買股份，以確保兩家澳洲公司無法合併，從而無法成為中國公司的競爭對手。[18]即便是較獨立的公司，例如非常成功的華為，也被指控在情報收集及維護政治灘頭堡方面發揮了作用（例如華為據稱為北韓建立網際網路）。[19]國家似乎也給予回報。二〇一九年，一群前華為員工聲稱，華為正與美國制裁的伊朗開展業務時（與該公司的說法相反），中國政府出面逮捕了這些人。[20]

經濟與政治控制的深度整合，進一步展現在建築業跟中國國家的海外投資計畫的緊密相關。共產黨官僚體系也跟金融及工業生產深度交纏，形成一種互利關係。[21]

二〇二〇年，習近平宣布一項重要工作，目的在於增強黨對整體經濟的控制。中國共產黨中央委員會辦公廳於二〇二〇年九月十五日發布《關於加強新時代民營經濟統戰工作的意見》，指示黨的統戰部門（UFWD）要在私營部門中強化作用。這是根據習近平在二〇一六年提出的要求，要強化黨在國有企業中的作用，「將黨的領導融入企業治理的各個方面」。現在，黨希望在民營企業中也實現類似的方向。中國工商聯合會副主席葉青呼籲建立「具有中國特色現代化的民營企業制度」，包括讓公司內部的黨組織控制企業的人力資源決策，允許它進行公司審計，包括監控內部行為。[22]

二〇二〇年，知名的阿里巴巴企業家馬雲對新公司螞蟻集團計劃投資小企業（中國經濟中的非正式部門）卻遭到限制，習近平的回擊破壞了馬雲的首次公開發行（IPO）計畫。新成立的金融穩定發展委員會負責確保（根據一名「中國高官」的說法）「你的利益是否跟國家利益一致」——依照習近平的定義。[23]螞蟻很快地跟上步調，接受指定為受監管的銀行實體，並承諾「不遺餘力實施整頓計畫」，包括放棄「資訊壟斷」公司收集的消費者詳細數據，並將數據交給中央銀行。[24]

有些人已經開始推測，習近平實際上正在尋求毛派共產主義的全面復興。[25]在此解讀下，習近平正在恢復共產黨對私部門的控制，以為馬克思主義的「國家資本主義」階段做好準備。這在馬克思理論中，是共產主義（民主、和平）革命的前驅，目的在於實現生產手段全面為社會所擁有。更直接的解釋是，習近平尋求強化共產黨控制，以避免日益不安的資本主義階級反抗，並恢復黨在日益不滿的農村與都市貧民眼中的合法性。隨著阿里巴巴遭到打壓、數百條新的企業法規，以及「共同富裕」的呼籲，唯一確定的影響，是國家控制的增加。

兩位知名政治經濟學家對近年趨勢作了如下描述：

「儘管產業政策從未完全消失，但從上述二〇〇六年左右發生的轉變以來，投入產業政策的資源一直在穩步增加。除了持續關注出口外，還開始關注在一系列尖端產業中實現競爭力。一系列政策工具推出以支持這些計畫，標誌著新的國家主導推力，促進本土創新及製造業升級。此外，這些發展發生的領域，不僅跟中國的經濟地位有關，也對軍事現代化具有重要意義。」26

協助解決會員國間貿易糾紛的世界貿易組織（WTO）裡，自由資本主義經濟體與中國之間存在著明顯的緊張關係。私人交易與政府採購都各有規則。但正如維克朗．卡納（Vikram Khanna）指出：「在國家與私人企業界限模糊的情況下，問題就出現了，這在中國經常發生。因此，很難判斷優惠交易是否屬於私人商業性質——這在世貿組織的規範之外——亦或屬於國家補貼。問題的核心在於，哪些是『公共機構（public body）』，這在中國並不像其他國家那麼明確。」27

實際上，在執行反壟斷法的幌子下，像螞蟻、騰訊及阿里巴巴這樣的大型中國科技及網路公司，已經成了「國家的附屬機構」。希望在紐約或歐洲股市上市的中國企業，首先得接受「網路安全檢查」，確保符合中國國家利益，以應對可能跟美國發生的衝突。它們同時也在國內進行廣為周知的大規模投資，以減少不平等，建立自己為黨服務的好形象。[28]

因此，我們看到市場經濟和統合主義經濟之間的衝突，就像目前的美中貿易戰。[29] 關鍵議題包括知識產權保護（技術竊取和強制技術轉移）；貨幣操縱；以及可能最具挑戰性的貿易補貼，因為北京直接向產業提供補貼，以及更普遍的規範優惠（用於政府契約及地方政府支持）與為了經濟發展而實施的貸款補貼。根據世貿組織規則，這些全都是有問題的。美國希望中國停止這些措施，但這些措施不只是經濟工具或市場優勢；它們是統合經濟治理模式的本質。

最近以國家安全法（二〇二〇年）消滅香港法律自治的運動，正說明了企業如何被動員來緩衝外國投資從香港撤出的影響，同時也利用企業來監控、懲罰工人的政治活動。北京鼓勵中國的大型企業擴大在香港的業務，威脅匯豐銀行等國際銀行，並要求包括國泰航空在內的公司，懲戒參與街頭示威的員工。[30]

更令人擔憂的是，中國企業被用來為中國政府蒐集各種情報。二〇一七年六月的國家情報法要求所有中國實體得應政府要求，提供訊息給中國情報單位。二〇二〇年，這使得抖音捲入了跟美國政府的爭議，因為抖音獲取大量關於美國公民的資訊，這些全都是抖音用戶提供的。[31]

拜登政府點出中國對美國的數位威脅進入新的積極協調層面。拜登政府官員描繪出廣泛競爭的新前線，中國國家安全部在其中扮演核心角色，私人與國家駭客網絡攜手合作，滲透西方政府機構與私人企業。政府屬下的駭客網絡同時出於國家及私人目的，竊取國家機密、科技與商業資訊；正如國務卿布林肯所形容：「犯罪契約駭客的生態系，為其私人利益，進行國家支持的行動與網際犯罪。」[32]

競爭甚至延伸到資訊領域，因為民主國家與發展程度類似的專制獨裁國家相比，提供更多經濟數據。根據一項新研究，其基本邏輯是「透明度吸引投資，也讓民主國家更能抵禦崩潰。但在專制獨裁底下，透明度卻能產生可疑的結果」：它會導致政治不穩定，使政府曝露在國內與國際的異議之下，因此使專制精英不願意公開資訊。[33]

＊＊＊＊＊

這些統合主義傾向產生了三個主要影響。

首先，統合主義經濟中幾乎不可能跟企業建立以商業或市場為基礎的關係。每次衝突本質上都會政治化，每次競爭都不只是經濟交易，利益受到直接影響的國家行為者都會涉及其中。此外，這些行為者不太可能允許由法院解決爭端，除非他們控制法院。

其次，這些集團會理所當然地在國內或國外的競爭中，要求國家提供支援跟指導；再次讓所有經濟交易都政治化。

第三，國家之間的安全衝突將導致它們實施統合主義式的控制。德國仰賴（之後又取消）從北溪二號管道流入的俄羅斯天然氣和石油，正是二〇二二年俄羅斯入侵烏克蘭後「供應鏈安全」狂熱的案例。COVID-19 新冠病毒疫情大流行期間，美國依賴中國提供口罩到一般消費品項等各種產品，也是經濟關係觸動政治敏感性的另一案例。但是，這個現象更深的根源，可以追溯到「對敵交易法」（trading with the enemy acts）及冷戰期間多邊出口管制協調委員會（CoCom）對貿易的控制。[34]

在美國，不平等也與政治權力相結合。二〇一三年，全球前四百名億萬富翁的淨資產總值估計為二點二兆美元；到了二〇二二年，這個數字已經翻了一番，達到四．五兆美元。如此規模的資金可以買到影響力，根據研究美國收入不平等的政治學者班傑明．佩吉（Benjamin Page）與傑佛瑞．溫特斯（Jeffrey Winters）的說法，它可以形塑對己有利的稅收政策及網路規範等等。但是，

「美國的寡頭政治跟俄羅斯寡頭政治的不同之處，在於它對政治影響的距離更遙遠一些，主要通過遊說及競選捐款驅動，而非明目張膽的貪腐。佩吉表示：『與普丁有密切關係的俄羅斯寡頭，是非常特殊的存在。他們的鉅額財富跟政府有非常直接的關係，很多人是通過政府所有、控制或監管的公司賺錢。在美國，情況則明顯少得多。』佩奇承認美國的寡頭政治是不同的，它嵌入政治體制之中。」[35]

自由市場經濟也無法完全避免政治化，或避免對國有企業的依賴。[36]國防領域最明顯反映出這類動力。波音與空中巴士都遠非普通商業公司，差別只在於程度和範圍。顯然，

波音與空中巴士之間的競爭，並未阻撓美歐的高度密切合作關係。在全球石油業跟前美國高官之間的交易，我們也能看到裙帶資本主義的作用。二〇二一年沙烏地阿拉伯的一次投資大會上，最大的吸引力來自四千五百億美元的沙國主權財富基金，即公共投資基金（Public Investment Fund）。根據《紐約時報》一篇文章報導，前川普政府財政部長史蒂芬・姆努欽（Steven Mnuchin）從沙烏地主權基金籌集資金，而川普的女婿兼前高級顧問賈瑞德・庫許納（Jared Kushner）也出席該場會議，發起「關聯投資公司」（Affinity Partners），向公共投資基金尋求二十億美元的潛在投資。[37]對統合主義來說，最大的區別不在於裙帶資本主義，而是統合主義如何跟民族主義與威權主義結合起來。

民族主義

「民族主義」概念的涵蓋範圍也很廣。最低限度的情況下，它包含應由本國人而非外國人統治這個國家（民族自決），政府應該促進國家大多數人的利益，而非少數人的利益

（從而限制政治腐敗的發生）。[38]最極端的情況下，民族主義者認為本國優於所有其他國家，應避免與其他國家的墮落接觸。對某些人來說，這也包含要在每場爭端中獲勝（「美國優先」），儘管這意味著（卻很少承認）長期而言卻是輸家，或者輸掉其他更重要的交易，或者失去絕對收益，因為另一個國家可能贏得更多。

民族主義還有不同類型。公民民族主義（Civic nationalism，通常跟愛國主義有關）是對一國原則及機構感到自豪並效忠。美國的「效忠宣誓」（Pledge of Allegiance）正是這種公民理想的著名案例：「我宣誓效忠美利堅合眾國國旗，及其所代表的共和國，在上主之下不可分割，自由與正義之國。」（雖然一九五四年加入「在上主之下」，偏離了先前純粹的公民性格，趨向宗教建制。）種族民族主義（Ethno-nationalism）則僅提倡特定族裔群體或種族的利益，在極端情況下則是法西斯主義的關鍵形象之一，也在近期美國的「白人民族主義」討論裡引起共鳴。[39]

「民粹主義」跟自由主義緊密相關，通常也是自由主義近期許多挑戰的首選標籤。最低限度，它聲稱反映了所謂大多數人的利益，而非精英的利益。它也充滿了熟悉的反諷；例如二〇一六年的美國，希拉蕊．柯林頓對抗「民粹主義」億萬富翁川普時，贏得了大多數美國選票;而在英國,二〇二二年民調中「留在歐盟」的支持者,比二〇一六年的「民粹主義」脫歐支持者還多。[40]一項關於民粹主義的重要社科研究中,費德里科・芬切爾斯坦(Federico Finchelstein)將二戰後阿根廷的裴隆主義(Peronism)視為現代民粹主義的理想類型,並指出其主要特徵:出自選舉的專制民主(拒絕獨裁);政治上的末世觀;具有魅力的救世主領袖;對抗「人民的敵人」;反對多元寬容;基進民族主義;視政治為娛樂……這份清單還能繼續下去。[41]納蒂亞・烏比納提(Nadia Urbinati)在近期的補充研究中,強調當選領袖宣稱跟他們眼中的「真正人民」的部分人口之間,是直接、無中介的政治關係。[42]

民粹主義和民族主義以特殊方式在普丁治下的俄羅斯結合。部分原因出自普丁跟其他人煽動的蘇聯帝國和蘇維埃聯盟的失落感。部分原因出自缺乏天然安全邊界(除了太平洋和北極海之外),還有兩千五百萬俄羅斯同胞,留在後蘇聯時代的波羅的海、中亞、克里米亞及白俄羅斯等地,而產生的脆弱感。[43]此外,部分也是對葉爾欽治下蘇聯/俄羅斯經濟崩潰的憤怒。

普丁曾以這樣的知名話語形容蘇聯解體:「首先,我們應該承認,蘇聯解體是重大的世紀地緣政治災難。至於俄羅斯民族，它成了真正的悲劇。數千萬同胞與愛國同志發現自己身處俄羅斯領土之外。此外，解體的流行病也染上俄羅斯本土。」[44]

入侵烏克蘭的最佳解釋是，普丁試圖重建華沙公約組織與蘇聯解體時，俄羅斯所失去的帝國空間。在烏克蘭，這一點在自由選舉產生的猶太人總統領導的民主中，被明顯荒謬的「去納粹化」標籤所掩蓋。根本原因在於失去帝國時深受傷害的威望，普丁利用這種感覺來保持權力，成為帝國偉大的代言人及復興者。

蘇聯與其經濟的崩潰，惡名昭彰地以絕望死亡表現出來，跟心臟病及酗酒連在一起，幾乎就像大批成年男性人口正進行慢性自殺。男性壽命數字在一九六〇年代達到頂峰後（當時蘇聯跟美國的數字差不多），男性壽命數字下降持續成為蘇聯的特徵，這數字在戈巴契夫一九八〇年代末期發動一場公衛運動後，取得驚人的反彈，但在葉爾欽執政下，男性壽命卻再度急劇下降。[45]

俄羅斯的憤怒也反映出現代可靠訊息的惡化，這是因為新的獨裁專制國家內是由政府主導訊息生產，再加上混亂的大眾媒體的全球性擴張，後者是被建制媒體衰微及無過濾的網路資訊所激化。漢娜・鄂蘭（Hannah Arendt）多年前曾在雄辯滔滔的演說中，生動捕捉了這時代的新精神：「在不斷變化、難以理解的世界中，群眾已經達到某種程度，他們既相信一切，又什麼都不相信；他們認為一切都有可能，也什麼都不真實。」[46]俄羅斯歷史學家提摩希・史奈德（Timothy Snyder）在二〇一四年普丁入侵烏克蘭的現象中，闡釋了此一現象。普丁正式否認俄羅斯士兵駐紮烏克蘭的同一天，俄羅斯士兵在當地宣布：「我們是來自GRU（俄羅斯聯邦軍隊總參謀部情報總局）的特種部隊。」俄羅斯外交部長謝爾蓋・拉夫羅夫譴責西方媒體認定俄羅斯軍隊為「資訊戰」。二〇一四年的一項民意調查顯示，七九%的俄羅斯民眾認為「無論俄羅斯做了什麼，西方都不會滿意，所以不用管他們的聲稱。」[47]

最近的民意調查顯示，普丁的支持率高達六十%。部分原因當然是因為仰賴國家部門為生的俄羅斯人似乎也別無選擇，只能支持政府，但許多人似乎也欣賞普丁在烏克蘭或敘利亞等地的外交冒險，為俄羅斯贏得聲譽。其他人則認為，除了普丁沒有別的人能維持俄羅斯的統一。[48]

一九七二年，哲學家以撒・柏林（Isaiah Berlin）解釋這種類型的民族主義：「它表達了不夠受到尊重的人，想在世界文化裡占一席之地的強烈慾望。」他將現代民族主義與

十九、二十世紀德國的脆弱與怨恨連在一起，但這種情感並不局限於任何單一國家。[49]普丁跟他的圈子已經養出一種民粹民族主義的驚人版本。

提摩希·史奈德點出在烏克蘭廣泛用來指稱俄羅斯民族主義的新標籤，稱之為「俄西斯主義」（ruscism），它融合了俄羅斯（Russian）與法西斯主義（Fascism），主要是俄羅斯傾向於法西斯主義的種種做法，包含「領袖與亡者崇拜、統合主義國家、神話過往、審查制度、陰謀論、中央統一口徑的宣傳，及現在的毀滅性戰爭」等現象。[50]

俄羅斯的超級民族主義者依賴三種理念說法。首先是，對於那些無法或不願加入歐盟，但願意加入俄式經濟與政體的前蘇聯或東歐國家來說，「歐亞主義」（Eurasianism）是歐盟的威權主義版的替代品。[51]第二則是超級民族主義，是一種反理性的意識形態，源於歐洲法西斯主義的俄式變體。它的先知是伊凡·伊林（Ivan Ilyin），他傾向於晦澀和虛無主義的情感，以及「政治就是辨別敵人的藝術」和「事實是，法西斯主義是愛國主義恣意妄為的過度救贖」等狂熱勸誡。[52]為了推行新的民粹民族主義，普丁在二〇一九年簽署新法，將任何對俄羅斯社會、政府、官方象徵、憲法或任何國家機構的「不敬行為」，以及當局認定的「虛假消息」，都視為非法犯罪。[53]二〇二二年入侵烏克蘭的過程中，普丁通過一項「虛假消息」法，將反政權訊息的傳播，包含稱入侵烏克蘭為「戰爭」而非「特殊軍事行動」，皆視為非法犯罪。第三個理念是大國威望。由於俄羅斯未能啟動更有生產力的工業生產部門（以平衡石油跟天然氣產業），使其軍事成就及大國地位成了政權威望的主要存在價值。通過克里米亞政變、烏克蘭動盪、成功主導敘利亞的外交和軍事領域，以及近日入侵烏克蘭等事件，很顯然普丁享受著他跟俄羅斯「回到高層談判桌」的過程。[54]

中國的民族主義與俄羅斯的沙文主義一樣，都對失落的帝國權力感到不滿，並以十九、二十世紀西方與日本帝國主義接續帶來的國家屈辱為中心。中國歷史是一則偉大光榮的敘事：從西元八〇〇到一八〇〇年間，千年的時間裡中國是宇宙的中心，隨後從一八四〇到一九四〇年的一百年間，國家飽受屈辱。然而，不同的是，它將當前聲譽集中在物質進步上，特別是一九八〇年代市場改革後中國經濟的快速增長。

關於新中華帝國願景的討論，有源自傳統概念者，如「天下」（tianxia）[55]——「普天之下」——包含了一個階層分明的國際秩序主張，所有國家都以中國為秩序中心。還有關於在西藏跟新疆的漢族中心排外主義的指控（然而這些行為也許更出於政治動機的威權控制，如後文所述）。更常見的主題是中國的防禦心。中國模式並不對外出口，相對地，更像是對抗自由主義範式的防禦行為，習近平與中國領導層認定這些對其持續統治及中國的穩定成長，構成深刻顛覆威脅。[56]

二〇一三年的九號文件，據稱是剛上任的習近平所發布的戰略文件，總結中國在意識形態鬥爭方面的新途徑。文件批評了「西方價值觀」，專注在這些「極為惡毒」的思想對中國社會與中國共產黨持續統治構成的威脅。[57]這份文件中談到的「威脅」，主要來自鼓吹「西方憲政民主」、「普世價值」（試圖削弱黨領導的理論基礎）、「公民社會」（定義為「個人權利至上，國家不得干預」）、「新自由主義」（私有化）及「西方新聞觀」（挑戰習近平觀點認為媒體和出版應受黨的控制與紀律）等等。

中國知識份子中，有些人受到納粹理論家卡爾．施密特（Carl Schmitt）的啟發，支持這種國家主義式的願景，即以無限制的統治、行政權威，作為西方「普世價值與憲政治理」的全面性替代方案。[58]其他人，如強世功（Jiang Shigong）則聲稱帝國——而非主權國家——將是世界秩序不可避免的基礎，這個秩序是架構在「市場、貨幣及超級大國的國內政策偽裝成普世法律實踐之上——美國已經過去，現在輪到了中國」。以他的話來說：

「（世界帝國的現況）面臨著三個無法解決的大問題：自由經濟造成不斷增加的不平等；政治自由主義造成失敗國家、政治無能與無效政府；文化自由主義造成的墮落與虛無。面對這些困境，即便美國也從全球軍事戰略退縮，這意味著世界帝國1.0版目前正面臨重大危機，來自帝國內部的反叛、抵抗與革命正在瓦解這個體制。」[59]

對二〇一九年香港民主運動者的憤怒譴責，正體現這種不信任，中國反覆指控異議者是出自美國顛覆的動機，而非源於現實上對經濟負擔、失去香港自治權及未兌現的香港民主承諾而感到失望。最終結果，就是在二〇二〇年施行北京主導的國家安全法，廢除了「一國兩制」模式。

然而，當我們將俄羅斯與中國的現代民族主義與過去進行比較時，它們都不像冷戰期間的共產主義那樣充滿教條或擴張主義。[60]共產主義被認定是普世信仰，與資本主義進行生死鬥爭。共產黨與所有共產主義者的職責，就是推動革命前進。今日俄羅斯或中國的民族主義都沒有提出這樣的主張，但每種民族主義都讓它們跟自由西方之間的合作變得更加困難。

總結當前民族主義的影響，我們看到殘存的歷史仇恨與當前疑慮，會降低合作的價值（缺乏把沙斯塔農民與牧場主聚在一起的「共有價值」），也會讓談判妥協的行為變得更具挑戰性（隨著意義跟衡量標準的分歧，不同成功價值之間的競爭會使得衝突更加傾向零和）。

威權主義

十九與二十世紀見證了三種主要政治體制的演變——自由主義、法西斯主義與共產主義。政治社會學家巴林頓．摩爾（Barrington Moore, Jr.）在其傑作《民主與獨裁的社會起源》（*Social Origins of Dictatorship and Democracy: Lord and Peasant in the Making of the Modern World*）一書中描述了現代政治的演變。[61]摩爾辨識出從傳統農業社會到現代工業世界的三條軌跡。在自由資本主義民主路線中，以英國、法國和美國為代表，農民政治地位較弱（或者轉化成獨立農場主的企業家階級，如美國），出現了一個強大的中產階級。貴族（在仍由貴族統治的地方）隨後聯合了中產階級，或未能反對後者的民主化努力，使得民主蓬勃發展。以德國和日本為代表的資本主義者反動路線中，農民的地位不變，對中產階級與貴族的利益構成威脅，因此後兩者形成一個保守的對抗農民聯盟。此一聯盟形成了自治專制國家的基礎，能被法西斯領袖從上而下的革命收服。最後則是以中國和俄羅斯為代表的共產主義軌跡，中產階級未能出現，但農民卻普遍存在，且獨立於貴族之外的程度，已足以形成由下而上的基進革命根基，對抗中央集權農業官僚體制。

這些見解固然闡明了不同政府體制的發展大方向，然而世界歷史當然是更加複雜。現代的民主印度就不太適用這個範本；同樣重要的，這些軌跡也忽略了當代世界許多混合政權的崛起，例如現代威權主義，既非自由主義，也不（像共產主義與納粹主義的）極權。胡安・林茲（Juan Linz）補上這些缺口，將這些後來的威權政權形容為：

> 「這些政治系統擁有有限且非責任式的政治多元主義；沒有明確的意識形態引導，但有獨特的思維方式；除了某些發展時刻外，也沒有廣泛而強烈的政治動員；

其中一名領袖或偶爾一個小團體，會在形式上不明確，但實際上相當可預測的限制之內行使權力。」62

強大的中央政府盛行，但跟極權政權不同，國家並未完全控制社會。除了面向可能由政黨官僚、軍官或控制國家的經濟精英組成的一小群「推選人團體（selectorate）」外，政府缺乏真正的問責制。儘管推選人團體能影響政府，通常缺乏改革或引導社會的能力。這種團體的形式包含獨裁專制（一人統治）到官僚統治（由委員會、政黨或軍事機構）等不同形態。多數傾向依賴情感號召，並跟外部或內部敵人作戰（以呼喚國家主義者的支持），作為民主或傳統合法性的替代品。最成功的政權，如中國，通過經濟成功維持穩定——他們能實現繁榮，並對潛在與實際的政見相左者，實施針對性的強制手段。

民粹威權主義通常是反殖民統治的動員結果，吸納過去遭排除在外的團體，同時要去除社會中的「殖民主義代理人」。官僚威權主義則反映出一種對抗政治與經濟不穩的「軍隊—官僚」保守聯盟，以保護軍隊特權或財產，同時（經常）也為了吸引外國投資。

俄羅斯跟中國都混合了這些政權的要素，它們的民主選舉限制在單一政黨，或者政黨控制媒體並威脅任何競爭對手。它們都缺乏開放市場、財產權的有效保護及平等法律保護等民主原則。

因此，這些政治體制的合法性，必須通過政治上鎮壓異議分子、強勁的經濟表現（貧困或經濟危機不過是一代之前的過往）或極端民族主義來加強——更或者三者兼而有之。俄羅斯跟中國都擁有不可低估的大眾基礎，但因為兩國都採用壓制機制，因此很難量測真正的支持程度。兩個政權都認為自己因為失去帝國，因此在全球受到冷落：中國在十九世紀末二十世紀初受到西方跟日本的帝國主義壓抑；俄羅斯則是出於蘇聯的崩潰。

此刻兩者都能取得愈來愈多的「獨裁者工具」。[63]監控子民行為及偏好的能力，展現了極大進展（包括大規模的人臉識別技術）；人工智慧在精準投放（或自動微目標定位技術，automated microtargeting）上的能力也大幅增加，為尋求維持權力的獨裁者提供明顯優勢。那古老的「獨裁者困境」——維持獨裁者統治的官僚控制，會削弱市場繁榮的能力，然而市場繁榮卻能讓臣民聽話——可能很快就會被克服。正如澤納普．圖費奇（Zeynep Tufekci）尖銳地評論：「掌權者用這些演算法悄悄監視我們，評價我們，引導我們預測並找出搗亂者和叛亂分子。」[64]

很明顯，民主國家也能取得類似的數位工具，差別在於這些工具不受政府壟斷，各種政黨及私人行為者都能使用，因此會走向極化，而非政治壟斷。

然而，統合主義與民族主義獨裁體制並不全然相同。

在俄羅斯，普丁掌權之前，一群寡頭主導了俄羅斯政府。自從二〇一二年普丁鞏固權力以來，他成功透過恐嚇反對派（及暗殺他人），主導了俄羅斯國家。他是否成功主導，或者只是成為另一名寡頭（可能是最有錢也最有權者）[65]，是一個仍有爭議的問題，並在卡倫・達維沙（Karen Dawisha）及邁可・麥克富爾（Michael McFaul）的重要著作中進行深入探討。[66]

正如施密特總結，普丁占據主導地位，但他也「透過一個強大的寡頭聯盟進行統治，並獲得民眾默許，因為他們被石油利潤帶來的更高生活水平所收買，並刻意維持他們對政府貪腐的無知，因為先前的新聞自由已遭到系統性殘酷打壓。」

二〇二二年入侵烏克蘭可能會對普丁政權的穩定性造成壓力。俄羅斯少數獨立的民意調查機構之一，列瓦達中心（Levada Center）在二〇二一年四月報導稱，「（十八至二十四歲的）服役人口中，整整有四一%的人認為，與烏克蘭作戰將有損普丁聲譽。三五%的年輕家長族群（二十五至三十九歲）也同意；中年族群的比例則幾乎相同。」[67]

研究普丁政權與其寡頭的長期發展時，卡倫．達維沙發現了一個「掠奪性的朝貢制度」（kleptocratic tribute system）。[68]二〇〇〇年，普丁掌權後建立了秩序假像時，「**autoriety**」——犯罪與合法商業的聚合體——被納入國家體制。「在許多方面，克里姆林宮與犯罪階級之間的無聲休戰，跟普丁馴服寡頭同時發生，這些超級豪商曾在葉爾欽治下成為政治上強大的影響力。」[69]統治體系是從地方向上鏈結的恩庇侍從網路，混合了公務官員及準私營企業，最頂端則是普丁。威脅無法保證秩序的地方，就派出暗殺，正如同對付批評二〇一四年普丁入侵烏克蘭的反對派領袖鮑里斯．涅姆佐夫（Boris Nemtsov）一般。反應出俄羅斯政治對外國顛覆傾向的恐懼，前美國駐俄羅斯大使亞歷山大．弗爾斯伯（Alexander Vershbow）如此描述這次暗殺：

> 「此事不僅是地緣政治，還涉及俄羅斯國內政治。普丁總統的目標似乎是打算將烏克蘭變成一個失敗國家，同時壓制貶低俄羅斯國內的其他聲浪，以防止發生俄羅斯版的『廣場事件（Maidan）』（二〇一三年烏克蘭人大規模示威，推翻腐敗的

> 親俄亞努科維奇［Yanukovych］政權）。我們已經看到，受害的不僅是烏克蘭東部，還有上週五遭到殘酷謀殺的鮑里斯·涅姆佐夫。我們雖然不知道是誰扣動了扳機，但我們知道涅姆佐夫是強而有力的民主聲音，並反對俄羅斯涉入烏克蘭。他是被俄羅斯官方宣傳詆毀為『叛徒』及『第五縱隊』的人之一。」[70]

二〇一九年，俄羅斯聯邦安全局（Federal Security Service）對「記者、反對派活動者、醫生與宗教信徒展開一波逮捕行動」，因為相互競爭的俄羅斯執法機構急於抗衡其他公共執法者，以證明自己的地位，好在「他們認定已受到內外敵人包圍的堡壘國家中，鞏固自己的未來」。此舉導致「全國各地開始搜查批評克里姆林宮的新聞機構，以及跟反對派領袖阿列克謝·納瓦尼（Aleksei A. Navalny）有關人等的住家及辦公室。」[71]納瓦尼是二〇二〇年夏天一場企圖暗殺的目標，這場暗殺帶著過往俄羅斯國家暗殺的特徵。

另一種策略是將異議視為外國顛覆。普丁的官員將一家受歡迎的獨立媒體與兩個人權組織列為「外國代理人」。司法部將「外國代理人」標籤貼在Mediazona（以報導知名法庭案件而聞名的新聞網站）、OVD-Info（援助政治逮捕的知名法律援助團體）及Zona Prava

（另一個人權組織）之上。

除了這三個實體之外，還有二十二個人也被納入司法部的「外國代理人」名單，包含抗議團體「暴動小貓」（Pussy Riot）的成員。[72]

媒體本身也是普丁成功宣傳的管道。在國家媒體占據主導地位並排擠異議聲音的媒體環境中，即使公民明白這些資訊是宣傳，它們仍舊形塑了對國家效能的正面看法。公民會假定國家發布的宣傳資訊至少反映出國家的信心。缺乏相反證據的情況下，公民會傾向遵循。[73]與此相關的，普丁已經建立對媒體消息來源的壟斷控制，特別是影響到選舉活動的時候。二〇二一年，他關閉納瓦尼的手機應用程式，這個應用程式是設計來動員反對派選票。他威脅要逮捕谷歌跟蘋果公司的當地員工，因為這兩家公司先前曾經提供此應用程式的下載服務。[74]

獨裁專制政府對外交政策的影響，依專制政權的類型而異。偉大的十八世紀德國哲學家康德列出君主政權普遍面對可靠治理的挑戰。專制者缺乏兩種公共政策的關鍵約束。首先，缺乏體制化的論辯，這種論辯可以來自分權制度，例如行政、立法和司法等權力的分立，這種體制需要透過說服來形成政府的權威決策。相反地，卻只有單一統治者不受挑戰的心血來潮、激情、先入為主的成見或利益。顧問則完全仰賴統治者，因此不大可能提供批判或客觀資訊，因為他們的職涯或生命會遭到波及。正如歷史學家弗里德曼所主張，專制國家因此往往缺乏坦誠的戰略建議。75

第二，國家缺乏跟「公民—臣民」之間的可靠聯繫，以要求國家證明其政策符合公共利益。相反地，專制者的個人利益形塑了政策，正如康德在一七九五年論文〈永久和平〉（Perpetual Peace）中所批評：

> 「但在臣民並非公民的憲法之下，此並非共和國，這是世上最容易發動戰爭的情況。因為國家元首不是同胞，而是國家的所有者，因此戰爭不會迫使他做出任何犧牲，包含他的宴會、狩獵、享樂宮殿及宮中節慶。因此，他可以沒有重大理由，就決定發動戰爭，視為一種娛樂，毫不擔心地要外交團隊（他們總是為此目的而有所預備）為戰爭的正當性辯護。」76

不是所有專制、非共和國或非民主政權都是一樣的。正如傑西卡・威克斯（Jessica

Weeks）所主張，有些是個人主義（如上述康德所提的君主），但有些是軍事政權、政黨政權或寡頭政權。在這些情況中約束力確實存在，「推選人團體」（軍隊或政黨官僚）取代「選民」，透過持續的慎思並以軍隊或政黨的更大利益為重，來糾正上述個人主義的缺陷。儘管他們很少或者以可靠方式考慮到更廣大的公共利益。[77]

事實上，長期以來中國就展現了多數威權體制並不具備的特點。正如政治學家安德魯．納森（Andrew Nathan）指出，威權體制往往因為合法性薄弱、過度依賴強制手段、決策過度集中及個人權力宰制建制規範，而變得脆弱。他觀察到：「少有威權政權——無論是共產主義、法西斯主義、統合主義還是個人主義——能夠進行有序、和平、及時且穩健的接班。」然而，中國共產黨在威權政權中卻異常具有韌性，因為（一）「其接班政治日益規範化」；（二）「在政治精英拔擢上，逐漸按照功績而非派系考量」；（三）「政權內部機構的差異化與功能專業化」；以及（四）「建立政治參與及上訴機構，強化中共在一般大眾眼中的合法性」。[78]

然而，這些特點的每一項，都在二〇一三年習近平開展的「第三次革命」中，開始發生變化。繼一九四九年毛澤東的共產主義革命及一九七八年鄧小平的市場轉向之後，習近平從二〇一三年開始推動的「第三次革命」中，共產黨與習近平的個人控制成為中心，這是毛時代以來前所未見。習近平宣布自己為主席，沒有任期限制，回歸毛澤東設定的模式。他的反貪腐行動強化他的派系控制。此外，國家建立一道「虛擬的法規與限制牆，更縮緊控制思想流動、文化及進出國內的資金」[79]，以重新控制社會。其中包括對公共媒體的控制，讓黨得以形塑公眾閱聽的內容，這展現在二〇一九年對香港民主抗議者的高度批評報導中，中國媒體將他們描繪成一小群美國的外國代理人及暴力罪犯。[80]

因此，在中國，共產黨統治的國家成了掌控經濟的寡頭統治。此外，在習近平的領導下，中國在新疆建立了「無與倫比的監視體制」[81]，以控制維吾爾人。新疆省長陳全國設立成千上萬的社區員警崗哨及數據監控。他將一百萬名漢族（中國人）送進新疆，進行監視並住進維吾爾家庭共同生活。政權收集面部識別數據及生物識別數據，包括十二到六十五歲所有人的血液樣本。這個模式在中國其他地方廣為宣傳，也成為其他發展中國家獨裁政權的模型。

隨著不平等擴大，黨失去過去對勞工的控制，出現了一種新的控制人口的方式，稱為「社會信用」。它通過輕量級手段，提供全面社會控制。就像美國跟其他地方的金融信用評分監控機制，它會追蹤行為；但跟前者不同的是，它還包含法律跟教育紀錄、反社會行為，甚至購物偏好（與阿里巴巴、騰訊及百度合作）。高分者在飛機旅行跟取得貸款方面享有優惠，「債務人」則禁止搭乘飛機與火車。[82]

外交政策

俄羅斯與中國的統合民族主義式威權主義對外交政策影響重大。俄、中都未面臨跨境武裝襲擊的威脅，兩者都依賴鎮壓潛在異議，以維護國內安全。因此，這些政權的安全威脅主要來自內部，而非外部，[83]來自不滿且獲得賦權的公民，而非威脅要越過邊界的軍隊。[84]因此，北京天安門廣場事件的記憶以及二〇一二年莫斯科示威活動的經驗，都形塑了它們的政策。各自的外交政策都將內部的不穩定威脅外部化。同時，俄、中都認為國際自由秩序對其企業抱持懷疑態度（如將北溪二號管道視為國家代理人），並對技術競爭（華為和 5G）施加障礙。

正如先前所提到，美國相對衰落的演變可能會激起中國的侵略信心；全球自由秩序對威權國家構成存在威脅的防衛擔憂，也可能驅動中國。或者兩者兼而有之。侵略信心可能會讓妥協變得困難——時間在中國這邊，海軍實力與經濟平衡正在變化。防衛擔憂也可能限制合作意願，因為相互依賴會被視為不穩定，可能賦予異議分子更多權力。

例如，中國主張控制南海，以安撫軍隊跟極端民族主義者。它也已經表明，為了避免可能產生的示範效應，不會容忍香港完全民主。中國外交部的官方發言人將二〇一九年夏季的香港抗議事件，歸咎於美國：「畢竟，這是美國的作品。」[85]

北京的自我呈現卻是極為不同。習近平據稱提倡一種建立在互惠互利的基礎上，基於經濟增長及彼此互不干涉自主權的「和諧多樣性」戰略。習近平宣稱：「所有國家都應尊重彼此的主權、尊嚴及領土完整，尊重各自的發展道路與社會制度，尊重彼此的核心利益與主要的關切。」[86]

習近平認為，這與布雷頓森林體系機構所強加的人權、法治、市場和減少貧困等條件，以及民主化倡議，有明顯不同。「和諧多樣性」並不強加中國模式，反而提供一個免於自由化壓力的世界，因此為威權和統合主義治理模式提供了安全港。[87]它還提供一套機構，不受美國及西歐透過世界銀行（主席總是美國人）與國際貨幣基金（IMF。主席為歐洲人，美國可對其貸款行使否決權）發揮的影響。[88]

亞洲基礎設施投資銀行與一帶一路所倡議的即是「和諧多樣性」的兩個方面。前者對所有人開放，提供亞洲急需的基礎設施融資；後者則提出一項建立陸海聯繫的協調計畫，將亞洲和非洲納入與中國連接的持續擴大運輸網路。儘管向所有人開放，亞洲基礎設施投資銀行大部分資金都來自中國。

一帶一路倡議（BRI）是中國國家主席習近平的外交政策標誌行動，也是世上規模最大的基礎設施計畫，對美國的經濟、政治、氣候變遷、安全及全球健康利益都構成重大挑戰。自從一帶一路倡議在二〇一三年啟動以來，中國銀行及企業已經提供融資，在世界各地興建發電廠、鐵路、公路和港口，建設了電信基礎設施、光纖電纜及智能城市。倘若一帶一路倡議能以可靠且持續的方式實施，它有可能滿足發展中國家長期以來的需求，並刺激全球經濟增長。然而，到目前為止，無論對美國還是接受國來說，一帶一路倡議實踐所帶來的風險，都遠超過好處。

一帶一路倡議最初是為了將中國的現代沿海城市跟低度開發的內陸地區以及東南亞、

中亞與南亞鄰國連結起來，從而在連接度更高的世界裡，鞏固中國的地位。這項倡議後來的成長，超出了最初設定的區域走廊，擴展到全球各個角落。此刻規模還包括數位絲路（Digital Silk Road），目的在於改善接受國的電信網路、人工智慧能力、雲端計算、電子商務及行動支付系統、監視技術與其他高科技領域。此外還有健康絲路，設計來實現中國在全球健康治理上的願景。全球各地現有數百項計畫，都屬於一帶一路倡議的範疇。[89]

北京已經明確表示，此計畫將幫助中國公司「主導未來的行業，從人工智慧與超級電腦，到航空航太設備。政策目標在於使用中國製造的商品，取代進口的高科技產品，迫使跨國公司將工廠從美國搬到中國，從而造成美國就業機會的流失。」中國宣稱這些措施對其未來成長至關重要，因此以中國首席談判代表劉鶴的話來說，這是中國不太可能妥協的「重大原則問題」。[90]

這方面的早期知名案例，是蘇丹喀土穆當局對達富爾發動戰爭期間，中國對蘇丹的政策。為了確保中國獲得穩定石油供應，中國政府對蘇丹政府提供了兩百五十萬美元的資助，可用於蘇丹政府認可的「任何計畫」，還走私供應蘇丹政府需要的武器，並承諾保護政權免於外部多邊制裁的影響。[91]中國並非為了威權主義，甚或是蘇丹當局對達富爾施加的反人類罪，而進行十字軍式的動員。但中國的政策卻讓蘇丹的罪行幾乎毫無成本，也讓蘇丹的威權政府依賴於北京，有助於將世界分為人權與主權之爭，分成美國與其自由盟友對上中、俄與世界各地類似蘇丹的威權政權。

這種模式已一再重複，直到中國（及俄羅斯）看待敘利亞內戰的政策，也是如此。俄、中兩國為敘利亞總統巴沙爾．阿薩德（Bashar al-Assad）提供避風港，免受國際制裁。除了化學武器的重大例外之外，中、俄的否決票捍衛著阿薩德，同時還有俄羅斯武器支持他。

另一個案例則是中國與澳洲的關係。對中國出口的澳洲龍蝦，成為中國與民主國家之間緊張局勢升級的最新犧牲品。中國占澳洲南岩龍蝦出口量約九十六%，每年價值超過五億美元。[92]二〇二一年澳洲總理莫里森（Scott Morrison）出席英國康瓦爾舉行的G7高峰會時（二〇二一年六月），G7發表聲明譴責北京對維吾爾族少數族群的壓迫及其他人權侵害，以及破壞全球經濟的「非市場政策及作為」，因此導致兩國關係急劇惡化。緊接而來的，澳洲批評中國對待維吾爾人的方式、香港民主的衰退與中國對南海及台灣的政策，加上對華為的限制，以及新冠病毒COVID-19起源的問題（所有政策都成為G7對中反應的主旋律）。更麻煩的是，中國占了澳洲總出口量近四〇%，中國已縮減澳洲牛肉的進口量，對大麥徵收總計達八〇％的關稅，還對葡萄酒課徵超過二〇〇％的進口關稅。二〇二〇年，澳洲對中國的出口額，下降了約二十三億美元。

二〇二一年美國外交關係評議會工作小組的結論指出，一帶一路倡議有助於中國縮小沿海富裕城市與貧困內陸地區之間的差距，從而提高國內政治穩定性。它吸收過剩的製造能力，讓積累儲蓄得到利用，並為製造部門取得穩定的資源，同時重新定位全球商業體系，遠離美歐，傾向中國。對其他國家，包括接受國在內，一帶一路倡議提升未來幾年內債務危機可能發生的機會，因為它資助了高負債國家在經濟上有疑慮的計畫，並且補貼中國國有及非市場導向的企業，取得進入這些市場的特權。這些都讓中國「將技術與技術標準偏好推給一帶一路倡議的接受國，（將這些國家鎖進）中國生態系之中」。此舉更反過來通過出口中國的燃煤電廠，增加對碳密集型電力的依賴，因此讓世界銀行更難在容忍腐敗的情況下，堅持嚴格的環境與社會影響評估。因此，這些國家變得更容易受到中國政治壓力的影響，而中國也更能投射它的權力。[93]

因此，一帶一路倡議對習近平治下的中國帶來重大的特殊優勢。透過消除布雷頓森林體系的多邊壟斷，習近平為有利於威權主義生存的世界創造基礎，在這個世界裡，中國與其他威權主義國家所承受的自由化改革壓力也因此得以減輕。一帶一路倡議利用中國國有企業在建設及原料方面的過剩產能。中國創造的貿易運輸線，確保它能優先取得世界各地的原物料及港口，不因依賴西方企業或海軍而受到限制。同時，一次又一次，像巴基斯坦瓜達爾港跟斯里蘭卡新港或非洲的道路計畫，全都仰賴中國的資助與控制。

不意外地，一帶一路倡議面臨反彈，包含來自美國與G7國家的競爭。援助數據組織（AidData）的一項研究，調查了十八年內中國在一百六十五個國家中支持的計畫，總價值達八千四百三十億美元，並指出北京每年的國際發展金融承諾金額是美國的兩倍。但該研究也觀察到，「愈來愈多的低收入與中等收入國家的政策制定者，因為價格過高、貪腐與債務可承擔性的憂慮，擱置了高調的一帶一路倡議計畫。」二〇二一年六月，拜登政府宣布一項名為「建設更好世界」（Build Back Better World，簡稱B3W）——來自G7國家的競爭性倡議，為發展中國家提供基礎建設的金融援助。[94]

中國的網路政策是另一項獨特挑戰。在網路空間中，歸因問題使得如何遏止變得相當複雜，因為惡意程式可以由國家或非國家行為者編寫，知道發動攻擊的機器位置，並不等同知道最終主腦。然而在有足夠證據的情況下，遏止並非不可能。[95]此外，全球網路空間中薄弱的法律規範，也容易引起衝突。中國尋求成為「網際超級大國」，包含提升中國在全球網際網路治理中所扮演的角色，特別是在多邊論壇裡關切新規則的發展，確保尊重其國內網際空間的主權控制。[96]相反地，美國則專注在跟中國的雙邊接觸，防止中國的商業間諜活動，另外通過聯合國政府專家小組論壇發展國際協議，尋求將現有法律體系應用到網際空間上。[97]

自由民主國家在網路競爭中可能處於不利的地位，因為在減輕通信網路危機時，會牽涉到言論自由的問題。一方面，自由民主國家的開放性，可能令它們較容易遭受假訊息的影響。[98]另一方面，美國這樣的大國持續控制著網際網路交換點與科技公司，這些也會是取得談判優勢的瓶頸。[99]

中國挑戰的根源既有結構因素（基於中國的統合主義、民族主義與威權主義），也有歷史因素。研究中國外交政策的學者蘇爾曼．瓦西夫．汗（Sulmaan Wasif Khan）指出，中國「戰狼」外交的根源，是一種憤恨民族主義與脆弱獨裁的融合體：「最有說服力的解釋，是中國被自己的言論毒害。一九八九年天安門廣場大屠殺之後，民族主義被視為讓公民跟黨意見齊一的方式。它實際上並不是為了要制定實際外交政策。但正如美國人在川普年代中發現的，激起民族主義的火焰，最終很難不失控。多年來，關於台灣人需要感恩，關於香港抗議是西方影響下的產物，關於西方侵略，關於日本從未對二戰道歉，關於黨的正當性與中國政府不會犯錯，以及中國人民的受傷情感——這些全都滲透生根。」[100]

普丁的外交政策跟中國既有相似，也有不同之處。一九九二年俄羅斯外交部長安德列·科茲涅夫（Andrei V. Kozyrev）著名的「只是開個玩笑」演說，卻奇異地預示了這一點。他在隨後立即被稱為「起床號」的演說中，以一段冷戰時代的怒斥震驚了歐洲諸位外長。演講中，他威脅要強迫前蘇聯各共和國，加入由俄羅斯主導的聯邦，要求西方停止干涉南斯拉夫。他說，俄羅斯將譴責西方對塞爾維亞的制裁，並將控制前蘇聯的整片領土，「運用所有可用的手段，包含軍事和經濟手段」，並堅持「前蘇聯各共和國應立即加入（由莫斯科主導的）新聯邦或邦聯」。半小時後，科茲涅夫向安全合作會議上震驚的美歐外交部長解釋，他的演講目的，在於顯示有朝一日若右翼民族主義派系掌握了莫斯科權力，世界將會面臨的政策情勢。美國國務卿勞倫斯·伊格爾伯格（Lawrence S. Eagleburger）表示，科茲涅夫的強大訊息「令我們深刻體會到……若俄羅斯的改革失敗，我們可能會面對科茲涅夫今早所說的話，情況可能更加嚴重……將使俄羅斯完全孤立於歐洲之外。」[101]

三十年後，這景象大部分已經實現。普丁與西方之間的敵對關係明顯，俄羅斯已經占領了喬治亞跟烏克蘭的部分地區，干預敘利亞，強制調停亞美尼亞與亞塞拜然之間的戰爭，現在又入侵烏克蘭（二〇二二年），目的尚不清楚。普丁聲稱正在替這個由人民自由選出的猶太裔喜劇演員所統治的國家「去納粹化」，並將該國重新統一為「俄羅斯」人民的一部分（跟普丁的想法相反，烏克蘭人並不將自己視為「俄羅斯」人的一部分）。人民起身反對入侵，軍隊用盡一切手段抵抗，平民面對坦克，傷亡破壞不斷增加，一百多萬人逃離成為難民。普丁明確的目標是要粉碎烏克蘭的獨立。

政治經濟學家克里斯．布拉特曼（Chris Blattman）對於二〇二二年促成普丁豪賭入侵烏克蘭的力量，做出簡潔的總結：

「儘管烏克蘭處於弱勢，但近期趨勢卻讓普丁及其核心圈子感到擔憂。過去二十年中，烏克蘭人已經兩度在革命中推翻親俄領導人。烏克蘭是許多俄羅斯公民認同的社會，也是起義反對普丁先生政權的強大典範。普丁先生可以運用影響力消除威脅，但戰爭是昂貴且冒險的，因此他首先嘗試其他手段。多年來，他通過金錢、宣傳、暗殺及支持分離主義者，來影響烏克蘭政治。這些冒險性投資卻沒有回報，甚至還可能將烏克蘭人更推向西方與民主政府。這對普丁先生來說是個令人擔憂的趨勢。隨著烏克蘭鞏固自由，政權變革變得更加困難。隨著基輔獲得愈來愈多導彈及無人機，入侵成本也隨之提高。普丁先生對烏克蘭的影響力已經接近飽和；對俄羅斯來說，最後的工具就是入侵，但使用這個工具的時間愈來愈緊迫。」[102]

長期以來，普丁一直將蘇聯崩潰視為一場災難。藉著對烏克蘭的最新侵略，他似乎打算將時鐘撥回到一九八〇年。無論他是否計劃——且能成功——吞併整個國家或東半部地區，他希望主宰烏克蘭，令其從此屈服在莫斯科之下。目前為止（二〇二二年春季），烏克蘭人成功抵抗這些命運，堅決維護自己的領土完整與政治獨立。

普丁支持西鄰的白俄羅斯強人亞歷山大・盧卡申科（Alexander Lukashenko），卻不會容忍可能加入歐盟的南鄰烏克蘭。倘若俄羅斯在烏克蘭的代理人亞努科維奇撐不起來，那麼更好的選項，就是讓被奪走了克里米亞的烏克蘭，擁有一群脆弱的新俄羅斯少數族群，潛在不斷需要拯救：這能讓烏克蘭不斷分化並充滿危機，更向所有可能想在俄羅斯勢力範圍內尋求民主，或脫離這個範圍尋求自治的人提出警告。每個國家都有寡頭企業，它們的公司利潤必須藉由國家支持、補貼、甚至時不時的產業間諜活動來確保。

二〇二〇年白俄羅斯的選舉危機，彰顯了這些力量如何運作。盧卡申科被控操縱選舉後，全國各地爆發示威活動，要求舉行一次公平的選舉，而「敗選」的候選人斯維亞特拉娜・茨科努斯卡亞女士（Sviatlana Tsikhanouskaya）則逃到附近的立陶宛。盧卡申科向普丁提出請求，強調對一人的威脅就是對他們兩人共同的威脅。同時兩人都重申，儘管有先前的爭執，但兩國仍舊是「聯盟國家（union state）」。接著，兩人都指責示威活動是未明言之「外國干預」的表現，並聲稱不會允許「外部干預」成功推翻他們的政權。立陶宛外交部長林納斯・林凱維丘斯（Linas Linkevičius）在推文中總結：「#白俄羅斯的前總統現在要求普丁幫忙。對抗誰？對抗街上捧花的人民嗎？」[103]

比起各大國採取的直接外來行動，更重要的是它們的間接影響。美國、歐洲制裁侵害人權或破壞環境的政權時，俄羅斯和中國就成了另一條路。二〇一八年，俄、中聯手阻止聯合國安理會討論敘利亞的人權侵害問題。[104]俄羅斯武器是美國武器的替代品；歐洲威脅制裁環境惡化時，中國市場取而代之。巴西的民粹主義總統亞伊爾・波索納洛（Jair Bolsonaro）因為鼓勵牧民燒毀亞馬遜叢林而遭到歐洲人威脅抵制。他回應歐盟抵制威脅時稱，中國會收下歐洲人威脅要抵制的巴西大豆或牛肉量。

已退休的大衛・佩特雷斯（David Petraeus）將軍與美國參議員謝爾登・懷特豪斯（Sheldon Whitehouse），在法治跟普丁腐敗的對抗中，看見了新冷戰。這些威權統治者汲汲營營將「貪腐武器化，成為外交政策的工具，以不透明、非法的方式使用資金，獲得對其他國家的影響力，顛覆法治，並以自己的竊國形象重塑外國政府。」他們也承認：「對普丁這樣的人物，美國的法治世界本質上就具有威脅性。透過剝削公職尋求自利，他們積累驚人的個人財富，他們也活在恐懼之中，擔心自己的竊國行為會遭到全盤揭露，美國案例可能會啟發他們的人民起而要求更好的生活。」[105]

中國也出現這些觀點。中國的裁軍大使李松在日內瓦裁軍會議上告訴與會者：「冷戰思維已經捲土重來，推動大國的安全戰略和政策。」[106]李松接著將美國比作唐吉訶德，尋找要摧毀的風車（想像中的安全威脅），這過程也造成其他國家不安全。

結果就是不安與威脅的螺旋升級。對美國人來說，這正是衰弱霸權在霸權轉移時，預期挑戰者會說的話，而挑戰者就像中國一樣，受益於既有的國際貿易與投資規則。值得注意的是，中國跟俄羅斯在軍事合作方面愈來愈緊密。這被描繪成不僅僅是方便之舉。這是更深層的聯結，但也是「夥伴關係，而非聯盟」——以中國解放軍官方發言人的話來說。[107]但對中國與俄羅斯來說，真正的威脅來自國內，而美國與西方的指控似乎是挑釁和侵略性的，而非防禦性的。[108]

第五章

自由資本主義式民主

推動第二次冷戰緊張衝突的因素，並不全來自中國與俄羅斯。西方自由派發動譴責，希望對大肆侵犯人權的威權政權施加額外制裁。在極端情況下，美國曾發動破壞性侵略行動，例如小布希政府在二〇〇三年對抗薩達姆．海珊（Saddam Hussein）——部分受到小布希的「自由議程（Freedom Agenda）」所啟發，讓各地威權政權感到不安。同時跨國企業精英對於必須跟中、俄的國營或國有企業競爭，拉起警報。任何形式的自由民主資本主義都發現，要跟統合民族主義威權政權（CNA）合作，是有困難的。

但更具破壞性的是，一種新的激進右翼民族民粹主義（「美國優先」），席捲了過去這些自由民主國家。在煽情主義的推動下，外交政策幾乎前所未見地成了充滿修辭的表面言詞，為國內政治派系的心理恐懼及攻擊動機量身訂做，這些派系幾乎成了唯一的受眾。

自由主義、資本主義與民主

自由資本主義式民主形塑了個人的思想與理念（如人權、自由與民主）如何影響社會力量（資本主義、市場）及政治機構（民主、代議制）；反之亦然——社會力量和機構如何形塑個人渴望。這跟民族統合主義式威權體制模型中的假設不同。它也跟「結構現實主義者」關於體制結構（單極、雙極或多極）的決定性角色，及因此產生的國家同質性假設（理性、物質與統一行為者）不同。透過揭開國家行為的盒子，看見各種自由主義思想、資本家利益與民主機構帶來的影響，自由資本主義式民主（ＬＣＤ）將有助於我們理解外交政策中的行為。

自由資本主義式民主的核心原則，是個人自由的重要性。這是一種對道德自由的信仰

——有權被視為道德主體與目的，也有義務視他人為道德主體與目的，而不僅僅是工具或手段而已。對這個原則的關注，產生了權利和制度。自由主義內部的挑戰，是如何協調三組自由權利。例如，私有財產權可能會跟機會平等相衝突，這兩種權利都可能受到民主立法侵犯。自由主義傳統發展出兩條實現個人自由與社會秩序的光明大道：一條是自由放任或「新保守主義（neo-conservative）」的自由主義，另一條則是社會福利或社會民主（或以美國術語來說，「自由派」[liberal]）自由主義。兩者都成功地將自由個體組織成政治秩序，協調這些相互衝突的權利（雖然方法不一樣）。

對這三重權利的承諾，形成了自由主義的基礎。自由主義主張免於專斷權威的自由，這通常被稱為「負面自由（negative freedom）」，還包括良心自由、新聞自由和言論自由、法律之前平等與擁有及交換財產的自由，不必擔心任意沒收的情況。自由主義還主張另一類權利，能夠保護並促進自由的能力與機會，這些自由稱為「積極自由（positive freedom）」。這種社會經濟權利，如平等受教的機會及健康照護與就業權利，對於有效的自我表達跟參與來說是必要的，這些都是自由主義的一部分。[1]第三種自由權利，即民主參與或代表權，保證了其他兩個權利的存在。為了確保道德自主的個體在需要公共權威的社會行動領域中能夠保持自由，公共立法必須表達市民為自己社區制定法律的意願。

民主政治秩序將自由放任和社會福利自由主義結合起來，以四種制度的共同承諾為特徵。[2]首先，公民擁有法律上平等及其他公民權利，例如宗教與新聞自由。其次，國家的有效統治者是代議制立法機構，它們的權威來自選民的同意；除了保護基本公民權利的要求外，它們行使權威將不受其他限制。自由主義對外交政策的影響，最重要的是，國家既不受其他國家的外部權威約束，也不受內部特殊權利之權威所束縛，例如君主或軍事階層對外交政策的影響。第三，經濟是建立在承認私有財產權的基礎上，包含生產手段的所有權。財產被認定為激發生產力的刺激，也是對國家權威壟斷的限制。私有財產制排除了國家社會主義或國家資本主義，但不必要排除市場社會主義或各種形式的混合經濟。第四，經濟決策主要受到國內與國際上的供需力量影響，不受官僚機構的嚴格控制。

為了保護公民行使自由的機會，自由放任自由主義傾向一個權力受到高度限制的國家角色，私有財產及市場則扮演更大角色。為了追求同一個自由目標，福利自由主義則改變方法，反而擴大了國家的角色，縮小市場角色。然而，這兩種取徑都接受四個制度要求，因此與君主制政權、軍事獨裁政權及單一政黨政府（包含共產主義與法西斯主義政權）截然不同，但也跟這些制度共同形成現代世界的政治治理。即便在極度自由主義的國家裡，也不是全然自由。自由主義原則及制度有時也會跟威權或種族主義對手爭奪公眾忠誠。[3]自由主義政權內部也存在差異。例如，瑞士只在某些州是自由主義；直到一八六五年，美國只有梅森—迪克森線（Mason- Dixon Line）以北的區域實行自由主義，一八六五年後全國實行（最低程度的）自由（「吉姆．克勞法（Jim Crow）」與其他歧視一直持續到二十世紀中葉）。這些清單還排除古代的「共和國」，因為它們似乎不符合現代自由主義的個人主義標準。[4]

這明顯是個理想的理論模型。就跟民主本身與人權一樣，都不是純粹的存在。即便極度自由主義的國家，也非全然自由。如上所述，自由主義原則與機構有時得跟獨裁專制或種族主義對手競爭，爭取公眾的忠誠，這情況發生在整個十九世紀及二十世紀的部分時期。權利從未獲得全面尊重（部分原因是因為它們有時也會互相衝突），沒有任何國家能保證所有居民在所有問題上都能獲得平等發聲的權利。但是我們可以比較民主參與及權利實踐的程度，愈多國家納入民主實踐並尊重權利，它們之間保持和平的可能性就愈大。

自由主義的國內成功是明顯的。第二次世界大戰擊敗法西斯挑戰，一九九〇年代共產蘇聯崩潰及市場民主制度擴展後，自由資本主義式民主對某些人來說似乎是「歷史的終結」。[5]從未有這麼多人被納入自由秩序，並接受這種秩序的國內霸權；世上也從未有過這麼多主要國家成為自由主義國家，無論是共和國還是君主立憲國。事實上，自由主義成功解決了現代社會無主之人的問題，這反映在自由主義政權的數量增加，從十九世紀上半葉的一小撮（例如英國、法國和美國），到二十世紀末超過一百多國。

然而，我們不應對自由主義國家的國內事務感到自滿。重大的實際問題持續不斷，包括如何提高市民在大型民主國家中的參與，如何分配「地位財」（例如崇高聲譽的工作），如何控制官僚機構，如何減少失業率，如何支應不斷增長的社會服務需求，以及如何應對不斷增長的外國競爭並進行大規模產業重組。[6]卓越的自由主義哲學家約翰·羅爾斯（John Rawls）點出，選舉公共資金及國家身為最後雇主的角色，均有所欠缺。他還指出社會安全網（尤其是全國性醫療照護）的薄弱，也是有效行使真正自由平等的障礙。[7]

同樣，我們也不應對自由民主國家對涉外事務的控制感到自滿。即便在最好的時節，外交政策也會引發民主問責的問題。針對民主國家對外交政策的控制，羅伯特·達爾（Robert Dahl）深具影響力的分析中指出：（一）公共意見往往對國際問題知之甚少；

（二）公眾觀點過於多樣分歧，無法形成穩定指引；（三）政黨擁有多樣分歧的選民基礎。因此，精英主要通過彼此協商來決定外交政策。

然而對外政策仍然奠基在兩大重要的自由民主源頭。達爾論文的「修訂」版中，展現出公眾可以被大事件動員並要求變革，比如二戰、越南戰爭、九一一事件及二〇〇六年後伊拉克戰爭的煎熬。[8]冷戰多數期間，精英與公眾之間普遍共同支持自由主義原則。正如邁克爾・湯姆茲（Michael Tomz）和潔西卡・威克斯（Jessica Weeks）的調查證據中顯示，當公眾從支持自由主義原則的出發點採取行動時，比起非自由專制國家，他們傾向給予外國民主國家更多尊重。[9]

然而，當前的挑戰卻超越了這些正常限制。近年來，民主本身已經進入「衰退」階段。二〇一九年，自由之家指出此一趨勢，如表五所示（見第一八四頁）。[10]

比表五數字更驚人的是，具有影響力的大型國家在公民權利及民主治理方面的進展，已經歷大幅下滑，包含土耳其、委內瑞拉、波蘭及匈牙利。當然，從二〇一二年以來，俄羅斯深化獨裁專制，普丁現在幾乎永久掌權。習近平也取消任期限制，並針對公民社會及異議人士進行打壓。

表五　民主衰退？

	國家比例（%）		
年度	自由	部分自由	不自由
1986	34	34	32
1996	41	31	28
2006	47	30	23
2019	44	30	26

我們並非處於一九三〇年代，面對義大利、日本、德國和西班牙的自由民主制度崩潰。此外還有一些好消息。政治學家雪麗·伯曼（Sheri Berman）說：「今日的民主困境似乎還未深不見底」，不須過度悲觀。今日世上的民主國家，比史上任何時候都來得多：一九〇〇年有十一國，一九二〇年有二十國，一九七〇年有三十二國，二〇〇〇年有七十七國，二〇一八年有一百一十六國。比起一八四八、一九一八與一九四五年展開的前幾波民主化浪潮之後，近年來民主國家的倒退情況要少得多。[11]此外，長期認定會局限自由民主的文化限制，也持續消失。十九世紀與二十世紀初，自由主義被認為只適合北歐新教徒，然而第二次世界大戰後卻擴展涵蓋了南歐天主教徒、拉丁美洲人與日本人。一九九〇年代，東歐之春後人民政府崛起，這波運動在二〇一一年形成阿拉伯—穆斯林之春；雖然後來在埃及跟其他地方

都崩潰，然而突尼西亞的民主政府（非常不穩定）仍舊持續存在。

在美國，民主則面臨威脅。「新威權民粹主義」與「美國優先主義」意味著美國已經放棄了自詡「自由世界」領袖的長期地位。近期曾有一位美國總統，談及折磨恐怖分子嫌疑者的家人，並入侵其他國家奪取石油資源。今日美國的民主體制似乎日益失能。二〇二一年一月六日，川普政變震撼了美國。二〇二一年，黨派之爭以前所未有的方式阻礙行政任命，即便在傳統上跨越黨派差異的基礎建設立法方面，也只有十三名共和黨人投票支持二〇二一年的跨黨派基礎建設法案──他們隨後遭到川普主義政黨的譴責。這些都帶來巨大的挑戰，我將在最後一章中，描述實現冷和平所需要推動的國內外改革，以再次討論這些議題。

然而，自由資本主義式民主制度中的傳統國際關係，是顯著、獨特的，並展現出固定模式。

自由主義世界政治

前兩次世界大戰都是以重新構建國際秩序結束，這體現在戰後國際聯盟和聯合國（包括布雷頓森林體系機構）的戰後解決方案裡。[12]但是，冷戰之後的新和平，並未開創一個後冷戰時代，去承認民主化的俄羅斯和全球化的中國為潛在的合作角色。相反地，俄羅斯在北約中獲得二級觀察員的地位，而中國被納入世界貿易組織。這兩國無論在世界銀行或是國際貨幣基金組織中，都未獲授予更多角色或者（做不到這一點的話，至少是）國際秩序的共同管理者地位。這情形跟聯合國安理會在一九四五年對五個常任理事國（美國、蘇聯、法國、英國和中國）採取的平等地位，形成鮮明對比。相反地，西方對俄、中的不信任與衝突，不斷威脅著這兩個國家。不信任（最終證實）阻礙了改變。

不信任與衝突的第一個源頭，是美國對衰退但好戰的俄羅斯的憂慮，同時更加擔憂崛起中的中國，亦即所謂的修昔底德陷阱。如先前討論，曾經占據主導地位、此刻卻相對衰落的強國會有強烈的不安全感，有時會選擇發動預防性攻擊，以避免未來被崛起的對手主宰。[13]此一邏輯使得即便崛起國家提出緩和措施，也會被衰退大國懷疑是麻痺策略，直到崛起大國取得明確支配地位為止。

第二個立即相關的來源，則是自由主義本身內部的兩個驅動因素。第一個驅動因素是人權的積極國際化。即使是言論與集會自由的和善倡議，對俄羅斯或中國的專制統治者來說，也可能顯得帶有不穩定效果。推翻東歐專制統治者的「顏色革命」，明顯引起普丁的擔憂。當西方加入類似小布希所提倡之「自由議程」等侵略性策略時，類似針對伊拉克發起的強制政權變革，會使各地的專制政權隨即感到不安。[14]第二個驅動因素則是西方私人企業，當它們被要求跟國有企業進行競爭之時，國企會轉頭尋求國家援助。

自由主義具有雙重效果。首先是自由主義共和國之間各自和平相處。在自由主義之中，代議機構、人權原則及經濟社會相互依存的結合，使得民主共和國之間形成穩定的民主和平。[15]這種各自的和平為美國與自由主義大國之間的關鍵聯盟（北約、美日聯盟、美澳紐聯盟），提供了堅實基礎。它還對於自由國家之間的持續和平，作出樂觀承諾；隨著自由主義國家愈來愈多，它還宣稱在不建立世界國家的情況下，實現自我延續的全球和平的可能性。

此一推理有三個層面：

一、自由主義共和國受到政府內行政機關、立法機構與法院之間的論辯所限制，社會中的行為人也享有言論自由。總的來看，這增加了謹慎決策的可能性。它還鼓勵向絕大多數選民負責，與君主和獨裁者不同，不能經常將戰爭成本轉嫁給他人。

二、此外，若當選人或其選民尊重自由主義原則，政府也會尊重其他同樣享有言論自由的人民的權利。因此他們會傾向談判妥協，而非為了不同利益開戰。

三、尊重財產權、跨國社會連結及商業交換的利益，將鼓勵多重社會接觸，後者將進而鼓勵相互認識，並強化這些道德承諾，附加商業與其他交換帶來的物質好處。這些交換若不受到安全憂慮的局限，將會蓬勃發展。

這些因素當中，任何一項都不足以產生自由國家之間的和平。但放在一起，就讓自由和平成為可能。

不幸的是，作為第二重效果，那種讓自由主義共和國之間，能產生自我延續之全球和平的那些尊重與自利，同時也讓它們對壓迫臣民的國家產生不信任，加劇了自由主義共和國與忽視財產權、限制貿易與其他接觸的非自由專制國家之間的利益衝突。自由主義國家之間和平的原因，正是自由主義與非自由主義國家之間無法和平的原因。

然而，若民主國家仍舊持久不衰，其病理現象也會是如此。不幸的是，自由民主共和國往往不信任既不自由、也不民主、亦非資本主義的國家。和平自制似乎只在自由主義國家之間有效；自由主義國家與非自由主義國家之間則打過無數戰爭。

有些戰爭是防禦性的，因此必然是謹慎之舉。自由主義國家遭到非自由主義國家的攻擊與威脅，後者與自由主義國家打交道並未保持克制。威權統治者會刺激也會回應國際政治環境，在這之中，光榮、利益與純粹的恐懼，都會導致國家走向戰爭。因此，戰爭與征服，成為許多威權統治者和執政黨的職業生涯特徵，從路易十四、拿破崙到墨索里尼的法西斯主義者、希特勒的納粹主義者、史達林的共產主義者及普丁的民族主義者都是。

然而自由主義國家不謹慎的侵略行為——即自由主義國家的不謹慎行為——也是許多戰爭的特徵。[16]整個十九世紀期間，同屬自由主義國家的法國與英國兩國，都參加了昂貴的殖民擴張戰爭。一八四六到一八四八年間，美國與墨西哥也發生一場類似的戰爭，還對北美原住民發起毀滅性的戰爭，並在二戰前後多次對主權國家進行軍事干預。自由主義國家入侵弱小的非自由主義國家，且在與非自由主義強國的外交政策關係裡，常表現出異常的不信任。

自由主義國家作為和平維護者的紀錄，在國家間（interstate）戰爭中也問題重重。一八一六至一九八〇年間，在自由主義國家參加的五十六場國家間戰爭中，有二十四場（四三％）是由自由主義國家發起；而非自由主義國家參加的一百八十七場州際戰爭裡，有九十一場（四八％）是由非自由主義國家發動。[17]但自由主義的帝國中心參與「超體系」戰爭（即殖民戰爭）的比例之高，我們可以假定這些戰爭大致上都是由帝國中心發起的。此外，一九四六至一九七六年間，美國干預當時的「第三世界」的次數，是蘇聯在一九四六至一九七九年間干預次數的兩倍多。[18]美國將四分之一的國防預算，而蘇聯則是以十分之一的國防預算，用在干預第三世界，這些對於第三世界威脅意識的反應，應該算不上是純防禦性質。[19]

跟非自由主義強國之間的關系，讓自由國家錯過了在符合共同利益的情況下，進行軍武削減及軍武控制的談判機會，也未能制定出更廣的接納計畫以支持軍備控制。

思考這個案例：深刻疑慮似乎是美國對蘇聯外交政策的特點。一九一九年賀伯．胡佛（Herbert Hoover，當時為威爾遜顧問之一）寫給威爾遜總統的精采備忘錄中，建議總統譴責「布爾什維克黨」為「否定民主的暴政」，將對自由人民形成「宰制世界」的危險。胡佛拒絕成本過高的軍事干預，而且可能會「讓我們看似涉入恢復反動階級對下層階級的經濟宰制」，因此提出一項「援助計畫」（relief program），目的在於消除一些布爾什維克黨在蘇聯內外的大眾吸引力。儘管承認證據仍未明確，但他總結：「倘若布爾什維克主義的好戰，被描繪成跟普魯士主義（Prussianism）相似，意在宰制世界，而我方又無法接受，就能打消今日困擾所有人的擔憂。」[20]

二戰之後，特別是韓戰爆發之後，美國外交政策將「國際共產主義運動」（即所有共產主義國家及政黨）與「共產帝國主義」以及蘇聯的國內暴政畫上等號，後者需要一場冷戰競爭，好合法化蘇聯的國內控制。國務卿約翰・佛斯特・杜勒斯（John Foster Dulles）最清楚地表達此一信念，加上他個人對於「解放」戰略的信念，他宣布：「只要蘇聯共產主義主宰全人類的三分之一，同時試圖將統治擴展到許多地方，（我們）就永遠不會擁有穩固的和平或快樂世界。」[21]

自由主義國家對弱小的非自由主義國家（例如許多第三世界國家）的外交政策，也帶著輕率魯莽的激烈性格。這個問題同時影響保守自由派與福利自由派，但兩者可以不同干預風格作為區分。

保護「本地人權利」免受「本地」壓迫者侵害，以及保護財產及定居的普遍權利不受當地侵害，是特別容易讓自由主義成為帝國侵略的動機。結束奴隸貿易並鼓勵「合法貿易」（同時保護歐洲商人財產），動搖了十九世紀西非的寡頭政權。宣布「薩提」（suttee，印度寡婦自焚殉葬儀式）與家庭奴隸制度違法，也侵犯了維繫地方政治權威穩定的文化傳統。歐洲人在人煙稀少的地區屯墾，摧毀仰賴狩獵的部落生計。當地人以防禦武力報復時，屯墾者就請求帝國保護。[22]實務上，一旦治理帝國的緊要關頭出現，自由帝國主義就會壓迫尋求自決的「當地人」，以維護帝國安全，避免當地混亂，並防止另一個帝國力量借當地不滿進行國際干預。

因此，十九世紀的自由派，如英國首相威廉．格拉斯通（William Gladstone），在出手干預埃及以保護通往印度的商業投資戰略命脈之前，也曾考慮埃及的原初民族主義叛亂（一八八一至一八八二年）究竟是否真為自由主義民族主義（他們發現並不是）。這些自由主義帝國主義的困境，也反映在美國對加勒比海地區的帝國主義行徑中。例如，一八九八年美西戰爭後，《普拉特修正案》（Platt Amendment）的第三條賦予美國「干預權利，以維護古巴獨立，維持一個足以保護生命、財產與個人自由的政府。」[23]

第二次世界大戰後，在世界其他地方，美國試圖保護第三世界的自由主義者免受「共產主義威脅」時，自由主義外交政策對非自由主義社會的影響，往往遠超出促進個人權利或國家安全的範疇。在越南跟其他地方，干預「武裝少數民族」與「自由市場的敵人」，意味著為了另一個「武裝少數民族」進行干預；它們部分由寡頭維持，其他則依賴美國外援及軍隊。本地自由主義者在國內的支持基礎相當薄弱。這些干預行動既未推進自由權利，同時受到意識形態驅動的程度，對國家安全來說也非必須。

對保守自由派來說，選擇是十分明確的：忠於自由資本主義的西方第三世界獨裁者，或是受制極權東方的「共產主義者」（或左翼民族主義者，即便當選，也被視為只是通往極權主義的滑溜墊腳石），[24]其中，保守自由派願意支持同盟獨裁者。因為共產主義者不僅侵犯自由，還侵犯財產，從而激怒保守自由派進行秘密或公開的干預，或者「金錢外交」帝國主義。對伊朗的穆罕默德．穆薩德（Mohammad Mosaddegh）、瓜地馬拉的哈科波．阿本茲（Jacobo Arbenz）、智利的薩爾瓦多．阿言德（Salvador Allende）與尼加拉瓜的桑定民族解放陣線（Sandinistas）等的干預行動，都符合此一模式。[25]雷根總統（Ronald Reagan）

同時支持薩爾瓦多軍隊與尼加拉瓜的「自由戰士」游擊隊，也遵循此一模式，共同主軸是對自由的口頭承諾，行動上支持保守自由市場。

對於社會福利自由主義者來說，選擇從來不是那麼清晰。他們意識到需要國家行動來實現社會權力和資源的民主分配，因此傾向對社會改革抱有更多同情。在「基進」福利自由主義派中，這可能會對企圖改革獨裁政權、試圖糾正第三世界財產分配不平等者，採取更寬容的政策。這種更加復雜的福利自由主義式評估，可能會產生更廣泛干預的方案。保守自由主義者很擅長應對的寡頭或軍事官僚，社會福利自由主義者則看不上眼，但在其眼中共產主義者仍被視為自由的敵人。

在左派自由主義者的外交政策中，對於廣泛干預的辯護，首先是為了鼓勵，然後是維護第三世界的民主，讓它們在幾乎談不上有參與或高度分化的政治環境中生存下去。因此，亞瑟·史列辛格（Arthur Schlesinger）回憶道，甘迺迪總統在多明尼加共和國前獨裁者拉斐爾·楚希約（Rafael Trujillo）遇刺後不久，沉思道：「按優先順序排列，有三種可能性。運作正常的民主政權，楚希約政權持續存在（由其追隨者繼承），或卡斯楚政權。我們應該追求第一種，但在確定可以避免第三種情況之前，我們不能真正放棄第二種情況。」[26]這類途徑的另一案例，是吉米．卡特總統（Jimmy Carter）對薩爾瓦多土地改革的支持，一名美國官員以此類比解釋：「沒人比小農更保守的了。我們將像養兔子一樣，繁殖資本家。」[27]柯林頓總統的政府似乎也受到類似樂觀干預主義的影響，相信可以以民主方式在索馬利亞跟海地重建友好國家，即便前者從未有過民主政權，而後者的民主政權是由尚—伯特朗．亞里斯第德（Jean-Bertrand Aristide）領導。這位深具領袖魅力的社會主義者，也是美國帝國主義的雄辯批評者。

這份令人不安的無謀對抗的紀錄，卻非屬必然。人類之間彼此尊重的基本自由主義原則中，並未要求武裝干預，且推論恰好相反，尊重自決權才是更自然的結論。自由主義哲學家如約翰．史都華．彌爾（John Stuart Mill）等人就曾針對武裝干預，提出最早且最深刻的譴責，認為它缺乏對真正自決權的尊重，通常會產生事與願違的結果。[28]彌爾的譴責中雖含括了許多殖民主義例外，但這些例外，放在今日都是難以接受的。話雖如此，他的關鍵論點仍然適用，特別是對認同人類自由至上的人來說：每個國家都得發掘並追求自己通往自由的道路。

然而，在國家被特殊財產利益集團控制、對其他族群的無知或普遍存在的偏見，或者地緣政治不安全的情況下，自由主義可能成為誇大威脅以合理化干預的意識形態糖衣的一部分。不幸的是，這也是自由主義歷史紀錄的一部分。

自由主義全球化

第二次世界大戰後，自由主義資本主義世界內經濟蓬勃發展，同盟國的領導人成功重建了自由主義的相互依賴環境，並建立融合民主與社會穩定的新方式。[29]他們發展出一系列安全網，使人們較能抵禦國內與國際市場的變數。與其適應封閉經濟體之間的激烈國家競爭（如一九三〇年代），或放任貿易和金融隨著市場激勵因素自由流動（十九世紀），戰後時期的資本主義民主國家建立了國際貨幣基金、關稅與貿易總協定（General Agreement of Trade and Tariffs）及世界銀行，協助調節並有意識地以政治手段管理世界市場經濟的樣貌。貿易在受到監督的基礎上開放；當經濟體能夠維持貨幣的可兌換性，並提供融資協助維持匯率時，貨幣就能進行兌換。長期融資（一種全球凱恩斯主義的形式）首先提供給歐洲，接著（以較少數量）向發展中國家提供援助，以擴大機會，減少「有」和「無」之間的衝突，這些衝突曾經摧毀了戰間期。這些全都有助於在冷戰對抗蘇聯時，促進穩定、合作與團結。因此，通過一套被稱為「嵌入式自由主義」的政治經濟政策，戰後的西方領袖找到了一種方式，管理博蘭尼筆下「市場化危機」的緊張態勢。[30]

這種方式持續得也還不錯，然而到了一九八〇年代，過度管制、生產力下降及石油衝擊開始產生不滿，加上對利潤與廉價商品的需求不斷增加，推動了回歸市場化，也就是柴契爾—雷根的「市場的魔法」（magic of the marketplace）。為了回應福利國家對消費與利潤的限制（並為產業重新配置及利潤尋求更有活力的刺激），戰後政治經濟嵌入的許多保護措施獲得放寬。貿易量增加、浮動匯率、開放金融市場及私有化成為「華盛頓共識」（Washington consensus），亦即國際經濟的正統口號，也是國際貨幣基金應對付款困難國家的標準處方。

隨著全球市場化的壁壘被打破，推動更加緊密相互依賴的力量也跟著加速。加速全球市場化的力量之一，是通信與運輸技術的進步。運輸通信成本在第二次世界大戰之後開始大幅下降。一九三〇年，紐約與倫敦之間三分鐘通話的費用（以一九九〇年的美元計）為兩百四十五美元，到了一九九八年，相同通話的費用為三十五美分：通信成本大幅降低。這一點，加上二十一世紀網際網路的擴張，使得全球性的銀行業與全球性的學術界成為可能。

第二個力量是貿易，連接世界各國的貿易量幾乎發生革命性的變化。即便美國因為本土陸地規模龐大，是相互依賴程度較低的經濟體之一，也經歷了貿易影響的大幅變化。一九一〇年（也就是第一次全球化時期），美國一一%的國內生產毛額來自貿易（含進出口），到了一九五〇年，比例下降到九%，這是第一次全球化危機——經濟大蕭條與兩次世界大戰——的影響。但到了一九九五年，貿易占比卻升至二四%，比前一波全球化時期的貿易相互依存度高出了一倍以上。一九一〇年的德國，有三八%的國內生產毛額來自進出口，到了一九五〇年，這個比例下降到二七%，但一九九五年，又回升到四六%。第一波全球化的領導者，也是當時全球化程度最高之經濟體的英國，一九一〇年有四四%的國內生產毛額來自貿易，到了一九五〇年，這個比例下降到三〇%，一九九五年時，又回升到五七%。

高度發達的工業經濟體中，只有日本對貿易與投資收益的依賴程度少於一九一〇年。

它是主要工業經濟體中，唯一一個在此刻全球化程度不及一九一〇年的國家。

外國直接投資與金融投資組合流動，對加深全球化產生了更戲劇性的影響。一九八〇至一九九四年之間，全球貿易量翻了一番；但在同一時期，外國直接投資增長了六倍，金融投資組合的流動則增長了九倍。

如同先前的全球化時代，這些貿易與金融的流動改變了世界政治經濟的運作方式——改變何為有利可圖，哪些具有政治可延續性，哪些則難以延續。從經濟角度來看，最令人印象深刻的或許是，世界似乎成了一個巨大的市場，單一的勞動分工體系。從跨國公司的角度來看，生產策略變得真正全球化，生產過程的各個部分被分配給世界各地的子公司與承包商，這些國家或地方最具有成本效益，形成了一個在全球層面上高度相互依賴的全球生產與行銷過程。在先前的全球相互依賴中，公司製造汽車或鞋子，並與許多國家進行貿易；在全球化之下，在全球製造汽車或鞋子的公司，零件工廠分布在世界各地。[31]

新的市場相互依賴性對民主和平與相互依賴的自由主義方案，帶來深刻挑戰。除了廣為人知的跨境「共業」（collective bads）效應如跨境污染外，還有其他三種挑戰將國家命運綁在一起。[32]

第一個挑戰仍舊是商品化與流動性的結合。二〇〇〇年的WTO會議及西雅圖的反對示威活動，展示出第一個權衡取捨，亦即全球受監管市場的繁榮與民主之間的取捨。另一個權衡則是湧入西歐與美國的移民和難民。隨著相互依賴程度的增加，這些權衡的政治代價變得更加昂貴。政治上，當時英國《金融時報》（*Financial Times*）的外文編輯愛德華．莫蒂默（Edward Mortimer）就這個民主挑戰講得很清楚。他說過多的民主會扼殺市場（這就是博蘭尼所說的，民族與社會民主是對第一次世界大戰前全球化時代的回應）；另一方面，過多的市場也會扼殺民主（這是某些人認為一九七〇年代後全球化加深所帶來的威脅）。商品似乎統治著公民，而作為主權傳統壁壘的邊界，似乎正在消融。

民主化的第二個挑戰，也是民粹主義的養份，涉及國內與國際間的平等。全球化允許效率最高者賺取最多報酬，市場通常就是如此運作。隨著全球銷售、生產和投資的障礙消除，至少在短到中期內，不平等也將逐漸上升。全球化似乎並未加劇貧困，事實上可能有助於減少貧困。我們可以找到一些案例，例如解決一九九七年東亞金融危機的全球壓力，傷害了一些國家的貧困人口，特別是印尼。但在全球範圍內，極端貧困（每日一美元）的比例正在下降，雖然這主要是中國和印度的成長所推動。而在非洲、東歐和中亞等其他地方，貧困人口的比例卻是上升的。此外，貧困人口的絕對數量似乎並未增加，甚至可能正從一九九〇年的十二億人下降。[33]

問題是在不平等，而非成長。自一九七五年左右，美國國內人口中，家庭收入前五%與底層二十%的經濟命運產生大幅分岐。到了一九九五年，前五%的人的實際家庭收入是一九七三年收入的一．三倍；但同一時期內，底層二十%的實際家庭收入仍舊停在一九七三年的水準。這一點在美國已經發生影響，加劇黨派分歧。前總統川普透過煽動白人中產階級對少數族群與知識精英的不滿情緒，對美國國內與國際政治都產生重大影響（稍後討論）。

國際上，我們可以在經濟合作發展組織（OECD，富裕工業化國家）與世界其他地方的比較中看到明顯差異，同時也發現一九七〇年代、一九九〇年代及二〇〇〇年初期的不同。一九七〇年，經合組織國家占全球生產毛額的六六%。到了一九七八年，比例上升至六八%；一九八九年達到七一%；一九九五年來到七八%。[34]但在二〇〇〇年初期，經合組織國家的比例下降到五〇%，金磚國家（巴西、俄羅斯、印度、中國和南非）和印尼所占的比例，上升到三〇%，世界其他地方則上升到二〇%。[35]

以人均計算，一九八〇到二〇〇〇年間，發展中國家的實際人均生產毛額從九百三十六美元增加到一千四百一十七美元；而在已開發國家，則從兩萬零三百九十七美元增加到三萬零五百五十七美元。[36]五等分全球測量當中，呈現全球收入分配不均的最知名描述，是由世界銀行的克里斯托夫．拉克納（Christoph Lakner）與布蘭科．米蘭諾維奇（Branko Milanovic）所提出的「大象圖」（Elephant Chart）。[37]

它顯示了全球極端貧困人口的收入成長率較低（「尾巴」）；全球中產階級（「身體」——印度和中國）的收入成長率較高；全球的「象鼻」底部（OECD的中產階級）收入成長率非常低；全球的「象鼻」頂部（OECD的收入前一〇％）的收入成長率非常高。全數合成一幅「大象」的側面圖。但荷米．卡拉斯（Homi Kharas）與布瑞娜．賽德爾（Brina Seidel）（也是世界銀行的工作人員）用最新（二〇一一年）的數據跟更細緻的比較方法，顯示「大象圖」是誇大其詞。全球最窮的人情況不差，全球中產階級仍舊很好，全球「象鼻」底端的狀況比以前想的要好，而全球的「象鼻」頂端情況卻較差。不平等現象仍舊所在多有，但不如過去極端。[38]但在全球精英中，全球頂端二％的人可能確實相當成功，擁有約一半的世界財富。[39]

無論深層原因和潛在解方如何，最具生產力的國家是贏家，手中積聚財富。全球化的後果似乎有利於某些人——上漲的浪潮抬起每艘船的速度不一樣。不意外地，對責任控制的需求也上升了。[40]

第三個挑戰則是安全。自由主義產生安全與和平（在自由主義共和國之間）。但全球化以兩種方式挑戰自由主義地緣政治的穩定性。一方面，美國人所謂的全球化，在許多其他人嘴裡，稱為美國化。也就是說，美國在世界經濟中的主導地位，在美國看來是個跟錢有關的經濟問題，但對其他國家來說，卻是個涉及控制與武器的權力問題。另一方面，全球貿易與投資的規則，讓中國能夠受益於高儲蓄率及勞動生產率，成為世界上成長最快的經濟體之一（如第三章所討論）。倘若將快速成長與龐大人口相結合（若世界銀行的預測正確，同時若中國持續以近期的成長率成長），那麼在二〇二〇年後不久，中國的國內生產毛額將超過美國或歐洲。從經濟的角度來看，擁有更多中國消費者及生產者的前景，應該會讓每個人滿意。但從地緣政治的角度來看，中國的成長意味著世界政治力量的大規模東移。這讓美國與歐洲的政治家感到不安，特別是若再次論及自由和平論的話，中國並未實現民主化。

後冷戰時代的美國外交政策

隨著冷戰結束與蘇聯解體，美國國務院在一九九二年起草了一項新的方針，取代對蘇聯的「圍堵」。由副國務卿保羅・伍夫維茨（Paul Wolfowitz）主持制定，它宣稱（曾外洩給紐約時報）：

「我們的首要目標是防止在前蘇聯領土或其他地方再度崛起新的競爭對手，對國際秩序構成像蘇聯曾經構成的威脅。這是新區域防禦戰略的主要考慮因素，要求我們必須努力防止任何敵對力量支配單一區域，以免該區資源在一統的控制下產生全球性強權。」41

隨之而來的一片譁然，集中在明顯的帝國野心，以及顯然要支配所有其他國家的決心。國防部長狄克・錢尼（Dick Cheney）與參謀長聯席會議主席柯林・鮑威爾（Gen. Colin Powell）重新起草這份方針並明確表示，即便在帝國野心下，它仍重申「民主安全共同體」

的重要性，仍然符合自由主義外交政策信念：

「……強化和擴大防禦聯防體系，將民主國家與志同道合的國家團結在一起，合作防禦侵略，建立合作習慣，避免安全政策再度國家化，為所有國家提供更低成本與更低風險的安全。」[42]

北約擴展與烏克蘭

一項重大且棘手的措施是北約往東歐的擴展，不僅讓蘇聯—俄羅斯體制感到擔憂，視為自己衰落與潛在孤立的信號，也背叛了老布希政府在德國統一後所作的非正式承諾。[43] 事實上，戈巴契夫「被誤導相信」北約不會擴大，因為他試圖建立一個包括民主俄羅斯在內的「歐洲人共同家園」。[44]

要解決俄羅斯與東歐安全問題，更明智的做法，應該是創建一個新的「集體安全」體系，**同時**取代北約與華沙公約組織。跟北約及華沙公約組織對抗外部侵略的集體防禦承諾不同，在集體安全組織中，美國與俄羅斯將平起平坐，共同承諾抵禦任何國家對成員的侵略，無論該國家是在組織內或組織外。在這樣的集體安全體系裡，以絕對多數（三分之二或四分之三）的決策規則取代一致決或否決權，以確保可對惡性侵略採取行動。不幸的是，當時並沒有太多對於根本性變革的渴望，因為美國和蘇聯都在試圖理解兩者正進入的「後冷戰」時期的複雜性。[45]

有人提出北約擴展是二〇二二年普丁對烏克蘭發動侵略的根本原因。這種說法在慣例上（normatively）跟因果上都有問題。慣例上，加入以自己為成員的防禦性聯盟，是國家在法律上確立的主權權利，大國無權指使鄰國的外交政策。例如，一九六一年美國入侵古巴的豬玀灣事件，並非大國「合法」保護勢力範圍的案例。今日，古巴、委內瑞拉、北韓、緬甸等國完全有合法權利，與俄羅斯及中國聯合或結盟，形成反西方集團。

國家對其外貿與投資有合法的自由裁量權，並以這兩者來影響其他國家。因此，美國使用禁運來施加壓力，影響不友善的鄰國如古巴及委內瑞拉；俄羅斯使用石油及天然氣來建立國際依賴，如德國跟烏克蘭。儘管烏克蘭人會很痛苦，但普丁本可以合法使用天然氣禁運施壓，迫使烏克蘭放棄北約。（他還可以提出歸還頓巴斯及克里米亞，換取烏克蘭拒絕北約。）此外，據稱在俄羅斯入侵烏克蘭前夕，普丁曾拒絕烏克蘭所提出的不加入北約的承諾。[46] 因此普丁在二〇二二年入侵烏克蘭，既缺乏法律依據，也沒有慣例基礎。

從分析角度來看，將北約擴展描繪成對俄羅斯國家利益的「存在威脅」或因果驅動因素，是忽略了一九九四年俄羅斯也曾努力加入北約的和平夥伴關係計畫（Partnership for Peace），成立俄羅斯—北約理事會，空軍部隊之間的聯合演習，以及九一一事件後二〇〇一年美國對阿富汗發動攻擊時，俄羅斯亦曾對美國提供協助。一九九〇年代當俄羅斯相對勢弱時，北約並非俄羅斯的生存威脅。重要的是，北約不擴大的隱含條件，是俄羅斯成功民主化。因此，此中存在一種循環動力：俄羅斯未能實現民主化，使北約擴展合法化（在東歐跟美國眼中）；北約擴展又使區域侵略合法化（在俄羅斯眼中）。[47]

關鍵的根本原因似乎更晚才出現：[48] 普丁想要恢復超級大國地位及霸權聲譽的政策，才是關鍵。普丁逐步反轉俄羅斯民主化、對喬治亞發動積極侵略（二〇〇八年）及二〇一二年獲得獨裁者威權（前已討論），是俄羅斯變化的更深層原因，因而導向對外侵略的政策，作為合法化要塞國家（garrison state）的理由，並訴求俄羅斯聲譽失落的不滿。結果是形成互不信任的螺旋，美、俄彼此對種種認知到的威脅作出反應，兩者之間的敵意不斷加深。

普丁與其辯護人稱北約以某種方式對主權國家的國際秩序構成存在威脅。普丁明確提出了此一觀點，並說服習近平與其他盟友重複這個觀點。北約是一個防禦性聯盟，沒有證據表明，無論是新成員還是舊成員，有任何北約成員曾提出入侵俄羅斯的跨境威脅。對擁有核武的國家發動這種攻擊，是明顯瘋狂之舉。俄羅斯邊境上出現的各種侵略行為，如喬治亞、克里米亞，及現在的烏克蘭，都是來自相反方向：俄羅斯攻擊了非核心且較為弱小的鄰國。北約確實在未經聯合國安理會合法授權下，對塞爾維亞發動管理不善的攻擊，試圖制止斯洛波丹・米洛塞維奇（Slobodan Milošević）對科索沃人的屠殺。由理查・戈德斯通（Richard Goldstone）大法官領導的國際委員會認定干預行為是「非法但正當」（illegal but legitimate）。[49]但此舉仍舊深深影響了俄羅斯的政治意識，視此為不正當的行為。

此外，倘若憂慮北約擴張真是驅動俄羅斯入侵的主要因素，那麼實在很難想像，有比發動入侵，然後引發烏克蘭公眾團結在民主魅力領袖澤倫斯基（Zelensky）周圍，更加適得其反的行動。此舉反而讓他有解決烏克蘭長期腐敗問題的立場，並為烏克蘭贏得軍隊質量的大幅提升，從而大大提高烏克蘭實際取得北約成員資格的可能性。

普丁的策略唯一能成功的做法，就是輕鬆地在基輔建立一個合作的傀儡政權。贏得頓巴斯及通往克里米亞的陸橋還不足夠。一直到最近，由於烏克蘭政府的貪腐跟軍事力量薄弱，一直都不是快速加入北約的候選國；但現在情況已大不相同。普丁導致大幅強化擴張的北約（包括芬蘭與瑞典）動員了起來，並為烏克蘭這個深入前蘇聯領土的國家，爭取到成為成員國的強大利基。[50]

因此，普丁宣稱對北約的恐懼，要不是不真誠，就是錯誤的寄託。不真誠的是，他的目標似乎並非要捍衛俄羅斯的領土完整與政治獨立，而是支配鄰國。不是要重建前蘇聯，再現輝煌帝國強權，不然就是要阻止鄰國在國內外實現獨立的安全。此一宣稱也是錯誤的寄託，搖動北約旗幟看似成功動員起被操弄的俄羅斯大眾，團結在普丁周圍，[51]事實上，反對北約已經是他軍事政權的生存支撐。

另一方面，歐盟憑藉民主原則與巨大繁榮，確實造成存在威脅……但不是對俄羅斯，而是對普丁的專制腐敗政權。普丁的政權無法通過檢驗，成為可接受的民主、法治、市場社會（根據歐盟《共同體法律》（*acquis communitaire*）中羅列的哥本哈根成員資格原則）。

倘若俄羅斯大眾想加入歐盟，得先罷免普丁。同時諷刺地，二〇二二年普丁入侵烏克蘭似乎正激勵了芬蘭與瑞典申請加入北約，並強化烏克蘭爭取加速進入歐盟的理由。而這些正是普丁最該擔心的威脅。[52]

然而，俄羅斯人指責美國在波蘭與捷克共和國部署導彈防禦系統（十具雷達系統與防空攔截系統）威脅了俄羅斯的安全，這確實情有可原。但他們認為，應對伊朗導彈可能襲擊而部署，是太過牽強的理由。俄羅斯人認為，這是牽制俄羅斯核威懾的設計，核威懾是為了抵消俄羅斯相對北約聯盟在常規軍事上的劣勢，此劣勢會削弱俄羅斯的安全。如此看來，即便在當前的緊張局勢下（如最後一章將討論），如果雙方都準備進行談判，確實存在很大空間通過冷和平的相互軍武控制措施來改善相互安全。

自由主義方針為柯林頓政府在一九九〇年代實行的「全面交往」（engagement）政策提供靈感。這也是小布希政府入侵伊拉克的許多理由之一。它也持續形塑歐巴馬總統治下的政策——至少言辭上是如此，就像他在知名的（但明顯過早，就在他剛上任七個月時）接受諾貝爾和平獎的演講中，重申自由民主聯盟的特殊和平特質。他說：「我相信，當公民被剝奪言論自由或自由崇拜的權利，無法選擇自己的領袖，或無法心無恐懼地集結時，和平是不穩定的。」歐巴馬補充說：「歐洲自由之後，才找到和平。美國從未對抗過民主國家。」

二〇一七年的《國家安全戰略》宣布改弦易轍：「這些競爭要求美國重新思考過去二十年的政策——這些政策假設，與競爭對手的全面交往，並將其納入國際機構與全球商業，將它們轉變成溫和行為者及可信任的夥伴。多數情況下，這個假設被證明是錯誤的。」[53]

因此，當我們觀察當前美國外交政策時，也難怪從二〇一九年起華府就開始浮現「新的紅色恐懼」。[54]當前危機委員會（Committee on the Present Danger）「這個在一九七〇、一九八〇年代對抗蘇聯危機的組織，久已不運作，近日卻又再次復活」，聽起來就像原始「冷戰」的警告。他們的觀點在「川普總統治下的華盛頓獲得共鳴，對中國的懷疑與不信也迅速生根。……北京的崛起無疑被視為經濟和國安威脅，也是二十一世紀的主要挑戰。」史蒂芬·班農（Stephen Bannon）是該組織的新領袖之一，表示：「這是兩個不相容的體系（美國與中國）。……一方將獲勝，一方將失敗。」白宮首席經濟顧問賴瑞·庫德洛（Larry Kudlow）警告說：「他們不是蘇聯。但這種政府控制、這種國家主義永遠不會長久。」同時中國可能像蘇聯一樣崩潰的可能性，一直是貿易戰中的「一道暗流」。

美國與中國崛起

一九九〇年代，美國試圖管理中國崛起的戰略有兩方面。部分自由派樂觀地希望，透過世貿組織將中國成功融入全球化，就能導向中國的民主化和自由化。[55]一九八九年，中國在天安門廣場鎮壓民主運動已經是個警訊，後來習近平強大的專制統治崛起，更是否定了這些想法。圍堵中國崛起的相反觀點，則在美國的「結構現實主義」學術圈中出現，他們敦促美國「確保中國不會成為同等競爭對手」。[56]此一戰略的問題在於，中國經濟成長的很大一部分是由國內驅動。同時，圍堵中國的貿易與投資壁壘，正如克里斯汀森所言，也會損害美國貿易及美國的許多盟友，如日本、澳洲、韓國、德國等國家——美國需要它們來平衡中國的力量。[57]此外，成功削弱中國經濟增長的同時，還面臨著創造一個怨怒敵意大國的風險：擁有中國規模的北韓。[58]

當我們檢視引發緊張關係的特定資本主義經濟因素時，我們看到了一場潛在的歷史規模的產業衝突，特別是美、中之間。美國的關稅已經上調到二五％，中國企業已被列入冷戰式的「實體清單」之中，將其與必要的技術、貿易輸入（例如華為）與投資隔離開來。

很大程度上，這些回應是針對中國長期將貿易（部分或全部）限制在某些非戰略部門，也針對中國破壞市場競爭的國家補貼，以及強制要求外國投資進行技術轉移。但同樣重要的是，世界經濟的未來存在著一場潛在的衝突。中國宣布的「中國製造二〇二五」計畫，直接針對當前及未來美國經濟成長的主導行業進行競爭，包含機器人、制藥、航空航太及人工智慧。

一個引人注目的案例出現在二〇一九年，中國擁有的影音應用程式抖音，特別受到美國青少年喜愛，被下載了一．一億次。正如第一章中提到，這個應用程式被認為是冷戰對抗的一部分。二〇一九年，美國參議員查爾斯．舒默（Charles Schumer）、湯姆．科頓與馬可．魯比歐（Marco Rubio），希望就抖音據傳對美國反情報與網路安全構成的威脅，進行國家安全調查。該應用程式收集用戶資訊（包括位置），這些資訊將提供給中國情報機構；它可以用來操縱美國選舉中的資訊，並提供可用來敲詐勒索的個人相關資訊。它的成長也擠掉了西方資訊來源，這些資訊來源可能會報導在中國「防火長城」內不能公開的問題。（抖音上的香港抗議影片，比其他應用程式來得少。）這一切都被認為有必要進行國家安全調查。抖音否認由中國政府控制，但美國參議員基於中國企業沒有有效獨立性的假設，堅持要進行調查。但明顯很難區分國家安全因素與商業競爭因素，值得注意的是，競爭對手臉書首席執行長馬克・祖克伯（Mark Zuckerberg）也提出警告，指出抖音對美國商業的威脅。[59]

川普因素

即便民主自由主義蓬勃發展，俄羅斯或中國的民族統合主義式威權主義與激進的自由主義相互作用，也會對國際秩序構成挑戰。但情況明顯並非如此。匈牙利的維克多・奧班（Viktor Orbán）等民選領袖明確拒絕了自由民主的前提，反而偏好他們口中讚譽的「非自由國家」。羅德里戈・杜特蒂（Rodrigo Duterte）治下的菲律賓、法律與正義黨治下的波蘭以及義大利、斯洛伐克、塞爾維亞都出現類似趨勢；還有（至今為止）以少數派運動的形式出現在奧地利、德國、希臘、法國和英國。希臘金融崩潰、敘利亞難民危機及英國脫歐的處置不當，都顯示出歐盟加深及擴大區域的失能。

更引人注目的是川普在共和黨中的崛起，並當選為美國總統。自查爾斯．林德伯格（Charles Lindbergh）在二戰前推出風格類似的「美國優先」運動以來，美國從未見過如此堅決拒絕國際參與並擁抱仇外民族主義論調的總統。競選期間，川普支持刑虐、針對平民發動攻擊並主張為掠奪而興戰（奪取伊拉克石油）。右翼民粹主義者跟獨裁者眉來眼去：林德伯格與希特勒交往，川普則與普丁為友。不像林德伯格，川普確實當選了。此外，比起G7或OECD的其他民主領袖，川普反而更像普丁；前者現在以川普不曾展現過的方式，論述並捍衛國際自由秩序。

川普式民粹主義反映出先前描述過的長期力量：美國國內不平等加劇，削弱了中產階級，加劇美國選民的極化分裂；來自中國及歐盟等高競爭力生產國家的挑戰，引發了對全球化的深刻疑慮；然後是二〇〇八年的經濟衰退，顯示政府無法接觸到最被遺忘的階層（同時卻拯救了華爾街）。臉書與其競爭對手等新興資訊技術，非但沒有統一公眾或促進國內溝通，反而促使思想市場分裂成充滿懷疑與陰謀論的各種分殊觀眾。它們共同為川普式仇恨政治提供了肥沃的土壤。

川普的「讓美國再次偉大」口號，以革命性言辭，捍衛傳統等級制度。他似乎承諾「削弱美國對公平與平等原則的承諾，這些承諾強化了種族、性別與財富的特權。」儘管他的個人生活宣揚「享樂主義、縱樂及對保守道德的不滿……他將自己定位為對抗文化與人口變遷的堡壘，是白人父權男性氣概的象徵，對抗移民、女權主義者與少數族群。」[60]

川普擁抱「民族主義」，同時對國內精英（及其政治正確的語言）及不忠的外國人發動攻擊。當被問及其含義時，他說：「我熱愛我們的國家。但我們的國家已經屈居次要地位……我們正把所有財富、所有金錢，都給了其他國家。它們卻對我們不夠尊重。」「美國優先主義」的本質不是孤立主義，而是單邊主義。川普與其團隊認為，雙邊談判允許美國直接使用自己的談判籌碼，優於建構多邊機構。美國優先的邏輯是，每種關係之中應該追求利潤的最大化。傳統自由多邊秩序的承諾是，節制可以讓不斷做大的餅產生更多價值，這個大餅是由安全及更加平等的多邊安排所促進的開放性所創造出來的。[61]

川普的辭令是否會形塑長期的美國政策，仍未明朗（這取決於傳統民主黨總統拜登採取的政策，以及川普主義是否繼續主導共和黨）。川普在國內外都面對根深蒂固的民主及自由秩序，他們抵制他的白人民族主義品牌。不論川普如何，美國自由民主都將與俄羅斯及中國的統合民族主義形成競爭。事實上，希拉蕊·柯林頓若當選可能反而會加劇這種對抗。像川普這樣具有威權傾向的白人民族主義者，可能會被視為和緩影響。但事實上唯一確定的結果，卻是大幅加劇的不安與困惑，國內政治化，同時讓自由民主國家之間源於冷戰的歷史性聯盟關係變得緊張。

跨太平洋的多邊貿易談判被摒棄，改成與中國的雙邊對峙；《北美自由貿易協定》（NAFTA）已被重新包裝成《美墨加貿易協定》（US-Mexico-Canada Trade Agreement）。跟北韓的核對峙，演變成川普與金正恩之間奇怪（但無效）的友誼。這始於金正恩和川普的幼稚姿態；拿戰爭互相要脅的青少年好戰心態（根據《聯合國憲章》第二點四條，這威脅本身是非法的），加上個人主義式的露臉機會（包括在朝鮮半島非軍事區的照片）。

聯盟面臨嚴重壓力。北約仍然存在，但川普廢棄了北約與伊朗的軍武控制體制。北約最近分裂，川普政府似乎沒人能夠設計出穩定的安排，可以控制伊朗與北韓的核對峙。美軍從敘利亞北部撤軍之前，未曾徵詢北約意見（導致美國盟友暴露在阿薩德的攻擊之下），以及未提前警告暗殺伊朗將軍卡西姆．蘇萊曼尼（Qasem Soleimani）的行動，都讓歐洲人感到震驚，同時更面臨阿薩德將敘利亞反對派逼入土耳其，然後變成湧入歐洲的難民的前景。但更深層的混亂根源，是川普應對聯盟的整體方式：像貿易一樣，對川普來說，聯盟是交易性的，如果歐洲人願意做出貿易讓步，美國就願意提供軍隊。此舉削弱了共同防禦的可信度，產生重大不確定性，迫使義大利、希臘和法國匆忙建立聯繫，甚至可能討好俄羅斯。[62]

甚至跟日本、韓國的聯盟也受到壓力。川普讚美金正恩，勒索並侮辱老盟友韓國，在漢普頓的募款活動中自吹自擂：「從韓國拿到十億美金，比從布魯克林租金凍結公寓拿到一百一十四點一三美元還容易。」[63]川普放棄跨太平洋夥伴關係（TransPacific Partnership）——這個設計來深化貿易、避免依賴中國的多邊民主陣線，迫使區域成員不得不爭先恐後跟中國達成雙邊協議。

川普外交政策國內政治化的最佳體現之一，就是將美國大使館遷到耶路撒冷的決定。這一舉措削弱了為了促進以、巴兩國和平的廣泛多邊共識，亦即耶路撒冷的最終地位，應由巴勒斯坦人和以色列人談判決定。川普這個行為的真正目的，不只是向極右派猶太裔共和黨巨富捐款人（最知名者為謝爾登·艾德爾森［Sheldon Adelson］）兌現競選承諾。同時，在選擇羅伯特·傑佛瑞斯（Robert Jeffress）與約翰·哈吉（John Hagee）擔任新美國大使館開幕祈禱的牧師時，川普也獎勵了極右福音派的基本主義者，他們認為以色列統治耶路撒冷將預備基督二次降臨。只有川普政府能將這樣的人湊在一起；據報導，這兩位牧師在傳道中說所有猶太人都將下地獄，而希特勒的大屠殺是上帝計畫的一部分，目的是將猶太人送回以色列。64

川普主義在二〇二一年一月六日達到頂峰，當時他在對支持者的激情演講中，鼓勵襲擊美國國會大廈，並在演講中譴責國會對選舉結果的認證。北約盟友的反情報官員推測，川普實際上策劃了一場政變。其中一名官員說：

「從全球的角度來說，更嚴重的損害是聲譽嚴重受損，這就是為什麼普丁一點都不介意川普輸掉選舉。他為自己贏得的籌碼歡欣心喜，川普時代丟掉的籌碼，是美國聲譽及道德制高點的驚人迅速下滑。美國人沉溺於自己製造的混亂的每分鐘，都對中國有益，對普丁有益，同時對（土耳其總統）埃爾多安（Erdogan）跟（匈牙利總理）奧爾班這樣的小獨裁者則稍微有益。他們靠吸食政治、人權與民主的憤世嫉俗與犬儒主義維生。他們才不會想念川普；他們樂於看到他的戲落幕，這樣他們就能享受這片有毒的政治氛圍。」65

然而川普效應尚未消失。儘管俄羅斯入侵烏克蘭，前總統川普形容普丁先生為「聰明」跟「狡猾」。根據二〇二二年一月的美國雅虎新聞／YouGov民調，六二%的共和黨人與傾向共和黨的獨立選民，認為普丁是比拜登更強大的領袖。川普的盟友也發表了類似言論。保守派評論家羅德．德瑞爾（Rod Dreher）寫下：「我堅決反對冒險犧牲路易斯安那及阿拉巴馬州男孩的生命，好讓頓巴斯成為性別酷兒（genderqueer）及移民的安全之地。」白人民族主義者理查．斯賓塞（Richard Spencer）曾稱俄羅斯為「世上唯一的白人大國」。66

這些民粹主義動盪的根源，實比川普的花招更深厚。它們源於部分地區（如美國）不斷攀升的國內不平等現象，以及其他地方（如歐洲）似乎對邊界與經濟失去控制。兩者都動搖了自由民主的穩定基礎。政治極化讓所有自由民主國家的治理能力都承受極大壓力，而白人民族主義的仇外情緒則侵蝕著它們的價值觀。目前尚不清楚還有多少像奧爾班或川普這樣的人可能會占上風，並在跨國政治聯盟中聯合起來。67

在美國，也許最危險的趨勢是尋找外國替罪羔羊，因為工業自動化跟全球化導致了去工業化，也侵蝕了熟練勞動力的工作機會。我們在川普攻擊對中貿易裡看到這一點，包括對鋼鐵甚至洗衣機加課「國家安全」關稅。據稱，中國壓低了這些產品的價格，以破壞美國的基本製造能力（儘管大部分直接競爭是來自印尼、越南、墨西哥和印度等其他國家）。目前還不清楚WTO是否會接受國家安全逃脫條款（這需要有證據的理由）。無論如何，中國進行了報復，謹慎地針對大豆進行政治性報復，以造成最大的政治痛苦。

國內戰略漏洞

美國面對的新興國家安全問題根源，呈現兩種極化隱患。首先，它讓國家容易受到外國顛覆，如同二〇一六年的情況；其次，它也會使該國政體難以建立持續的國防，後者需要在物質和社會基礎設施進行大量投資。

政治極化已經到了一個多世紀以來未曾見過的高度。川普在一月六日發動的政變，以及多數共和黨選民拒絕接受二〇二〇年拜登合法當選，正是深度分化政體的表徵。相信川普「讓美國再次偉大」的選民感到疏遠，反映出一種核心的憤怒認同。他們主要是由白人、鄉村居民、福音派新教基督徒、未受過大學教育的工薪中產階級組成，與少數族裔、貧困階層、中產階級、都市居民及受過大學教育者不同，後者則是當前民主黨的核心。[68]

這樣的區別帶來深刻不滿。民主黨長期以來一直尋求包括種族平等與女性平等待遇在內的認可與政治平等。在面對受過教育的精英分子的不尊重，全球化導致藍領工會工作流失，以及被非白人及女性「取代」的恐懼下，讓川普的追隨者表達出他們的不滿。這些分歧使得美國大眾很容易成為普丁負面訊息和反希拉蕊·柯林頓操控的目標。

這些分歧也導致國家意志難以動員，因而難以進行必要的創新並投資公共建設，以應對中國的競爭，並重建一個能夠追求一致性全球戰略的政治中心。即便共和黨參議員協助制定了二〇二一年眾議院通過的「跨黨派」基礎建設法案，卻只有十三名共和黨眾議員投票支持該案。

新冷戰的關鍵在於組合

即便存在著經濟競爭及權力地位上的巨大差異，自由資本主義式民主國家顯然可以互相容忍，且彼此不會捲入國家安全競爭。同樣地，也可以想像一個自由資本主義式民主國家，以一種合作為主的方式，來管理自己跟威權國家的關係。冷戰時期，美國歡迎友好（且權力較小）的威權主義者，例如西班牙的法蘭西斯科・佛朗哥（Francisco Franco）、葡萄牙的安東尼歐・奧利維拉・薩拉查（António de Oliveira Salazar），以及許多中美洲和加勒比國家的獨裁者。只要他們反共、支持資本主義，並承諾與美國結盟對抗蘇聯。自由民主社會主義式的統合主義國家，如瑞典、挪威與其他歐洲國家，曾經在冷戰期間與後冷戰時期（至少到最近之前）與美國建立了良好的關係。（相對）衰弱的大國也曾經接納崛起中的全球大國，例如十九、二十世紀之交，自由英國接納了自由美國一樣。[69]

我們此刻面臨的新冷戰，是一組爭議組合的產物：結合了國內結構與意識形態的衝突（如統合民族主義的威權主義者，對上自由資本主義式民主制度），加上不斷崛起及衰微的權力動態。

我們看到的是一種敵意認知與應對升級的上升螺旋，其中對合法性的深刻關切，轉譯成對威脅的誇大想法，隨之而來的報復更引發了進一步升級。

普丁一再允許對美國進行網路攻擊，例如對美國政府發動太陽風攻擊行動後，二〇二一又接著對人權與其他組織進行駭客攻擊。他並未共同應對殖民油管遭私人勒索病毒劫持一事，也未批評盧卡申科劫持飛越白俄羅斯上空的客機。西方因此持續制裁，並拒絕延長冷戰時代的安全保障機制，該機制涉及軍事資訊共享的安排（被視為降低意外戰爭風險）。

中國應對二〇二〇年 COVID-19 新冠病毒起源調查的方式，也引起掩蓋行為的疑慮。它本可允許公開科學調查，並接受科學界確實存在的不確定性以及當時的科學共識，亦即若病毒從實驗室外洩，那是意外。然而掩蓋行為助長了西方的陰謀論，更重要的是，也助長了政府對習近平敵意戰略野心的認知。

這些懷疑與中國的過度反應，在歐洲引發另一個衝突螺旋。歐盟針對中國的新疆行為，對四名地方官員發出溫和批評與極小的制裁後，中國對歐盟的廣泛貿易投資協議遭遇中方的強烈反彈（在歐盟拒絕支持美國將中國對維吾爾族的壓迫定調為「種族滅絕」的情況下）。中國整個爆炸；它對歐盟政治與安全局勢委員會（EU Political and Security Committee）全體成員，以及歐盟議會人權小組、五位歐洲議會領袖，甚至是研究中國的學術專家實施了制裁。貿易協議如今陷入危機。在坎培拉當局要求對 COVID-19 新冠病毒起源進行獨立調查後，中國實施貿易限制，並指責澳洲「毒害雙邊關係」，並要求該國媒體與智庫停止撰寫有關中國的負面報導。澳洲政府取消了跟中國的一帶一路協議。另外，在喜馬拉雅山上的輕微邊界衝突後，印度於二〇二〇年加入美國、澳洲與日本，一同進行十多年來最大規模的海軍演習。[70]

這些對抗的螺旋升級，跟一九九〇年代與二十一世紀初期的合作關係大相徑庭。當時中國奉行「和平崛起」的戰略，而西方採取「全面交往」政策。如今，習近平已鞏固一人獨裁統治的政治權力，並大力投資基礎的國有經濟領域。西方國家正經歷脆弱的極化民主，鼓勵民粹主義仇外情緒。而中國所謂的「戰狼外交」（激烈言辭）正在導向一場「新冷戰」，危險的螺旋升級正是結果。

更安全的世界，爲了民主還是專制？

美國、俄羅斯和中國都不大可能建立像西歐內部或歐美與其他盟友之間那樣的「暖和平」。然而，這些大國都不算特別好戰。美國確實曾入侵阿富汗與伊拉克（後者是基於非常錯誤的情報），並會同盟友干預了利比亞跟敘利亞。俄羅斯入侵喬治亞與烏克蘭。中國則聲稱擁有南海與台灣的領土主權。

正如本章所示，衝突的更深層根源是防禦性的。美國及其盟友不想透過武力強加民主制度。[71]他們想「為民主」創造一個「更安全的世界」；這個世界擁有可負擔的國家安全，安全選舉，自由市場，人權仍是理想。同樣地，中國和俄羅斯尋求「一個獨裁體制的安全世界」；這個世界裡，政府擁有舉行選舉與否的自由，市場受到國家指導，政府之外的任何人都不得質疑國家政策。雙方都受到威脅，因為這兩種願景並不相容。

在我們進入第四部，討論如何脫離新冷戰之前，我將在第三部回顧一個遙遠的鏡像，展示了自由資本主義的民主美國，是如何處理跟另外兩個統合民族主義威權國家的關係——亦即墨索里尼的義大利與一九三〇年代的後大正時代日本。我這樣做，是為了闡明它們的關係是如何從一九二〇年代的合作，演化成一九三〇年代逐步升級的對抗，最終促成了第二次世界大戰的爆發。

第三部

■

遙遠的鏡像：一九二〇到一九三〇年代的義大利、日本和美國

逼近中的新冷戰，在歷史上曾出現重要類比。我們沒有水晶球能預測當前緊張局勢將如何解決或者無法解決。因此，值得我們從遙遠鏡像裡，回顧先前美國與統合民族主義威權政權的接觸與對抗。一九三〇年代，美國與義大利法西斯主義及日本軍國主義的關係，不會在另一次世界大戰中重演（我們可以合理期望）。然而，美國與義、日兩大威權政權關係中的相似性與差異性，對當前與俄羅斯和中國的關係有許多啟示。

儘管普丁不是史達林，習近平不是毛澤東，今天也沒有人是希特勒，但二十一世紀的統合民族主義威權政體與二十世紀的義大利法西斯主義及日本軍國主義之間，存在著重要的相似之處。普丁主義的意識形態與政策、一九二〇和一九三〇年代的法西斯思想，與墨索里尼攻擊利比亞、衣索比亞並進軍巴爾幹半島的政策之間，存在著驚人的相似之處。就像今日的普丁一樣，墨索里尼試圖奪取軍事榮耀並向外擴張外國控制，以支持他確立國內威權政權的計畫。

儘管一九二〇、一九三〇年代日本政體的分裂，跟現代中國沒有明顯的相似，一九三〇年代日本軍政府所面臨的戰略環境及所做出的選擇，跟今日中國習近平所面對的環境及政策選擇，存在重要的相似處。日本快速的經濟成長以及「大東亞共榮圈」計畫，跟今日中國對南海的主張與一帶一路倡議，存在著相似之處。

若不是更加重要至少也同樣重要的是，美國對待其歷史上的競爭對手，跟今日對待中國與俄羅斯的政策有些相似之處。美國既安撫又對抗它的對手。美國對墨索里尼治下的獨裁政權既著迷，又感到疑慮。一九二〇年代，美國扶持自由日本；它既依賴又對抗一九三〇年代的日本軍國主義。在日本轉而反對美國在中國跟東南亞的關鍵利益之前，日本也曾是對蔣介石基進中國民族主義的有效制衡。美國人也看到了統合主義對資本主義市場中理想化的自由競爭所造成的威脅。

從歷史中學到的另一個重要教訓是，專制統合主義跟自由資本主義之間的差異，過去並沒有，未來也不會自動導向冷戰。一九二〇年代，墨索里尼在美國受到許多人歡迎。即便是一九三一年對日本的軍事接管，也沒有直接升級成戰略危機，而是到了一九三〇年代晚期才發生。

差異也同樣重要。跟當前應對中、俄統合主義和威權專制有所不同，美國不僅對法西斯主義處理大蕭條的成功之處感到著迷，甚至試圖在羅斯福新政（New Deal）的部分政策中加以仿效。法西斯主義之所以吸引人，部分是因為它是社會主義革命威脅的替代方案，同時它還迎合並反映了廣泛的反猶太情緒。

在美國眼中，日本軍國主義也有優點：它有助於遏制不斷壯大的中國民族主義，並與美、英兩國聯手剝削中國。今日，俄羅斯跟中國都沒有一九二〇、一九三〇年代法西斯主義的政治吸引力。普丁主義在美國，不像法西斯主義那樣受到歡迎（除了川普極右派的極端分子之外）。中國具有某種效率吸引力，但在美國也未掀起如墨索里尼政權那樣廣泛或深度的效仿。對美國來說，在協助維護東亞不穩定局勢方面，今日的中國並未扮演一九二〇年代日本的角色。義大利跟日本也都不像中國，被視為同等競爭對手。但在一九三〇年代，太平洋地區的日本跟歐洲的義大利（及其納粹夥伴），都帶來了更加迫切的戰略威脅，衍生的危機最後升級成第二次世界大戰。

幸運的是，我們不會重演第二次世界大戰。核威懾及其他差異都至關重要。然而，一九二〇、一九三〇年代政治家採取行動背後的驅力，及他們所犯的錯誤，還有許多值得我們學習之處。

第六章
義大利法西斯主義與美國政治

法西斯主義曾在美國受到歡迎，甚至令人敬佩。一九三三年，當美國陷入大蕭條深淵時，英雄飛行員暨墨索里尼的女婿兼航空部長的伊塔羅・巴爾博（Italo Balbo），降落在美國。亨利・盧斯（Henry Luce）主編下的《時代週刊》（*Time*）對巴爾博跟他的飛行同伴讚不絕口。巴爾博「由美國軍機編隊伴飛，形成『*Italia*』的圖形」。時任海軍部長的克勞德・史旺森（Claude Swanson）讚揚巴爾博「聲譽令人欣羨」及「卓越的組織領導才能」。美國駐義大利大使布雷金利奇・隆（Breckinridge Long）告訴墨索里尼，羅斯福對「伊塔羅・巴爾博將軍飛往美國之行表示欽佩」。隆還提到，「美國人民對他們表達熱情欽慕的盛讚。」[1]

考慮到義大利法西斯主義對民主的攻擊，及巴爾博作為墨索里尼政黨費拉拉（Ferrara）支部暴力頭目，在這次攻擊中所扮演的角色時，這種規格的接待確實令人矚目。但從另一個角度來看，它也反映了巴黎和平會議的外交爭端後，美國大眾對於參與外交事務的普遍不滿。「終結所有戰爭的戰爭」卻導致美國長期以來的孤立主義情緒重現。[2]部分大眾也因為第一次世界大戰、世界經濟危機及民主政府未能充分應對這兩場災難，而對自由資本主義產生懷疑與輕蔑。許多當時盛行的氛圍，今日聽來實在太過熟悉。

一九二七年俄亥俄州立大學的亨利・史賓塞（Henry R. Spencer）在《美國政治科學評論》（*American Political Science Review*）為文，評論墨索里尼、米格爾・普里莫・德里韋拉（Miguel Primo de Rivera）與史達林的獨裁政權，也預示著今日的民主悲觀情緒。他指出「被視為理所當然、看似全面性的民主進展，似乎出現了明顯逆轉」。[3]另一名學者威廉・基爾伯恩・史都華（William Kilborne Stewart），在一九二八年指出「歷史的悲劇諷刺；世界大戰據說是為了『讓世界成為民主的安全之地』而開戰，隨後卻發生對民主的普遍幻滅。在某些情況下，特別是俄羅斯跟義大利，還明確拒絕了民主。」[4]

這些困難時期讓許多自由主義者對法西斯主義產生了同情。一九三三年，身為總統的小羅斯福，甚至考慮在首度面對美國退伍軍人的廣播演講中，提出一項相當棘手且具有憲法疑慮的請求，呼籲退伍軍人保護新政，必要時使用武力維護新政不受潛在對手干擾。[5]同年，傑出政治學者查爾斯・梅里安（Charles Merriam）稱讚墨索里尼的義大利具有「實驗性質、非教條性格及道德活力」，並於一九三六年帶領一個代表小羅斯福新政的代表團前往義大利。[6]梅里安隨後為新政規劃提案（尤其是國家資源委員會）辯護時說：

「我們的民主制奠基的原則，認為文明的收穫基本上是大眾的收穫，應盡快且公平地散布給民眾。出於這個目的，我們有理由相信，系統性、有遠見的規劃將有助於推動自然及人力資源相關政策，這最能符合我等制度的基本目的，提升我們的產出，並提供更合理的分配。」[7]

直到一九三六年（墨索里尼殘酷地入侵衣索比亞之後），賓州斯克蘭頓（Scranton）教區的湯瑪斯・歐雷利（Thomas O'Reilly）主教，從義大利度假後返家時表示，他沒聽到任何美國遊客對這個國家有任何不滿。他補充說：「在墨索里尼的領導下，義大利的每個城市都在十年內取得了百年進步。我們還在談論貧民窟問題時，他直接拆了，然後重建。」[8]

法西斯主義的最熱心的擁護者之一，是前美國駐義大利大使，也是墨索里尼傳記的作者理查・沃什本・查爾德（Richard Washburn Child）。他從領袖（Duce）那裡聽取「口述」，編輯了墨索里尼的英文自傳《我的自傳》（*My Autobiography*）。他還著有關於美國的著作《牆上的文字：誰是下一位統治者》（*The Writings on the Wall: Who Shall Govern Next*）。他在後書中提出警告，布爾什維克主義就像「杜鵑鳥」，竊取他人的巢穴，他敦促「現實主義政治家」要認清兩個事實：共產主義不需要多數人支援；倘若議會機器不進行改革，共產主義將會獲勝。[9]他還補充說，存在著「一種理想國家」，客觀上等待著「強有力的領導」擺脫政治、黨派、少數群體及特殊利益的束縛，預備「透過大眾的同意來奪取統治」並「實施統合主義經濟，可以遏制特殊利益，並像（第一次世界大戰期間的）戰爭委員會一樣管理經濟」。[10]

法西斯主義不僅吸引了像查爾德這樣的進步派與熱衷者，還吸引了真正的反動聲音。[11]華特・謝波德（Walter J. Shepard）在一九三四年美國政治科學會的總統演講中，表達他對新政的擔憂。他認為：「獨裁公然無畏地橫行全國，並公開將貪婪目光投向白宮。」

但同時，他也認為應該借鑒法西斯主義的一些元素，特別是「普選的教條信念，必須由教育及其他測試組成的制度所取代，此一制度將排除無知、不了解狀況及反社會分子，這些人過去經常操縱選舉。」[12]

然而到了一九三九年，自由主義者卻改變了心意。例如梅里安稱法西斯主義為「新的專制獨裁主義」，並攻擊義大利理論家精英主義的政治概念。他爭辯道：「廣的來說，蘇聯試圖實現一種平等形式，但卻破壞了自由；法西斯主義與納粹主義則破壞了自由和平等；只有民主國家可以保護發展平等與自由。」[13]，點出了這股新的反法西斯主義立場。

美國迷戀義大利法西斯主義的終結點，在小羅斯福的「對德宣戰」演說中充分表現。他在演講中點名德國納粹主義為首要威脅：「這種世界征服運動，伴隨著奴役、無法無天的野蠻行徑、普遍破壞及無與倫比的殘忍等等方式。」[14]先前，一九四〇年六月十日，他在維吉尼亞大學對學生（其中包括他正從法學院畢業的兒子）發表著名的「背後一刀」演說，羅斯福評估了「力量體制」（以義大利近日對法英宣戰為例）與民主體制之間競爭的更廣意涵：

「他們(美國年輕人)想問這個問題,是可以理解的。他們讀到那些人說,個人自由、自由選舉、通過正義實現和平的理想,都是頹廢的理念。他們讀到並聽到那些信仰力量者的誇誇其談——由自行任命的領袖所指揮的力量——說這種有活力的新體制,將征服世界。他們看到一個又一個過往維護自由制度及個人自由的國家中,這種力量哲學的崛起……

但在這種新的力量體制中,國家機器並不掌握在人群的手裡,而是握在極少數個人或團體的手中,其統治背後並沒有任何我們熟悉的民主制約。國家機器在不負責任征服者的手中成為主宰;人群不僅是僕人,也是受害者……

有些人確實仍舊懷抱著此刻看來有些明顯的幻想,認為我們可以安全地讓美國成為一座孤島,在力量哲學主導的世界中的孤島。

這類孤島可能是那些仍以孤立主義者身分談論及投票者的夢想。但對我跟今日絕大多數美國人來說,這樣的孤島代表著人民失去自由的無助惡夢——惡夢裡人們困在監獄中手銬腳鐐,忍受飢餓,日復一日等待欄杆外其他大陸上鄙視無情主宰的餵食。」[15]

今天，新的孤立主義精神籠罩著美國的民主與共和兩黨。進步派與保守派都表示美國需要摒棄軍國主義，這是對的；但有些人似乎還預備放棄人權，及支持民主國家面對侵略威脅的承諾。[16]我認為，若隨他們起舞，將對美國安全與全球文明產生嚴重的有害後果。因此，了解法西斯主義在戰間期的吸引力，以及它的吸引力如何逐漸消失，最終遭到法西斯主義幾乎等同納粹主義的譴責，正是我們所需要的啟發明鏡。

墨索里尼的法西斯主義

在義大利，法西斯主義的吸引力直接基於貶低自由共和主義，視其為將義大利捲入第一次世界大戰及戰爭失利的主因，因此導致十多萬人傷亡及屢戰屢敗的窘境。[17]巴爾博本人就曾以令人難忘且繪聲繪影（儘管有些晦澀）的方式，譴責自由國家為「爛到骨頭裡，撒謊虛假」，是「一窩貓頭鷹」。[18]法西斯主義的成功，還在於傳統保守派（地主及天主教徒）與前自由派（資本家與城市居民）精英，對革命社會主義的恐懼。

法西斯主義唯一的「官方」定義來自墨索里尼，他列出法西斯主義哲學的三項原則。

一、「一切歸於國家」。政府至高無上，無所不包，國家中的所有人都必須服從統治機構，通常是一名獨裁者。

二、「國家為萬物所在」。國家必須壯大，任何法西斯國家隱含的目標是統治世界，讓每個人都順從於政府。

三、「對國家的反抗皆不可容忍」。任何對政府的質疑行為都不可容忍。[19]

正如墨索里尼所論述：「換句話說，我們是控制自然之中所有行動力量的國家。我們控制政治力量，我們控制道德力量，我們控制經濟力量，因此我們是一個全面的統合國家。」[20]

極權主義是法西斯主義的野心。跟納粹德國、史達林主義的蘇聯及毛主義的中國不同，這些極權主義接近現實，而法西斯主義的現實則更加複雜。

義大利共產主義領袖，也是影響深遠的馬克思主義的哲學家安東尼奧．葛蘭西（Antonio Gramsci），在他的《獄中筆記》（*Prison Notebooks*）裡，掌握了義大利法西斯主義的意涵。葛蘭西在牢房裡徹底思考義大利共產主義革命起義失敗後，將共產主義邊緣化並囚禁他的這股力量。他拒絕了馬克思主義的簡單觀點，不認為墨索里尼是資本主義中產階級的直接代理人。他主張，大工業家仍舊更偏好喬凡尼・喬立蒂（Giovanni Giolitti）破產的自由主義政府。他也拒絕了墨索里尼像路易・拿破崙（Louis Napoleon）一樣，是新「凱撒」或新「拿破崙」的更複雜觀點。對馬克思主義者來說，凱撒主義是資產階級和工人階級陷入革命僵局時，面對「誰來統治」問題的軍事解決方案。[21]對葛蘭西來說，法西斯主義完全是資本主義，但也反映了資本主義中產階級未能實現「霸權」（文化宰制與合法性）。相反地，它是資產階級力量之間矛盾對抗的產物，尤其是其中兩個派別：追隨法西斯主義的熱情派詩人加布里埃爾・鄧南遮（Gabriele D'Annunzio）的小中產階級基進派；以及站在墨索里尼背後的實業家。

法西斯主義是一個聯盟。法西斯主義聯盟是由城市實業家對無產階級革命的恐懼所維持（受到一九二一年大罷工的威脅），但也吸引了半自治、非經濟的力量。其中之一，是失業的前小店主及退伍軍人的怨憤不滿，後者對義大利第一次世界大戰失利感到憤怒，成為鄧南遮的支持者。另一股力量則是天主教會與鄉村地主，他們則團結在墨索里尼背後。[22]一九二二年，墨索里尼掌握了所有勢力之後，「前進羅馬」。

羅伯特・帕克斯頓（Robert Paxton）的經典研究《法西斯主義剖析》（*The Anatomy of Fascism*），對二十世紀法西斯主義現象提出具有政治與歷史敏感性，更細緻入微的定義：

> 「一種政治行為形式，其特徵是對社會衰退、受害者意識，及對團結、活力與純潔的補償性崇拜信仰的病態執著。以忠誠的民族主義激進分子群眾為基礎的黨派，與傳統精英維持著雖緊張但有效的合作，放棄民主自由，並以救贖暴力在缺乏倫理或法律的約束下，追求內部淨化及外部擴張的目標。」[23]

上述強調了九種關鍵特徵：「對衰落的著迷」，「團結崇拜」，「群眾基礎的黨派」，「民族主義激進分子」，「與傳統精英」，「放棄民主自由」，「救贖性暴力」，「內部淨化」與「外部擴張」。在現實世界裡，沒有一項運動可能擁有所有特徵，但擁有多數特徵，就稱得上是法西斯主義。

這些政權，就像二十一世紀的相應對象，如俄羅斯、中國及委內瑞拉等，都是民族主義、統合主義跟獨裁專制。還包括一些獨特特徵，可以解釋它們跟當前專制民族主義現實之間的相似處與差異點。

法西斯民族主義

跟普丁一樣，墨索里尼的民族主義也對義大利未能擁有「顯要位置」充滿憤恨。一九三五年的大規模集會前遊行時，他立刻稱之為「世界歷史上最偉大的遊行」，他宣稱：「一九一五年義大利加入協約國（對抗第一次世界大戰的德國和奧地利）時，多少人驚嘆讚賞，我們聽到多少承諾？但在共同勝利後，義大利付出了六十萬人生命，四十萬人失蹤，一百萬人受傷；談判桌上討論和平時，豐厚的殖民戰利品只留下一點碎屑供我們拾取。十三年來，想要掐死我們的手將這個圈子愈收愈緊時，我們一直在忍耐。」[24]

墨索里尼的核心原則——「一切歸於國家」、「國家為萬物所在」及「對國家的反抗皆不可容忍」，就清楚呈現其極權主義式的民族主義。他同時拒絕自由主義的個人主義及社會主義的平等主義。他進一步闡述道：「我們首先宣稱，在民主自由個人主義之前，個人只有在國家之內並接受國家要求時才存在。隨著文明呈現愈來愈複雜的形式，個人自由就會愈來愈受限。」[25]他還宣稱：「法西斯主義……反對社會主義，社會主義缺乏國家（將階級融合成單一經濟與倫理現實）內部的團結，在歷史中只見階級鬥爭。」[26]

此外，法西斯主義聲稱代表了義大利人全體，透過少數人（若非單一個人）的意志表達，可說是精神性或宗教性的主張。墨索里尼稱其政府是「大眾的良知和意志，這整個團體是由自然和歷史條件在族群基礎上形成一個國家；作為共同良知與意志，循著同一的發展與精神成形的路線前進……不是種族，也不是地理上定義的區域，而是歷史上不斷綿延的人民；由思想統一起來的群眾，充滿了生存意志、權力意志、自我意識與個性。」[27]

法西斯民族主義值得注意的獨特特徵，在於其不僅僅是制定規範的公共立法者，而是「教育家及精神生活的倡議者」。不只是共同義務、共同歷史或文化，而是一種根植於過去跟當下的「精神力量」。此外它也不是由多數人的意願所定義，而是由擁有完全權威的少數人，甚或是單一個人所定義。這意味著自我任命的領袖可以定義其內容，據有絕對權威，而不需參照多數人意願、憲法程序或既定標準或原則。此舉使得法西斯民族主義的暴力內容與不負責任性格，成為獨裁者政治工具箱中的絕佳資源。

在此，從普丁改宗東方正教信仰（對於前蘇聯格別烏［KGB］特工來說相當奇怪的一點），以及蔑視異議對手為「人渣」、「性別自由」的倡議者及「大啖牡蠣」的精英來看，我們可以聽見遙遠的迴響。[28]他宣稱自己代表遭到西方（特別是超級大國美國）蔑視的俄羅斯發聲。隨著二〇一二年後俄羅斯政治體制愈來愈專制及封閉的決策，這些態度也隨之逐漸強化。

墨索里尼拒絕民主約束，以及「政治平等主義的荒謬陳舊謊言，集體不負責任的習慣，以及幸福與無限進步的神話。」[29]相反地，他讚美法西斯國家是權力和命令的體現，倚重其羅馬根源（「fasces」在羅馬時代代表官方權力）。對法西斯主義者來說，帝國力量「不僅僅是領土、軍事或商業上，它還具有精神與道德性。」「在數世紀的外國奴役中」荒蕪之後，義大利現在正經歷「一股帝國精神：一股國家擴張的趨勢，一種生命力的表現。」他還補充，將興趣局限於母國的人，正面臨衰退症狀。

法西斯民族主義不該被解讀或系統化成一致的哲學。墨索里尼曾是社會主義青年雜誌

《前進》（*Avanti*）的編輯，是一位好唱反調的辯論家。（儘管他列名作者，然而〈法西斯主義原則〉（Doctrine of Fascism）可能是由喬凡尼・喬立蒂所代筆。）法西斯主義在每一段都自相矛盾（有時甚至是同一段）。儘管如此，它在當時跟後來都表現出共同的修辭與政治特徵，正如安伯托・艾可（Umberto Ecco）給的生動標籤：「永恆的法西斯主義」（Ur-Fascism）。[30] 其中包括完全拒絕現代理性；傾向暴力或為了行動而行動；深刻的歷史羞辱感；連結受挫的中產階級，後者則憂慮自己會陷入較低階級；拿單一國家共同認同來當幌子的民粹主義；國家的團結與熟悉感，則是在自我任命的領袖令下，透過對抗內外敵人來定義。

法西斯統合主義

《卡納羅憲法》（Constitution of Carnaro）是鄧南遮為了一九一九年跨國政變中，帶到阜梅（Fiume，現代克羅埃西亞的里耶卡［Rijeka］）的革命政權而設計的。他在其中勾勒出一個統合工團主義（corporatist syndicalism）的理想。該部憲法建立了一個統合主義國家，設有九個「團體」（corporation）以代表不同經濟部門。成員資格是強制性的。它還包括鄧南遮所設的象徵性第十團，代表「優秀個人」（例如詩人，「英雄」與「超人」），他似乎將自己納入其中。另外九個較為實際的團體為：工農勞工；水手；雇主；工農技術人員；私營機構辦公行政人員；教師與學生；律師與醫生；公務員；合作社工作人員。[31]

墨索里尼借用了統合主義思想，拿來對比資本主義的所有者主導（或工會─管理者的艱苦談判）與社會主義的工人主導。墨索里尼解釋：「一旦納入國家的軌道，法西斯主義承認導致社會主義與工會主義崛起的真正需求，在行會或團體體系中，賦予它們適當重要性，好讓不同利益在一統的國家之下協調和諧。」[32]

對義大利來說，統合主義國家只是個修辭，而非實際。既不像法西斯主義倡議者所稱的那樣具有社群性，也不怎麼有效。後來，隨著大蕭條的壓力，加上衣索比亞衝突要求更全面的中央集權及政府控制生產，特別是食品跟原物料（特別是石油）變得非常短缺，它的有效性（及強制性）就隨之增加。一九三四年，隨著全球經濟衰退加深，政府掌握了更多權力，建立了二十二個團體，代表義大利的工業，這些實體包含管理階層與工人代表。

他們分配有限資源，並制定生產目標；他們扮演某種議會，擁有設定工資與僱傭條件的名義權力。隨著義大利國會的眾議院在一九三八年解散之後，墨索里尼便以「法西斯與團體聯合議會」（Chamber of Fasces and Corporations）取而代之，八百人代表二十二個團體。但實際上，這只是個諮詢機構。[33]

就像普丁的裙帶資本主義設立了市場關係的表象，聲稱通過協調生產來實現國家繁榮，法西斯主義的公共或半社會主義主張，在當時或過去都未曾實現。早在一九三五年，路易斯・法蘭克（Louis Franck）就在一篇深具洞察力的文章中，診斷出法西斯主義的偽裝。[34]他發現，這些團體為雇主與勞動者之間的合約制定規範。他們呼籲「生產的統一紀律」，制定「同一團體內生產者之間的協議，以及不同團體生產者之間的協議（例如，冶煉廠與礦山所有人之間的協議，糖廠與甜菜生產者之間的協議）」；他們試圖為每種產品及經濟服務定價。[35]但他們只在這些功能有利於產業所有者，並在相關部會首長指導下，並獲得墨索里尼授意時，才會嘗試發揮這些功能。

法西斯威權主義

一九三二年的〈法西斯主義原則〉中，墨索里尼挑釁地將法西斯主義描述為「有組織、中央集權、威權式的民主」。[36]它確實是有組織的、中央集權的且威權性的，但僅在兩個意義上是「民主的」：法西斯主義者（就跟普丁一樣）聲稱代表人民的真正利益，有時受到（成功營造的）廣大歡迎。

民族主義退伍軍人跟小店主，把法西斯主義視為他們的首選政黨。但對其他多數人來說，法西斯主義則是第二選擇。金融家和實業家更喜歡自由主義者（恐懼社會主義者）；大地主與天主教更偏好傳統與君主政黨（害怕世俗的社會主義者）；工人則更喜歡社會主義者（卻也渴望工作與安全）。

一九二二年知名的「前進羅馬」是一場合法的軍事政變，但其成功不在於武裝力量或革命熱情，而是前政權的崩潰。一九一九年的全國大選在議會中產生了一個進步陣線，由社會主義者跟人民黨（Popular Party，天主教徒）一起組成的多數聯盟，但他們在宗教問題上存在深刻分歧，也因此在政治上潰盤。自由主義的老戰馬喬利蒂，為一九二一年的大選組了一個選舉聯盟，包括保守派和墨索里尼的法西斯主義者。喬利蒂的副手路易吉・法克塔（Luigi Facta）成為新的聯盟首相，卻很快就失去了多數席次。在這種政治情況下，察覺到機會的法西斯主義者，在一九二二年，從波河流域各地發起示威及接管行動，並喊出「前進羅馬」的口號。羅馬政府擁有精英軍事資源，原本可以阻止他們行進（接近羅馬時他們曾因缺乏一致性而解散）。然而，維克多・艾曼紐（Victor Emmanuel）國王拒絕了法克塔首相的戒嚴要求，也拒絕保守派組建不含墨索里尼黨員之新政府的努力，然後邀請墨索里尼擔任首相，組建政府，讓法西斯主義領頭者的虛張聲勢正式生效。[37]

墨索里尼的法西斯革命發生在政變之後，不是在政變之前或之中，而且是分階段進行。從一九二二到一九二四年之間，墨索里尼跟民族主義者、自由主義者與其他保守派組成聯合政府，以傳統方式統治。儘管如此，他招募了**武裝小隊**（**squadristi**，武裝法西斯主義行動者）以暴力行動威嚇地區選舉，並施壓眾議院接受一條奇怪的選舉規則——只要領導政黨（法西斯主義）能贏得四分之一選票，就能獲得三分之二席次。

轉折點是一九二四年社會主義議員馬泰奧蒂（Mateoti）遭到謀殺，明顯是墨索里尼手下所為。然而國王和軍方卻未能捍衛法治，反倒猶豫不決。從一九二五年開始，法西斯主義民兵關閉反對派報紙，開始逮捕反對派領袖。接著，法西斯主義主導的國會通過一連串「捍衛國家法案」，強化行政權力，以**派任官員**（**podesta**）取代民選市長，報紙廣播都要受到言論審查，重新施行死刑，賦予法西斯主義公會壟斷勞工代表權，同時除了國家法西斯黨（Partita Nazionale Fascista，簡稱PNF）之外，解散所有政黨。[38]

通過暗殺、武裝恐嚇及新聞審查，很容易看出墨索里尼的法西斯主義者如何支配義大利。同樣，也很容易看出普丁崛起掌握權力的相似之處。普丁並非政變產物，他先擔任葉爾欽的副手，接著通過正式選舉上台。但正如前一部所述，沒收資產（首先是米哈伊爾・霍多科夫斯基[Mikhail Khodorkovsky]的尤科斯石油公司[Yukos]）以及有計畫的暗殺（從二〇〇六年批評普丁鎮壓車臣的安娜・波利特科夫斯卡亞[Anna Politkovskaya]，然後是二〇一五年的涅姆佐夫，直到企圖毒殺民主反對派領袖納瓦尼），都向政權的反對派劃下堅定界線。二〇一二年後對媒體的控制及民調操縱，都加強了獨裁統治。

但若忽視他們動員了多少民眾支持，那將是個錯誤。普丁的統一俄羅斯黨一再「贏得」選舉，明顯獲得民族主義者的支持，甚或偶爾也得到戈巴契夫等溫和派的支持，因為他阻止了一九九〇年代末期俄羅斯國家的崩潰。同樣地，墨索里尼的法西斯主義者籌劃的民族主義聯盟，包含保守派、部分自由主義者、民粹主義者與教會領袖，在一九二四年的國會選舉中贏得了六四%的選票。更令人驚訝的是，法西斯主義有意識地建立一種「贊同文化」——維多利亞．德格拉齊亞（Victoria de Grazia）在其開創性分析中如此描述。此種文化是以墨索里尼向全國呈現的強人魅力為中心，所有積極行動的功勳都屬於他，他也祝福每一種公共政策行動。它以**法西斯休閒組織**（**dopolavoro**）為核心。德格拉齊亞從成千上萬地方俱樂部當中，追蹤它們如何傳播進入城市及鄉村生活的各個領域，她論證了它們透過對各種娛樂活動——從體育及成人教育到電影、巡迴劇院、廣播和旅遊——的分配及消費，發揮了壓倒性的影響力。[39]

墨索里尼的大戰略

一九一五年第一次世界大戰剛爆發時，義大利放棄了德國盟友，並在一九一九年，成為巴黎談判下恢復歐洲秩序的勝利分子之一，義大利欲從利比亞跟前德國殖民地尋求象徵性的殖民獎勵。義大利自由主義者將這些視為義大利在歐洲國際秩序中獲得主要大國地位的次要活動，墨索里尼卻將這些殖民帝國主義的夢想，轉成義大利推翻歐洲秩序的命運。

他的大戰略有兩個方向。墨索里尼發起了重返偉大的雙重賭注：他以帝國擴張為名，強加內部統一；並以內部統一為名，進行帝國擴張。他要讓義大利強大起來，以解決戰略依賴及包圍問題。而帝國主義的義大利——新羅馬——將讓法西斯主義在國內至高無上，他也會成為新皇帝。

一九二五年後的法西斯國內革命，是一步步奪取國內權力。一旦掌權，法西斯主義者開始推動公共工程與規範的方案，增加就業機會，建設必要的基礎設施，如道路跟鐵路。但法西斯主義者認為義大利在國際上是脆弱的。英、法設於土倫（Toulon）、比塞大（Bizerte，突尼西亞）及馬爾它的海軍基地，是緊密的內圈；對外國煤炭、石油、鐵礦砂、穀物與肥料，以及最重要的資本的依賴，則是鐵鍊；英國的蘇伊士及直布羅陀基地，更是令義大利服從的外牆。[40]民族主義者對羅馬帝國的懷舊情感，部分啟發了國內獨裁專制與國際帝國結合的戰略。海軍在強調海上力量上，發揮了明顯的影響力。但最重要的是國內政治的驅動力，明顯表現在一九三五年十月二日的墨索里尼演說中，他鼓動民眾支持義大利入侵衣索比亞。「不只是軍隊朝著目標前進，」他宣布：「而是四千四百萬義大利人團結一致站在軍隊身後。」他又繼續緩慢嚴肅地說：「這彰顯出義大利與法西斯主義之間的連結是完美的。」但同時，他也向擔憂的群眾保證，真正（擺脫政客束縛）的英國人民不會「為了一個不值得納入文明國家之列的野蠻國家（衣索比亞）流血，將歐洲送入災難之中。」[41]

墨索里尼經常向國內群眾保證，利比亞、阿爾巴尼亞、衣索比亞和西班牙的軍事行動，不會引發全歐戰爭。他聲稱自己是德國與自由主義國家之間的和平力量。此外，外交部的傳統官僚則希望在英國的保護傘下進行溫和外交[42]，在他們的幫助下，墨索里尼成功地說服了法、英、美等國的外交部也如此相信；儘管私下他把自己的外交描述為「催眠（這些）民主國家的公式」。[43]一九三三年後，他還充分意識到，他的地緣政治目標跟國內主導地位，仰賴與納粹共同推翻歐洲秩序的聯盟——也就是墨索里尼所稱的「命運共同體」。

民主國家和法西斯主義

本章從學者、官員與民主政治家對法西斯主義的活力表示讚賞開始。他們讚美這種活力，歡迎相對於民主僵局或資本主義失能的替代方案（視其政治傾向而定），他們為巴爾博歡呼，歡迎墨索里尼。但更深層的根源，卻是對經濟利益及政治觀點的踏實評估，以了解對義大利跟歐洲二者來說，是否存在墨索里尼以外的替代方案。在此，我們見到當時的妥協根源，而這一點在美、俄對峙中卻不存在。

美國對義大利的經濟關係，緩慢地從一九二〇年代的合作，逐漸轉向一九三〇年代的不情願衝突，當時義大利入侵衣索比亞，羅斯福因而對義大利實施經濟制裁。[44]雙方的經濟關係主要涉及義、美兩國之間的貿易，以及美國對義大利的投資，這反映出，比起美國，義大利相對貧困並缺乏資本。[45]

法西斯主義崛起之前，義大利與美國的關係，受到美國從一九二一年開始實行的限制性移民法規所困擾。[46]義大利依賴移民減輕失業人口造成的經濟壓力，並獲得來自美國的僑匯，以刺激經濟活動。[47]隨著墨索里尼在一九二五年奪權，他迅速討好美國商業階層，承認美國的重大影響力，美國也是讓義大利可以實現重大外交突破的唯一主要大國。[48]當時的美國商業跟今日一樣，對生意交易極有興趣。因此，他們普遍對墨索里尼持開放態度，對他的崛起謹慎樂觀以待。[49]

一九二〇年代，義大利與美國之間的經濟關係，以摩根大通銀行（Morgan Bank）為中心，該銀行當時已成為美國與歐洲大國之間的主要金融中介。一九二五年義大利解決戰爭債務之前，義大利跟紐約金融市場之間的關係並不穩定。然而，隨著債務解決並簽訂《盧卡諾條約》（Locarno Pact），義大利獲得了來自美國市場的重要資本，一九二五到一九二八年間的貸款總額來到三．一六億美元。義大利政府試圖吸引美國在內的國際投資，投入該國不斷增長的經濟。[50]外資企業要在義大利經營，需要經過統合主義政府的批准，隨著經濟大蕭條來臨，義大利開始加強對外資企業的資本控制與監管。[51]這影響了美國的投資，因為它們主要集中在水壩等大型資本計畫，為資本匱乏的義大利經濟提供必要資金。[52]美國企業開始對義大利的國家統合主義感到不滿（就像國內對新政感到不滿一樣）。

一九三五年義大利進攻衣索比亞後，美國以包括新的貨幣與貿易管制，進一步加強對義大利市場的控制。[53]小羅斯福跟國際聯盟（美國拒絕加入）合作，迅速宣布道義禁運（moral embargo），以回應義大利的侵略舉動，避免出口到義大利的石油與其他物資超過「正常和平時期的水準」。[54]美國金融機構也明顯減少對義大利政府的貿易融資活動與貸款。[55]然而，出口企業卻不太願意跟隨小羅斯福政府的腳步，它們努力維持貿易量，並迴避原物料出口限制，很大程度上造成國際聯盟企圖藉由經濟制裁制止墨索里尼侵略衣索比亞的失敗。[56]汽車製造商和石油公司都發現，利用其他國家對義大利的制裁，有利於增加自己在衝突期間的出口。[57]

然而，義大利入侵衣索比亞確實引發小羅斯福政府重新評估法西斯義大利。[58]特別是戰爭削弱了美、義銀行間的金融關係。此外，義大利朝向自給自足的封閉經濟政策發展，自然削弱兩國之間的貿易聯繫，同時義大利也尋求減少對外國的依賴。[59]然而，直到一九三九年《中立法案》（Neutrality Acts）廢除，美國才有制度性手段可以限制美國與義大利法西斯主義之間的經濟聯繫。

強硬的威斯康辛州眾議員維克多．伯格（Victor Berger）清楚總結了美、義兩國戰間期外交背後的政治計算：「共產主義和法西斯主義都是戰爭的產物，是大戰的結果。其中一個嬰兒是紅頭髮的……義大利人則是黑頭髮。此外，兩者幾乎沒什麼區別，至少表面上是如此。統治階級如此討厭紅髮嬰兒，是因為布爾什維克黨對神聖財產權採取暴力手段，而法西斯主義者同樣用暴力保護那些既得利益者的權利。」[60]

儘管他們對國際社會主義有共同的恐懼，但民主大眾與精英，特別是美國人，對於墨索里尼法西斯主義的看法卻存在深刻分歧。一九二〇年代到一九三〇年代中，公眾跟政府對於法西斯主義者是否能成為對抗「社會主義」（及後來的納粹主義）的可靠有效夥伴，並沒有太清晰的評估。但兩者都明顯低估墨索里尼目標的基進程度，以及他跟納粹盟友分裂的可能性是多麼微弱。

義裔美國人與天主教徒傾向支持義大利，儘管來自法西斯主義的義大利勞工與社會主義難民也表達了批評觀點。[61]到了一九三〇年代末期，愛爾蘭裔美國人對英國的反感，有時也轉化成對墨索里尼的支持情感。[62]但是，墨索里尼支持群的真正領袖卻是銀行家，因為義大利是英、美貸款的優秀客戶。[63]

美國銀行業的前鋒是摩根大通銀行的湯馬士．拉蒙特（Thomas W. Lamont）。一九二〇年代孤立主義正常時期裡，美國似乎將許多外交經濟政策的管理工作都委託給他。

一九二五年，拉蒙特遊說美國政府，支持降低義大利戰時債務的利率，同時間摩根銀行正在發行一筆新的一億美元長期債券。摩根銀行很快收購它發行的義大利債券的大量未出售部位，並一如對其他客戶的服務一樣，為其客戶積極遊說美國公眾。[64]拉蒙特似乎是真正熱愛義大利文化者，在他跟哈佛大學的威廉・艾略特（William Y. Elliott）的公開論辯中，他讚揚墨索里尼從第一次世界大戰後的混亂裡恢復秩序，並消除失業與罷工。他進一步問，我們是否不該允許義大利擁有「他們顯然想要的政府？」紐約《世界報》（*World*）隔天對他發出批評：「但議會制度遭到壓制、言論自由被禁、自由新聞媒體不復存在，獨裁者完全控制所有行動與表達的途徑，拉蒙特先生或其他任何人怎麼知道義大利究竟想要什麼樣的政府呢？」[65]

倘若知識分子反法西斯主義，銀行家支持法西斯主義，那麼公眾則是愈來愈持疑。艾略特可能是其中最具有哲學性的，但他並非批評義大利法西斯主義的唯一美國人。[66]部分人受到墨索里尼侵略衣索比亞的影響，一次針對美國人「友好」態度的民調中，將義大利列為美國人感到最不友好的三個國家之一（表六，見第二五八頁）。

表六　羅珀民調：美國人的「友好」態度（一九三五年秋季）
「哪一個是您感到最不友好／最友好的外國國家？」[67]

國家	最不友好（%）	最友好（%）
德國	17.3	4.4
日本	11.2	0.1
義大利	6.7	1.2
俄羅斯	5.8	0.8
法國	4.5	4.7
英國	1.2	28.6
中國	0.7	0.5
芬蘭	0.1	2.3

到了一九三八年，查爾斯・普倫利（Charles Plumley）眾議員在美國國會的聽證會上，反駁了強調法西斯主義為反社會主義者兼秩序守護者的觀點。[68]他點出國際緊張局勢升高的根源，包括債務（債務人對債權人的反感）跟貿易（進口搶走工作）。他宣稱：「一分鐘都不要忘記，義大利、德國、日本及其他極權國家將以美國生產者為代價組織起來。不要忽視這個事實，在他們的獨裁統治下，他們對國際貿易的概念跟我們完全不同。所以我說這些貿易條約，將把我們直接推向極權國家跟我們民主共和理念之間的巨大衝突中心。」[69]

美國國務院在一份提供給投資人、著名外交官及小羅斯福顧問的諾曼・戴維斯（Norman

H. Davis）的卓越備忘錄中，提出關於全球政治動態的相反官方觀點。它凸顯安全威脅，並將姑息與貿易描繪成維護和平的解決方案。這或許是當時跟今日最大的差別。

「最嚴重的是德國；由於阿比西尼亞（衣索比亞）情況的緩解，義大利算是比較輕微；日本取得難以吸收的滿洲，則是最輕微的。它們都同樣抱怨：它們的自然資源不足以支持不斷增加的人口且維持適當的生活水準。如果它們不採取行動，或其他國家不採取行動，它們必然會受苦。當苦難發生時，不滿的群眾就會傾向左翼，俄羅斯革命殷鑑不遠；而富人與中產階級為了自衛，就會轉向法西斯主義或個人統治。法西斯主義拒絕民主制度和意識形態，通過武力實現目標，它必須成功，否則群眾，這一次還加上幻滅的中產階級，將再次轉向左翼。倘若法西斯主義無法成功說服，就必須通過武力取得成功。日本民族主義已經『爆發』到滿洲；義大利法西斯主義已經『爆發』到阿比西尼亞。迄今為止最有活力的德國還沒『爆發』。然而除非德國獲得援助，通過『富國』對『窮國』的經濟條件進行調整，否則德國也可能『爆發』，沿多瑙河而下。」[70]

同樣引人注目的是，國務院官員似乎相信武器控制協議（尤其是海軍限武協議）及貿易協議就能滿足「窮國」的需要。但國務院還提出了備用措施（反映美國的國家情緒）。這些考慮到美國的撤退（幾年後將被稱為姑息），而將「多瑙河地區」交給德國，並計劃在太平洋上撤退到巴拿馬—夏威夷—阿拉斯加的「三角地帶」，並將中國和菲律賓讓給日本。值得我們回想的，是孤立主義情緒在多大程度上強化了姑息政策。一九三七年一次蓋洛普民調顯示，三分之二的美國人認為參與第一次世界大戰是個錯誤。[71]

類似觀點也出現在英國內閣的討論中。它們揭示出一種雙重評估：法西斯主義既危險又脆弱，對迄今為止吹擂的高效能法西斯經濟與政治管理提出質疑。[72]

「必須承認，經濟法則最終必然發揮作用。那些為了推動軍事政策而刻意忽視它們的國家，最終必然要為他們浪費的一切付出代價。將國家資本分配給無產能的企業，必然導致國家貧困及最終的虛弱。據了解，日本與義大利浪費經濟實力的比例，大於德國，且義大利可能比日本更接近過度負荷。然而蘇聯與德國的例子顯示，在封閉經濟體系中實行中央集權控制，在組織資源與控制不滿方面能取得奇蹟般的成就；因此，期待義大利經濟崩潰仍舊為時尚早。另一方面，經濟壓力愈大，墨索里尼先生就愈需要將民眾注意力轉移到海外，製造外國替罪羔羊，好在人民陷入困境時將責任推給外國的替罪羊。」73

針對外部衝突其他來源提出警告時，內閣檔案繼續表示：

「崩潰當然不會立即發生——事實上，若以出口貿易為重心，犧牲國內市場，並借助新一輪的貶值或出口補貼等手段，最終時日可能會推遲很長一段時間。」74

不可忽視的是，還有三個似乎支持孤立主義，並讓美國人（與其他民主國家的人們）覺得希特勒與墨索里尼無關緊要的因素。幸運的是，這些態度在當今美、俄外交關係中並不盛行。首先是普遍存在的反猶太主義，這使得納粹的影響沒那麼重要。為了讓讀者理解美國上層階級特權成員的話是什麼模樣，我們可以參考小約瑟夫·甘迺迪（Joseph P. Kennedy, Jr.，約翰·甘迺迪的哥哥）寫給父親（不久後就成為小羅斯福的駐英大使）的信中所說的話：

「希特勒上台（掌權）了。他看見需要一個共同敵人。一個可成為替罪羊的人。讓德國人能感到自己排除困境根源的人。這是出色的心理學，雖然對猶太人的行動很不幸。然而，他們對猶太人的不喜是其來有自的。他們掌握了所有大企業、法律執業等方面。他們能走這麼遠，也是很厲害，但他們的方法卻相當不擇手段……就（納粹的）殘暴來說，應該有必要使用一些（暴力），以確保人民全力支持，這對推動當前計畫來說是必要的。」[75]

英國與美國的民間私人報紙放大了這些觀點。英國的比弗布魯克勳爵（Beaverbrook）和羅瑟米爾勳爵（Rothermere）以及美國的威廉·蘭道夫·赫斯特（William Randolph Hearst）都對社會主義懷有敵意（不足為奇），並與法西斯主義和反猶太主義打交道，最重要的是，他們完全支持孤立主義及綏靖法西斯大國。[76]

這些情緒似乎一直高漲，持續到內維爾·張伯倫（Neville Chamberlain）在《慕尼黑協議》（Munich Agreement）中高舉「光榮和平」及「我們時代的和平」，並獲得小約瑟夫・甘迺迪的父親甘迺迪大使的回應。這種氛圍持續存在，至少直到一九三八年十一月「水晶之夜」（Kristallnacht）納粹對猶太人發起暴動。在此之後，若還否認納粹暴行，就顯得既無知又殘忍了。[77]

其次，同樣重要的是美國的反黑人種族主義。正如艾拉・卡茲尼爾森（Ira Katznelson）所記載的，南方的種族隔離，在這些年裡，是民主黨的第二支柱。因此海爾・塞拉西（Haile Selassie）的阿比西尼亞國家權利成了次要關心，應該也不令人意外。結合反猶主義與種族主義，查爾斯・林德伯格在希特勒入侵波蘭時，在廣播中表示反對美國可能的出手干預：「我們必須保護的是歐洲種族；政治進步將隨之而來。種族力量至關重要，政治只是一種奢侈品。倘若白人種族受到嚴重威脅，那就是我們參與保護的時刻，跟英國人、法國人和德國人並肩作戰，但非互相對抗造成我們相互毀滅。」[78]

第三，最重要的因素，就是本章一開頭就提到的，對社會主義的持續恐懼。即便是年輕充滿活力約翰・甘迺迪，在一九三七年夏天的義大利旅行期間，在家書中也發表了意見：「法西斯主義的邪惡，與共產主義相比如何？」[79]

統合主義、民族主義和威權主義跟自由西方之間的緊張關係，將墨索里尼和普丁連了起來。通過暗殺、腐敗和武裝冒險進行統治，使得墨索里尼時代的穩定關係變得極為困難，這也引發了——今日也同樣引發——持續緊張關係的猜疑。國家與商業或金融關係無法區分開來，這也侵蝕了穩定合作，導致商業交易自然帶有政治性格。

儘管如此，在美國和義大利的關係中，我們看到的不只是緊張（最終導致戰爭），還有更持續的妥協。美—義關係陷入先前所描述的矛盾中，美國和義大利走向戰爭之路，不只有一個強大的轉折點。就美國駐義大利大使威廉．菲力普斯（William Phillips）看來，義大利入侵衣索比亞，使墨索里尼從一個受歡迎的強人，變成了一個殘酷的獨裁者。[80] 美國的態度和政策選擇的組合也因此變得更具對立性，但滑向戰爭的趨勢並非不可避免。自由主義對墨索里尼義大利的態度雖如雲霄飛車般下滑，卻也未導致一九三九年墨索里尼參戰。墨索里尼選擇納粹，因為只有他們能推翻由英、法主宰的地中海秩序，並幫助義大利成為他所追求的偉大羅馬帝國。這一段演變過程，回溯了自由民主公眾曾如何試圖跟法西斯主義合作，然後又拒絕了法西斯主義代表的機會與威脅。

面對這些威脅，美、英兩國作出了綏靖的回應。從一九三五年開始，一系列立法禁止美國出口武器（一九三五年）及對所有交戰國提供貸款（一九三六年），並以「現金和運輸」（cash and carry）條款，限制交戰國以現金進行交易，且必須以自家船隻運輸貨物。這些全都是設計來避免讓美國捲入戰爭。對墨索里尼侵略衣索比亞一事，美國和歐洲的反應僅是象徵性制裁；沒有一項（如石油制裁）能構成重大的威懾壓力。英國首相張伯倫預備安撫希特勒，對德國的領土要求讓步，並蠶食《凡爾賽條約》內容（左右兩派多數都認為條約本來就不公平）。張伯倫確實強化了英國戰鬥機資源，小羅斯福在一九三七年的「隔離演說」（Quarantine Speech，為了孤立侵略者）表明對全球危機的新認知。然而兩國的大眾都沒準備好要進入戰爭或備戰。[81]

許多孤立主義者分享了喬・甘迺迪大使廣為流傳的特拉法爾加日演講中的觀點。一九三八年十月十九日他在演講中聲稱，強調獨裁和民主之間的區別是毫無意義的，因為「無論喜不喜歡，我們都得活在同一個世界裡」[82]（當甘迺迪在報紙上受到嚴厲批評時，他將批評歸咎於猶太人的陰謀陷害）。此外，一九三八年時，希特勒並不打算攻擊美國，對商業也沒有必然壞處。因此許多人問：「美國為何要在乎？」正如本書第二部所論述，今日世界在經濟、政治與制度上更加緊密結合，令孤立主義不那麼有吸引力，甚至也不怎麼有說服力。

不過，一九二〇、一九三〇年代的義大利跟今日的俄羅斯之間，存在許多差異。這些差異使得第二次世界大戰重演的可能性極低。儘管領導人與政策不謹慎，核武器仍能提供生存嚇阻。墨索里尼跟後來的盟友希特勒結合，集中了巨大的軍事力量，對西歐安全構成深刻威脅；日本加入軸心國時，這種威脅則擴大到世界其他地區。普丁的俄羅斯在核實力上與美國平起平坐，並坐擁龐大的傳統軍事武器，但實力仍遠不及美國與北約，主要是對周邊的鄰國（烏克蘭、東歐與波羅的海國家）構成威脅，除此之外，幾乎沒有直接的軍事威脅。

墨索里尼將自己置於民粹運動的領頭，決心重塑一個自由保守的義大利國家。普丁則是格別烏的產物，決心利用俄羅斯國家資源來保護他跟同伴，不受民主民粹動盪的影響（例如推翻他在烏克蘭的盟友，以及二〇二〇年威脅他在白俄羅斯的附屬者）。且正如諾特（Nolte）與其他學者所強調，墨索里尼之外的另一個選擇是「國際社會主義」——在義大利的自由派與保守派、義大利的西歐盟友與對手以及美國眼中，這是個重大威脅。因此，墨索里尼實際上成為反對「社會主義」的跨國政治盟友。經過多年的侵略以及墨索里尼自己的戰略選擇，才使得義大利在第二次世界大戰中成為的民主國家的敵人。普丁則受益於此，免於「國際社會主義」的全球恐懼；然而即便是九一一事件後，華府與莫斯科之間的反恐連結也是相當薄弱。

同樣重要的是，民主國家對於向墨索里尼或希特勒採行威懾政策，深感厭惡。由於第一次世界大戰的創傷，在英國保衛帝國與美國維護種族隔離的背景下，兩國都不打算要承認法西斯主義對自由民主制度帶來的道德、政治與戰略挑戰。同時在有限的程度上，墨索里尼的義大利被視為對抗希特勒這個更大威脅的潛在反制力量，而非視其為希特勒的盟友。直到希特勒不滿足於蘇台德區（Sudetenland）而在一九三九年三月入侵捷克斯洛伐克，接著威脅波蘭，然後墨索里尼與日本接著與德國結盟，這時這些幻想才完全破滅。

第七章
日本軍國主義與美國政策

美國跟日本的關係，是從幾種不同假設出發。[1]部分是友好的，因為日本跟義大利不同，整個一九二〇年代裡，日本都是自由民主夥伴，直到一九二九年才開始轉向威權主義。因此，兩國的關係包括了一段廣泛合作的重要時期，展現在一九二〇到一九二二年的華盛頓會議談判之中。其他關係則是充滿敵意。日、美關係跟義、美關係不同，日、美關係曾因種族歧視行為以及針對性的經濟限制而受傷，這些傷害在第二次世界大戰期間，美國對日裔美國人的拘禁中，降到臭名昭彰的低點（但這類命運並未發生在義裔或德裔美國人身上）。[2]

此外，還有其他長期而直接緊張的重要源頭。跟義大利（歐洲問題）不同，日本是太平洋另一側的直接競爭對手。部分緊張反映在商業與金融競爭，特別受到美國對日本經濟上的統合主義特徵的看法所影響。另一些緊張則來自進入中國及對中國影響力的競爭：即「門戶開放」的爭議。還有一些則是爭奪西太平洋主導地位的海軍競爭。

正如美、義戰間期的關係預示了美國與普丁俄羅斯的關係一樣，美、日在一九二〇、一九三〇年代之間積極與消極的關係，也成為了過去三十年美、中之間合作與衝突關係的一面鏡子。太平洋地區威權主義日本的崛起引發了第二次世界大戰。對中國的第三次世界戰爭雖不是迫在眉睫，但隨著威權主義中國的崛起，緊張局勢可能也同樣嚴峻。

洛奇推論與統合主義威脅

威爾遜將亞洲設想為「政治家和商人必須計畫並參與競爭遊戲的市場。必須透過外交手段，若有必要的話則使用武力，必須為此市場開拓道路。」[3] 然而日本無法成為一個正常的、保持一定距離的資本主義貿易或投資夥伴的印象，則讓這些雄心勃勃的貿易目標變得有些複雜。

作為美國早期關注的案例，可以思考一下亨利．卡博特．洛奇（Henry Cabot Lodge）參議員在一九一二年為門羅主義提出附加的「洛奇推論（Lodge Corollary）」。跟門羅主義一樣，它的目的是為了保護西半球不受外國征服。但跟門羅主義不同的是，它將外國征服定義為商業投資：一家日本公司買下墨西哥下加利福尼亞州的馬格達萊納灣（Magdalena Bay）周圍的土地。正如洛奇在他的議案通過之前，對參議院解釋，在「現代條件」下，任何「由外國政府或外國控制下的個人所成立」的公司，都將威脅到美國的「安全或通信」。[4] 洛奇總結他對日本的感受，並在國會表示，日本將是「世界未來的危險」及「遠東的普魯士」。[5] 加州議會通過立法，禁止日本公民在該州擁有土地，這反映出類似觀點與直接的種族偏見。[6] 驚人的是，這兩項措施都是在日本大正民主改革時期（始於一九一二年）之前通過。此後，美、日關係在管理東亞及規範海軍軍備的合作計畫中獲得改善，直到一九二〇年代末日本軍國主義崛起為止。

「門戶開放」：以中國爲中心，還是日本爲中心？

在亞洲，沒有比中國市場更具有商業或金融潛力的地方。一九一五年一月，日本外相加藤高明（Kato Takaaiki）向中國北方的革命領袖袁世凱提出了秘密的《二十一條要求》，以規範日本進入中國領土的條件。[7] 威爾遜的回應，則是要求重新建立美、英、法、日四國會議，藉以控制日本對中國的單方面侵犯，保護中國對多國「開放門戶」。一九一七年九月，日本特使石井菊次郎（Ishii Kikujiro）子爵前往華盛頓，試圖說服美國承認日本在中國的最高利益，類似美國對美洲的門羅主義特權聲明。美國國務卿羅伯特·蘭辛（Robert Lansing）最終同意交換承認日本在鄰近其領土之中國部分地區（其中滿洲最為重要）的「特殊利益」；作為回報，石井也承認中國對所有人「開放門戶」的原則。[8] 更進一步讓關係複雜化的是，美、日都試圖在遠東爭奪德國的土地（日本想要山東，美國則想要數個島嶼），這兩國也都出手干預了布爾什維克革命引起的西伯利亞動亂。

此時巴黎和會中爆發了一場充滿地緣政治意味的種族平等爭議，預示著衝突即將到來。日本首相原敬（Hara Takashi）試圖在國際聯盟憲章草案中引入「種族平等條款」，原因正如華特・拉費伯（Walter LaFeber）在他關於當時歷史的影響深遠著作中所說，出於擔心，威爾遜提出的國際聯盟將試圖削弱日本在東亞的影響力。[9] 威爾遜（本身是吉姆・克勞法之下的南方民主黨人）動員英國、法國跟義大利反對這項條款。然而，同為殖民強權，他們也擔心國際聯盟將成為干涉所屬殖民地的平台，最終，在同意批准國際聯盟憲章的條件中，日本最終贏得在憲章序言裡加入「國家平等」一詞，並得到了過去德屬山東及數個島嶼的所有權。

在美國外交政策觀點中，對於如何跟日本打交道這件事情，分為以中國為中心及以日本為中心兩種取徑，在整個戰間期內維持既競爭又共同主導的情勢。

以中國為中心的觀點（由威爾遜的國務卿蘭辛提出）強調在「門戶開放」的多邊大傘底下，維持中國領土完整，這將保證列強平等進入中國（並遏制日本）。此一途徑的弱點之一，是其他大國是否在東亞擁有足夠制衡日本的影響力，以及開始發展自身民族主義運動的中國，是否會容忍「門戶開放」貿易與投資體制所預設的外國主導。

以日本為中心的團體（包含威爾遜的顧問愛德華・豪斯 [Edward House] 上校、國務卿查爾斯・伊凡斯・休斯 [Charles Evans Hughes] 與一九二〇年代的其他共和黨國務卿）則視日本為盟友，及「文明教化」的下錨點，將運用類似歐美帝國的方法來分割中國，同時也讓其他帝國有利可圖。日本的貿易繁榮（一九一四到一九一七年間出口增長了四倍）及工業擴張（這些年裡，工業人口增加了近一倍）是日本吸引力的基礎。[10]然而，這種取徑之中，美國面臨的弱點在於，日本對美國石油、鋼鐵與融資的依賴，是否足以保證日本在維持中國「開放」方面，可以繼續擔任有用的代理人與盟友。

隨著一九二一年共和黨人重返總統寶座，哈定政府裡國家孤立主義情緒[11]及日本為中心的觀點成為主流，將美國外交政策大部分交給銀行家（特別是摩根大通銀行的湯瑪士・拉蒙特），為華盛頓會議諸條約中一項重要的海軍協議鋪路。事實上，正如以下將討論的，銀行與海軍協議是平行發展的。主要海軍強國之間簽署的《華盛頓海軍條約》（Washington Naval Treaty），以及美、日主要私人銀行巨頭之間簽署的《拉蒙特—梶原協議》（Lamont-Kajiwara Agreement），將成為一九二〇年代妥協的兩大支柱。

一九二〇年代的妥協：華盛頓會議諸條約及《拉蒙特—梶原協議》

一九二一至一九二二年在華盛頓會議中，美國、日本、英國（還有法國與義大利）之間簽署的條約，是美國外交的一大勝利。它們同時抵制了美國孤立主義者的壓力，透過削減五〇%的軍事預算進行單方面裁軍，以迴避美國無法接受的國際聯盟武器控制倡議（因為是由國際聯盟主導），並解散了讓美國在遠東處於劣勢地位的英日同盟。

這些條約所鞏固的合作安排，是基於對日本自由君主憲政的期望，並期待日本在剝削中國上也發揮關鍵夥伴角色。但這兩樣都未在現代中、美關係中重現。即便中國在二十世紀末推動市場資本主義改革，並期待中國很快實現民主化，但在一九八九年天安門廣場鎮壓民主異議人士之後，持續民主化的期望是不切實際的。而中國在遏制共同威脅方面，也未扮演類似日本的角色，它在試圖遏制朝鮮成為核武大國的合作上時有時無。儘管如此，中國在一九九〇年代及二十一世紀初期採取的全球化措施，為合作關係打開了一扇門，讓中國成為全球製造業中心，成為國際金融和貨幣關係中的穩定力量，並成為聯合國與其他組織多邊治理中的良好合作公民。

美國與日本達成的妥協，由三個相關條約組成。《華盛頓海軍條約》（也稱《五國條約》）將美、英、日、法、義的海軍力量比例，定為一〇—一〇—六—三．四—三．四。這些比例可以大幅減少計畫中將建造的戰艦，同時確保美國與英國在全球擁有平等的強勢地位，而日本則在西太平洋地區占據主導地位。日本曾以「七」為目標，但美國早已滲透日本的秘密通信，知道「六」是底線，不過也同時允許由大眾捐款資助的新戰艦「**陸奥號**」（**Matsu**）持續建造。《四國條約》取代了英日同盟的共同防禦，改為美、英、日、法之間的協議，在危機發生時得進行磋商，這是一個弱得多的協議。《九國條約》則正式承認中國開放門戶，進行非專屬經濟開發（中國並未被納入簽署國），同時承認日本在滿洲和蒙古的特殊利益。[12]

日本代表團由三名資深政治家（代表團長加藤友三郎［Kato Tomosaburo］海軍上將；日本駐美大使幣原喜重郎［Shidehara Kijuro］；日本主要金融家澀澤榮一［Shibusawa Eiichi］子爵）領導。他們試圖維持日本對滿洲跟中國的影響力，但也認識到「需要運用貿易工具與西方合作，而非運用戰爭工具單打獨鬥」。[13]金融家在內的日本領導層及一九二〇年代的合作態度，反映了華盛頓會議前後的金融外交。[14]

「來自華爾街的大使」兼摩根大通公司總裁的湯瑪士・拉蒙特，是一九二〇年代美日妥協第二支柱背後的重要美國人物。[15]這根支柱就是金融。早在巴黎和會期間，拉蒙特就開始設計一個金融聯合組織，要求英、法、美、日的銀行家共同合作，分享貸款機會。拉蒙特向威爾遜總統保證，這個聯合組織將是「阻止日本在中國不受約束的唯一實際手段……很多人對我說，除非這個聯合組織確實按照計畫運作，否則我們在遠東獲得任何公平交易的希望就消失了。」[16]

面對美國政府直接反對，拒絕承認任何違反「門戶開放」原則的情況，拉蒙特還是達成了一項妥協：即便美國政府不承認，但美國銀行家承認日本在滿洲和蒙古的經濟利益，作為日本銀行同意加入聯合組織的回報。拉蒙特與日本橫濱正金銀行（Yokohama Specie Bank）總裁梶原仲治（Kajiwara Nakaji）達成協議，這間銀行是日本的中央外匯機構。他們在一九二〇年五月十一日的書信往返中，美國銀行家同意不干預滿洲地區的日資鐵路，實際上就是把該區事務的控制權讓給日本。[17]

日本同意《九國條約》以法律承認中國門戶開放，主要是因為美國同意將一九二〇年的《拉蒙特—梶原協議》中排除滿洲地區的條款納入《九國條約》，此舉彰顯出金融和外交的有效互動。接著，日本也同意從西伯利亞撤軍，但同時保留對該區關鍵鐵路的控制權。日本甚至同意「開放」聯合組織在滿洲與內蒙古的融資選項（包含鐵路在內），從而放棄了幾乎摧毀第一個聯合組織，並使美、日在一九一九至一九二〇年間陷入諸多對立的爭議。他們那時可以這樣做，是因為華盛頓會議諸條約已經生效，讓他們在西太平洋擁有海軍優勢。《九國條約》也承認日本對滿洲的控制權，日本比較不須擔心美國穿越中太平洋發動攻擊。[18]

日本代表團團長加藤友三郎海軍上將總結了妥協的金融基礎：「答案是，除了美國以外，沒有其他國家能滿足日本所需的外國信用——倘若美國是敵人的話，這一切顯然並不可行，……因此日本應該不計一切代價，避免與美國發生戰爭。」[19]

一九二四年的一場演講中，日本外相幣原喜重郎強調日美和平跟進入中國市場的重要性，兩者都對協助日本應對人口快速增長及經濟危機來說，至關重要：

「（在）我們受限的島嶼上，每年都面臨七十到八十萬人口成長的困境。因此，除了推進工業化之外，別無選擇。隨之而來的是確保海外市場至關重要，而這只能通過經濟外交來實現。如果我們試圖通過領土擴張來解決經濟問題，只會破壞國際合作。身為最鄰近中國的國家，日本在運輸成本上具有優勢，此外，中國因為工資水準，還擁有最大的競爭力。因此，維護中國的龐大市場對日本來說，必是首要任務。」[20]

但是，兩國的關係並非全然順暢。就像二十一世紀預期中國在全球化刺激下將實現自由化一樣，試圖以一個金融聯合組織妥善管理美、日、中三國關係的預期並未實現。聯合組織未能確立管理中國經濟發展的共同方式，因此日本便乘機介入，並很快成為中國的主要經濟強權。此外，美國官員對於日本與蘇聯合作的意願感到擔憂，特別是在中—蘇—日軸線上。到了一九二五年，日本已恢復對莫斯科的外交承認，並從庫頁島（Sakhalin）北部地區撤出軍隊，庫頁島是日本以北最大的蘇聯沿海島嶼。這些舉動令一名美國官員就中—蘇—日軸線的威脅提出警告，稱「這種組合對整個西方來說是不容忽視的威脅。」此外，美國國務院對蘇聯的敵意，使華盛頓無法利用莫斯科來遏制日本的擴張，而東京不願加入西方列強可能對中國採取的軍事干預，以阻止中國對外國人的攻擊，這更加深了美國對日本的失望。

這裡的發展，與一九九〇年代至二十一世紀初期的美、中關係有些類似。首先，美國是中國加入WTO的主要支持者，兩國建立起非常有成效的關係，讓美國跨國公司將製造外包給中國，善加利用中國的低廉工資及有紀律的勞動力。其次，中國則小心翼翼地避免挑戰美國，通過持有美元及貨幣不升值來進行金融合作，以減緩二〇〇八年金融危機的影響。然而，中國並未協助美國處理第三勢力（不像日本在一九二〇及一九三〇年代協助美國管理中國門戶開放時所扮演的角色）。同時一九九〇年代的中國，即便穩步市場化，卻未採取任何舉措走向民主或自由主義，後者原本可以鞏固中國對美國的積極關係，正如一九二〇年代美國與大正日本的關係一樣。

美國對東亞的政策中，至少在一九三一年滿洲事變之前，是以日本為中心的方針占據了主導地位。但在一九三一年，日本軍官跟中國民族主義者發生軍事對峙，並在日本本土的軍國主義盟友支持下，開始對日本憲政政府發動一連串政變。這是美國宣布保護中國及門戶開放政策都是美國根本利益的起點。美國通過史汀生主義（Stimson Doctrine，又稱不承認主義）拒絕承認日本征服滿洲。然而，直到一九三九年日本開始征服中國之前，美國並未對日本實施更嚴格的制裁。反而仍持續跟日本保持聯繫，主要是因為依賴金融外交所致的效果，以及日本對美國資本跟市場的深層依賴。一九二〇年代中，美國占了日本出口量的四〇%，主要是絲織品。同時間，中國成為日本最大的工業出口市場，以此交換重要的糧食與原物料。此外，第一次世界大戰更戲劇性地凸顯出，此刻日本依賴全世界生存的程度，尤其是戰爭點出了日本海軍力量得靠石油推動，而非煤礦——日本本身卻沒有生產石油。

大正民主與昭和專制的崛起

這些妥協也反映出大正天皇統治時期（一九一二至一九二六年），日本內部正在發生的深層轉變。[21]工業化之後，首先出現的是民主化。日本在一九一九年三月擴大選舉權，但進一步民主化的壓力只增不減。第一次世界大戰之後的經濟衰退引發稻米暴動，戰時供應需求的急劇下降激起農民的反彈，有多達七十萬名抗議者湧上街頭。現代化規範與大眾媒體推動新政黨組成，並反對傳統**元老**統治階級的政治。日本政府也面臨都市社會力量聯盟的壓力——來自**財閥**（**zaibatsu**，工業、商業和金融的大型集團）與較小型的企業——要求削減軍事開支，逃避兵役的人數來到歷史新高，且內閣受到腐敗指控的困擾。此外，工會開始進行大規模罷工，抗議勞動不公與政治不義。婦女投票權與勞動參與的倡議運動也隨即展開。[22]

一九二三年的關東大地震導致這些開明運動暫時停頓，國家在震驚中動盪，壓制性的戒嚴措施也隨之增加，更為保守派取得影響力，進而通過一九二五年的《維護和平法》，得以堅定恢復秩序。除了對試圖改變**國體**（**kokutai**，由天皇與帝國政府統治，而非人民主權）的人威脅最高十年監禁刑期外，這部法律還嚴重限制日本個人的自由，並試圖消除公開異議。[23]

天皇角色向更大權力的轉變，始於一九二六年十二月十八日大正天皇去世。按照傳統，他的兒子裕仁繼位，選擇了昭和為年號，意為「和平與啟蒙」。裕仁天皇是性格較為強烈且更為獨裁的人。統治伊始，他完美執行所有儀式性職責，但只在高度精心策畫的正式國家場合中公開露面。隨著日本國內政治氛圍演變成更加軍國主義的立場，天皇的角色也發生變化。例如具有象徵意義的特定姿態：裕仁天皇統治初年首次公開露面時，平民保持恭敬地坐著，只要避免顯得比天皇高即可，但他們可以直視天皇，到了一九三六年，任何普通日本公民光是目視天皇，都是非法。

更重要的是，一九二〇年代後期，日本政治從一種比較自由民主的形態，逐漸移向更軍國主義及獨裁的形態。這跟世界經濟崩潰與軍事派系主義崛起同時發生，部分也是對這些因素的反應；後者導致了一次幾乎成功的政變，當時滿洲的日本帝國陸軍反叛了日本中央政府。從那時起，軍國主義與帝國主義的循環，讓日本走上了與美國衝突及征服東亞的道路。

日本帝國主義在滿洲：統合主義、軍國主義與民族主義

日本帝國主義的兩大推力是南滿洲鐵路公司（**滿鐵** [**Mantetsu**]）與日本帝國陸軍的軍官（關東軍）。這條鐵路類似中國當前的一帶一路倡議。陸軍在一九三一年發動的滿洲事

變，重新形塑了日本帝國行政與國內政府。

由基礎設施建設主導的日本擴張，產生出強大的帝國力量。一八九四年甲午戰爭（First Sino-Japanese War）日本擊敗中國後，直接從中國獲得滿洲的鐵路特許權。接著，在一八九五年的日俄戰爭中擊敗俄羅斯後，取得俄羅斯鐵路與港口特許權。最初資本額為兩億日圓的日本鐵路獲得日本國家特許，不只有經營鐵路及發展沿線（一如許多其他鐵路）聚落及工業的特權，同時也擔任經濟發展與政治控制的指導機構。在這方面，**滿鐵**不僅類似英國南非和英國西非公司等經典的帝國公司，還更接近統治印度直到一八五八年的英國東印度公司（EIC）。

早在一九〇七年，**滿鐵**就雇用了九千名日本人與四千名中國人，到了一九一〇年，分別增加到三萬五千人和兩萬五千人。**滿鐵**仰賴進口的美製鐵軌與火車頭，開發煤礦與港口設施、旅人飯店及貨倉。透過興建學校、圖書館和醫院，它還說服日本屯墾者移民到滿洲，並啟動大規模的大豆種植。事實上，**滿鐵**盈利的關鍵，即來自出口到日本及歐洲的大豆，到一九二七年，全球一半的大豆供應來自滿洲。早在一九一六年，**滿鐵**公司就展開多角化經營，創建了包括鋼鐵廠、陶瓷廠、玻璃廠、油脂廠、麵粉廠及糖廠，與發電廠在內的子公司。

公司資產也從一九〇八年的一億六千三百萬日圓，至一九三〇年就超越十億日圓，成為日本最大、也是最有利可圖的公司，平均年投資回報率在二五%到四五%之間。一九二〇年代，**滿鐵**提供日本政府四分之一以上的稅收。[24]

對於日本擴張而言，更重要的是，它不但吸引了八十萬日本移民，並通過鐵路控制，管理滿洲地區的大部分經濟。到一九三八年，它擁有七十二家子公司，在二十五座城市進行開發計畫，有每年運輸一千七百五十一萬五千名乘客的火車路線，**滿鐵**結合驚人盈利能力、隨意侵占財產並令反對異議緘默的政治權力，以及最重要的軍方聯繫，讓這間公司得以統治並管理滿洲。

關東軍軍官支持**滿鐵**，創造出一個軍事統合主義的戰爭機器。[25]下級軍官在一九二八年暗殺了一名滿洲軍閥。高級軍官則在一九三一年發動滿洲事變，違背來自東京中央的命令，隨後入侵征服滿洲。面對這個重大既成事實，東京幾乎毫無選擇，只能支持他們平定魁儡滿洲國。[26]

關東軍在這個新國家的政治行政與國防上，都扮演著控制角色。隨著關東軍管理了新國家政治經濟發展的方方面面，其指揮官的權力幾乎相當於帝國總督，有權批准或撤銷滿洲國名義皇帝溥儀的任何命令。[27]關東軍總司令同時也兼任日本駐滿洲國（Manchukuo）大使，關東軍對滿洲國政府的控制力可見一斑。[28]

整個一九二〇與一九三〇年代，關東軍是基進「**皇道派**」（**Kadoha／Imperial Way Faction**）的大本營。**皇道派**主張暴力推翻東京憲政政府，以實現所謂的「昭和維新」（Showa Restoration），使天皇成為國家、經濟和社會的實質與極權統治者。**皇道派**與歐洲法西斯主義者的許多反動思想相呼應。它從一九二七年的金融危機、政治極化及**財閥**日漸主宰的經濟政策中汲取力量。正如墨索里尼的法西斯主義者與當代中國軍方，他們的目標是結合國內專制獨裁與積極帝國戰略。[29]雖然從一九二〇年代末期到滿洲事變的高峰點，**皇道派**都主宰了軍事政策制定，但滿州事變後，另一個同樣軍國主義卻主張由東京控制關東軍的對立派系，卻取得主導地位，並於一九三四到一九三六年間清洗**皇道派**軍官。

這段時期內，日本政策制定的主要趨勢，是悄然蔓延的軍國主義挑戰自由民主統治。但推動這一點的，並不是日本的中央集權獨裁，而是政治僵局造成的派系對立，最好的解釋是，這是源於日本晚期工業發展及未完成的民主化的產物。

日本軍國主義之根源及不斷升溫的日美緊張關係

美、日之間升起的衝突，不僅是源於兩者的行為，也源於兩者的本質。此外，急速崛起的日本挑戰了西方對東亞的主導地位，這些因素全都促成敵對與衝突。

在日本方面，晚期工業化孕育出一個致力於跟英、美強大經濟體競爭的強國，後者乃是工業革命的引領者。[30]由於擔心像許多亞洲社會一樣，淪為歐美帝國主義侵略的受害者，日本的軍事組織及工業化與軍事擴張的大戰略，都模仿了普魯士的軍事獨裁體制，引領（另一輪晚期）工業化的動力。然而，日本特有的歷史結構，卻也形塑了分裂及派系分立的政府。

其中一個關鍵因素是對美國石油的依賴。日本工業發展依賴國內的煤炭供應。由於認識到煤炭對工業發展與國家安全的核心重要性，日本政府從封建**藩地**地主手中接管煤炭開採，煤炭成為「日本國家的首要業務」，[31]這是一種統合控制的模式。然而，石油是未來發展的燃料，對現代艦隊及空軍的發展來說特別重要。為此，日本依賴美國（八〇％）及荷屬東印度群島（一〇％）提供石油。一九三四年，日本的《石油工業法》（Petroleum Industry Law）對國內煉油與銷售施以國家控制，並試圖建立六個月的儲備存量（減少外國脅迫的威脅）。[32]美國則成功地阻擋了緊急石油儲備，這對日、美關係產生嚴重而長遠的影響。當美國的石油禁運讓日本毫無選擇，只能對中國採取戰爭或撤退（離開中國）時，也鼓勵了日本政府選擇戰爭。

日本的經濟在其他方面也反映出晚期工業化的狀況。它面臨著當時先進經濟體的激烈競爭，於是以直接及間接的國家補貼與指導，就成了成長的重要因素。與此同時，它也受益於借用或模仿已知的生產技術，讓它能夠快速成長。

日本的高效小型紗線和紡織工業，專門向美國、亞洲和歐洲出口絲綢與其他消費產品。效率極高但回報規模小的行業，如輕製造、絲綢、針織品、自行車、陶器和玩具，既不需要也不希望關稅。它們可以出口到世界市場，也經常依賴來自其他地方的原料。八〇%的日本絲綢出口到美國，八五%的棉織品則出口到中國、印度與荷屬東印度群島。但新興的資本財產業卻面臨相當不同的生產可能。二十世紀初的全球工業競爭是由美國主宰，得益於大規模技術進步、龐大的國內市場與充裕資本。一九二〇及一九三〇年代的外國競爭者，尤其是日、英、德，對此做出兩種回應：生產量低的企業尋求貿易保護以補償高單位成本，而小家庭市場的經濟體則引領企業倡導「擴大帝國及形成貿易集團」。[33]

海外擴張的推動核心在於資本財（機器與重工業）。回報規模大的企業，特別是重資本財領域，最能從國家支持中受益。重工業與農民形成聯盟，支持增加農業關稅，換取農民對一九三一年後形成的貿易集團及帝國擴張的支持，此舉擴大了重工業家追求的市場。

* * * * *

日本控有台灣（一八九五年征服）、滿洲及關東（一九〇六年）與朝鮮（一九一〇年）市場。但在一九二〇年代初期，日本遵循門戶開放貿易政策。[34]從一九二三年開始，日本將朝鮮納入提高的國內關稅區，開始依賴從朝鮮跟台灣進口所需的食品，從滿洲進口煤鐵。對傀儡滿洲國的控制，確保了日本產品的特權，經由「公開與隱藏的優惠」進入市場。[35]因此，溝口敏行（Toshiyuki Mizoguchi）主張：「由於日本的新興大規模工業的單位生產成本仍然較高，使得這些企業難以打入世界市場。因此，它們不得不轉向日本帝國中的特權市場來銷售產品。」[36]日本在一九二六年提高關稅，並在一九三一年再度提高了三五%，以應對世界大蕭條，並開始將其貿易集團發展成一九四〇年隨著戰爭到來的共榮圈（Co-Prosperity Sphere）。[37]凱瑞・切斯（Kerry Chase）總結：「只有透過帝國市場的特權條款，生產者才能克服外國企業的規模優勢。」[38]

大蕭條則更進一步加深日本國家的角色。[39]一九三一年的《重要產業統制法》（Control Law）協助建立了獨占聯盟（cartel）壟斷。加上退出金本位制與大規模財政刺激，產生了一九三〇年代中期的驚人成長率，在一九三三年達到一〇・一%，一九三四年為八・七%，然而世界其他地區卻陷入更深的蕭條。[40]

維持帝國政治經濟的政治，是以**財閥**與軍隊為中心。起初，明治國家培育**財閥**作為組織、促進經濟成長的手段；不意外地，**財閥**很快就開始制定國家政策。日本國會中，將近三〇%的參議院及一二%的眾議院席次，都直接與主要**財閥**有關。[41]金融**財閥**大量投資重工業，並跟投資化工與鋼鐵的**財閥**聯手，領導了帝國派系。**財閥**的重要性在一九三〇年代不斷提升，四大**財閥**直接控制了三〇%以上的日本礦業、化工與金屬工業及將近五〇%的機械與設備市場，相當大數量的外國商業船隊，及七〇%的商業證券交易。

一九三一年後，軍方與極端民族主義意識形態結盟，小農也預備支持他們。軍隊在一九二〇年代迅速壯大，在一九二七年達到三十萬人。跟規模同樣重要的，是它在政府中的影響力。根據明治憲法，戰爭部直接向天皇匯報，而非內閣，部長通常是現役軍官。不意外地，軍費支出穩定成長，軍隊制定自己的政策，正如關東軍經常獨立在東京高級指揮部之外運作一般。[42]儘管一九三〇年倫敦海軍軍備會議（London Naval Conference）劃下限制，日本仍在一九三〇年代發起一系列「丸計畫」（マル計画／Circle Plan），在國際限制之外持續充實海軍。

財閥和軍隊結合起來，共同推動從滿洲進入中國的帝國侵略。[43]兩者都是在明治憲法的法律脈絡下運作，該憲法賦予天皇行使行政權並任命／罷黜政府官員的權利。天皇還有宣戰、議和、簽署條約、解散國會，以及國會未開議時發布命令取代法律的唯一權利。內閣、陸軍及海軍都對天皇負責，而非對國會負責。一組特定聞人組成的非正式團體「**元老**」，則行使實質影響力。國會參議院包括皇室成員、世襲貴族及敕任者。眾議院則由擁有選舉權的男性選舉產生，選舉權在二十世紀初逐步民主化，一九二五年實現了成年男性普選。

實際上，政策很少是由中央指導（即便是天皇本身），更多是在競爭派系之間的相互交換。正如邁爾斯．卡勒（Miles Kahler）與傑克．史奈德（Jack Snyder）分別主張，問題的核心，不是類似墨索里尼法西斯主義國家的中央集權專制軍國主義國家。相反地，以卡勒的話來說：「日本的『國家』仍然是一群不穩定的聯盟，每組主要參與者——軍隊、文官官僚及**財閥**——的內部都存在分歧。」[44]

這意味著國內推動的軍國主義可能有兩個來源。它可以是主要政黨或領導人的利益與意識形態的產物，例如墨索里尼與法西斯主義者；或者它也可以是源於妥協——國際主義民主派系所無法控制且將控制權讓給軍事利益及派系的政體，正如一九二〇年代晚期日本所發生的情況，軍隊接管後，關東軍在一九三一年滿洲事變中由當地入侵中國。在這方面，普丁的個人控制更接近墨索里尼的模式；現代中國的政黨與崛起的軍事政治（部分人士擔心），則可能會跟一九三〇年代日本的軍事政策聯盟有所共鳴。

美國：升級爲戰爭的另一個決定性因素

光是日本本身，並非引發日、美緊張局勢，甚至後來升級為太平洋第二次世界大戰的唯一原因；這一點也反映出二十一世紀新冷戰的多重源頭。此外，這也不意味著緊張競爭必然導致戰爭。一九三〇年代後期還發生更多錯誤，才促使美國實施破壞性的石油制裁，並促使日本在一九四一年十二月攻擊珍珠港。

然而，戰前的緊張局勢確實真實存在且不斷升級，在這方面，美國也扮演了某種角色。一九二〇年代美國對待在美日本移民的種族主義態度，對於發展友好商業與戰略合作的努力來說，是從意識形態上施加沉重的負擔。

經濟的連結本來可以協助維持合作關係。美國對日本的投資主要集中在金融、航運、保險和更廣泛的貿易上。[45] 日本則尋求向美國出口商品，特別是絲綢，並進口被日本視為持續發展所必需的工業品，這反映出各國相對的經濟長項。支持對美貿易的主要機構，是日本的貿易公司與銀行。這些公司在美國紐約與其他主要城市設有辦事處，充當日本企業與美國市場之間的中介。[46] 這段期間，日本對美國的主要出口品是絲綢，並有大型日本貿易公司涉入，特別是三井公司（Mitsui & Co）。[47]事實上，一九二五年絲綢價格達到頂峰時，日本對美國出口的絲織品，相當於日本全部出口額的三七％。[48]另一方面，日本為出口而生產的大多數製成品，則流向亞洲市場。[49]就這些出口與美國市場互動而言，主要的擔心是日本競爭可能將美國製造商擠出這些區域，例如中國。[50]

第一次世界大戰之前，日本的借貸與貿易主要是通過倫敦進行，戰前四十檔外幣計價的日本債券中，有三十二檔在倫敦交易。[51]第一次世界大戰後，日本外貿結算與多數日本主權和準主權貸款則移往紐約。[52]

大蕭條大幅減少對奢侈品的需求，因此日本的絲綢出口在一九二九年後急劇下降。[53]貿易公司雖然試圖在美國引進多種產品，但始終無法為日本製造的商品打造出明確市場，這些商品仍舊多數流向亞洲。[54]一九二〇年代很少見的「排日風潮（Japan-bashing）」，在大蕭條引發的保護主義政治力量影響下，在一九三〇年代逐漸增加。[55]正如我們在當代中、美關係中常見的由於貿易競爭所產生的本土主義敵意的模式，日本是美國市場上最大的棉花買家之一，同時也將大量成衣出口到美國。這引起了「日本產品出口可能會導致美國工人失業」，或「日本偷走亞洲其他國家市場占有率」的政治擔憂。[56]

此外，日本入侵滿洲及退出國際聯盟，標誌著日、美關係的重大變化，也迴盪在兩國貿易關係之中。大蕭條大幅減少美國資助日本政府債務的興趣，而日本對滿洲的侵略，更進一步降低美國銀行借貸給日本政府與企業的意願。[57]

緊張局勢升高的其他來源，在於政策認知。美國對中國實行的門戶開放政策，看來像是促進中國領土完整與政治獨立，不受華府干預的政策。從東京看來，這卻看來像是否定日本享有歐洲人和美國人在非洲、中東、南亞及東南亞擁有的帝國控制權。[58]一些重要的美國政治學家逐漸認定美、日緊張局勢反映出深刻的意識形態與憲法差異。哈洛德·拉斯威爾（Harold Lasswell）在一九三七年秋季提出「要塞國家」的概念，當時他在《中國季刊》（*China Quarterly*）上發表了〈中日危機：要塞國家與平民國家〉一文，探討了中央集權軍事國家與憲政民主之間的不相容。[59]另一種詮釋是由明尼蘇達大學的駐校日本學者哈洛德·奎格利（Harold Quigley）所提出，他的言辭辯解令人想起墨索里尼，也與今日的普丁、甚至習近平有相似之處。他說：「日本的官方信念要求建立一個區域化的世界；每個區域都將自給自足，避免干預其他區域；區域之間的關係將是薄弱的；每個區域內，一個大國將能自由支配較小的鄰國。」[60]在他的觀點裡，日本試圖破壞剛發起的《凱洛格—白里安條約》（Kellogg-Briand Pact）——禁止將戰爭視為國家政策手段，並讓世界政治回到更古老的秩序，各國都有權擴張領土並征服鄰國。[61]奎格利在事情發生之前，即列出了日本後來明確陳述為「共榮圈」的多項政策。

美國對西太平洋的政策存在著根深蒂固的不確定性，也是因素之一。一九二〇年代，美國在政策上從未明確決定，是要指定日本為美國商業、金融和地緣政治利益的合夥伴，以遏制中國的基進民族主義，還是要將保護中國不受日本侵略視為美國利益的關鍵。[62]美國也從未決定，其重要利益是否位於夏威夷與菲律賓一線所界定的西方，還是延伸到中國甚至滿洲。

因此，美國國務卿亨利·史汀生（Henry Stimson）在言辭上以「不承認」滿洲征服來懲罰日本的堅決程度，不下於他破壞國際聯盟對日本實施實質經濟制裁的力道。[63]因此，日本有充分的理由相信，美國既不會是可靠盟友，也不會成為日本對中國與東南亞進一步帝國征服上的嚴重障礙。兩者都是使戰爭更加可能爆發的致命信號。

比較

當前的美、中關係帶有一些第二次世界大戰前，美國與日本之間競爭不斷升級的特徵。幸運的是，兩者間的差異也同樣重要。

就像當代美、中經濟力量平衡一樣，美國的經濟實力明顯超過日本，但在一九二〇跟一九三〇年代中，日本正在迎頭趕上。日本帝國的經濟規模從美國國內生產毛額的一八%增長到三三%（見表七）；同樣值得注意的是，大日本帝國的貢獻比例超過了本土。（此外，當時美國的注意力是分散的；太平洋地區只占一半，其餘注意力則集中在歐洲。）

日本工業的快速增長與西太平洋的海軍競

表七　國內生產毛額比較：美國、日本與日本帝國[64]
（以1990年美元計，以億為單位）

年度	美國	日本	日本本土 加上帝國與滿洲國
1920	5940	950	1110
（占美國國內生產毛額的比例）		（15%）	（18%）
1930	7690	1190	1430
（占美國國內生產毛額的比例）		（15%）	（25%）
1940	9310	2100	3020
（占美國國內生產毛額的比例）		（23%）	（33%）

爭加劇了緊張局勢。日本對於過去與現在受到的帝國和種族侮辱，也都引起了民族憤慨。經濟上的統合集團化，使得剝削中國的門戶開放合作變得特別困難，因為沒有任何商業安排能夠脫離日本陸軍及南滿洲鐵路公司的直接參與。

令人擔憂的是，如今中國的人口規模與經濟增長速度更加驚人，其經濟正以日本無法比擬的速度與美國接軌。中國的一帶一路倡議，作為公私投資的協調措施，以產出國家經濟價值及戰略影響力，也有南滿洲鐵路公司的味道。

但是這些差異也是決定性的。一九三〇年代的緊張局勢，是在大正時期自由憲政日本與資本主義自由美國之間合作十年後才出現。對於一九三〇年代後期那種持續升級的戰爭，核武器構成了巨大阻礙。在美國，沒人認為經濟制裁能遏制中國，正如當年美國認為石油武器可以遏制日本帝國主義一般。在中國，也沒人能夠想像他們對美國本土發動預防性戰爭的打擊，就能迫使美國承認中國在太平洋地區的主宰地位，如同日本戰爭規劃者（十分不智地）於一九四一年對珍珠港發動攻擊一般。

此外，儘管美、中、日都受益於不斷增長的經濟相互依存——一九二〇年代的日本，一九九〇年代與二十一世紀初的中國——但今日美國對中國的直接投資卻更加可觀。當時與今日的國內政治也有所不同。儘管中國未能像一九二〇年代的日本一樣受益於民主妥協，中國軍隊更是民族主義熱情的溫床，中國似乎是個更加一致的實體，不像日本在一九三一年滿洲事變後，政策形塑苦於派系之間的交易。

總的來說，幸運的是，這讓熱戰的可能性降低。這些經濟相互依存的條件也使得冷戰變得更加昂貴，但不一定會降低可能性。若缺乏明智政策與協調改革，中國的成長及統合主義對資本主義發展、獨裁專制對民主政治的系統性差異，都將構成冷戰緊張局勢的肥沃土壤。這些我們將在結論章節裡進一步探討。

第四部

冷和平

美國與俄羅斯、中國之間爆發熱戰的危機是巨大而明顯的。美國擁有近五千五百枚核彈頭；俄羅斯擁有近六千枚；中國則有三百十五枚且數量仍不斷增加。每個軍火庫都具有足夠的破壞性。但下一場戰爭很可能主要是透過網路戰爭的顛覆行動來進行。這三個國家都擁有傑出的網際能力，可以對金融機構、電網跟醫院造成混亂。[1]

此外，我們有時會忘記冷戰的代價有多昂貴。正如導論所言，光是一九四八到一九九〇年間，美國花在國防支出上的成本，就高達十一兆美元（以一九九〇年的美元計）。這是為了對抗蘇聯的支出，當時蘇聯的經濟正在衰退，且是只有美國三分之一大小的國家。倘若現今爆發全面冷戰，中國將是更強大的對手。此外還有因此而無法實現的機會成本，包括應對氣候變遷、縮減全球貧困與保護全球公共健康等機會。這些只是民主對上專制獨裁的冷戰所產生的三項間接性影響。

美國及其盟友，實際上中、俄也是，都需要從冷戰轉向冷和平。[2]正如前文所論述，冷戰是指在沒有「熱」武裝敵對的情況下進行的戰爭，目的是要破壞對方的政治獨立或領土完整。今日，我們需要停火，以共同生存及全球繁榮為名，讓各方放棄顛覆性轉變的作法。說服與批判性辯論仍舊合理。但顛覆性的網路戰爭——也就是針對國內政治機構與重要基礎設施的秘密行動，都必須視為非法武力的形式加以禁止。

俄羅斯入侵烏克蘭的一年前，在慕尼黑安全會議（Munich Security Conference）上，拜登總統似乎已經意識到這個挑戰的範疇。他宣稱：「民主不是偶然。我們必須捍衛它，為它而戰，加強它，更新它。我們必須證明我們的模式不是歷史遺跡；它是振興未來承諾的最佳途徑。如果我們跟民主夥伴共同努力，帶著堅定自信，我相信我們可以應對一切挑戰，並超越所有競爭對手。」[3]

他特別點出與中國的競爭，指出：

「我們必須反擊中國政府的經濟濫用與脅迫，這些行為削弱了國際經濟體系的基礎。每個人——每個人——都必須遵守相同規則。美國及歐洲公司必須向公司治理架構公開披露公司治理的情況，並遵守規則以防止腐敗與壟斷行為。中國公司也須遵守相同標準。我們必須制定規則，管理科技進展以及網際空間、人工智慧及生物技術的行為規範，好讓它們用來提升人類生活，而非用於壓制。我們必須捍衛讓我們實踐這一切可能性的民主價值，並抵抗那些企圖壟斷並讓壓迫正常化的人。」

接著他呼籲美國及盟友「應對來自俄羅斯的威脅」，他說：「克里姆林宮攻擊我們的民主，以腐敗作為武器，試圖破壞我們的治理體系。俄羅斯領導人希望人們認為我們的體系更腐敗，或者跟他們一樣腐敗。但全世界都知道這不是真的，包括俄羅斯人——俄羅斯自己的公民也是如此。普丁試圖削弱歐盟及北約聯盟。他想要破壞跨大西洋團結及我們的決心，因為對克里姆林宮來說，比起跟緊密團結的強大跨大西洋共同體談判，恐嚇威脅個別國家要容易得多。」

俄羅斯入侵烏克蘭後，俄中聯合宣言宣告「無上限夥伴關係」（unlimited partnership）之際[4]，習近平宣布成立「全球安全倡議」（global security initiative）來實踐此一夥伴關係。二〇二二年亞洲博鰲論壇（中國版的達沃斯論壇）的虛擬演說中，習近平描繪了他心中偏好的國際秩序，「人類是不可分割的安全共同體」，並補充說「冷戰思維只會破壞全球和平框架，霸權主義和強權政治只會危害世界和平，集團對抗只會加劇二十一世紀的安全挑戰」。相反地，他聲稱要促進「可持續安全」，捍衛主權、領土完整及不干涉內政，並尊重各國基於獨特社會政治制度的政策選擇。[5]此一願景拒絕了（明顯意指北約擴張）「把本國安全建立在他國不安全的基礎之上」的做法，同樣也拒絕了（意指美國制裁）「濫用單邊制裁和長臂管轄」的行為，造成全球化脫鉤並產生小圈子。

習近平的願景支持普丁，明顯對俄羅斯侵犯烏克蘭主權視而不見。它譴責美國正在構建的民主聯盟，以阻止普丁侵略；習近平宣示對台灣與南海的主權，並企欲在東亞建立有效霸權。這很經典地反映出，崛起挑戰者主張要捍衛現有主權秩序，因為該秩序讓它逐步積累權力。它也挑戰了人權與民主作為普世價值，是所有國家都該努力尊重的概念——除非各國都純粹以自家條件來定義權利跟民主，並排除任何國際評估。

俄羅斯入侵烏克蘭之後，世界的分裂顯然更深刻了。拜登總統也力求避免，我們也都應當努力避免，「回到冷戰時期的反射性對立與僵化集團。競爭不能排擠我們在影響眾人的問題上尋求合作。」因此，世界整體必須合作，應對共同的威脅，如 COVID-19 新冠病毒、氣候變遷與核擴散的議題。但任務卻是愈來愈艱鉅。

也許拜登最重要的教訓是：「在國內重建自由民主的經濟基礎之前，遑論國際安全」。

那麼，可以做些什麼呢？華府與其他首都認為最有可能發生的情境是什麼？有什麼措施可以幫助西方更具有應對中、俄威脅的韌性呢？如何處理最迫切的棘手問題——台灣、克里米亞、網路安全？

而且，若分歧造成的緊張情勢仍舊存在，可以如何緩和，同時動員民主國家之間的合作呢？如何訂下遊戲規則，以確保各方重要利益不受威脅？最終的關鍵訊息是：安全固然面對嚴峻威脅，但可以通過緩和措施作出回應。此外，為了創造更安全的民主世界，得先讓美國民主不受威脅，也不會威脅到世界。

第八章 未來情境

美國的情境

二〇二一年四月二十八日，拜登總統向國會提出「建設美國的藍領藍圖」演說，其中少部分評論提及外交政策。演講內容主要集中在教育、綠色經濟就業及家庭。談到美國外交政策根源時，他說：

「我們的民主能否實現承諾，讓依照上帝形象平等創造出來的我們所有人，都有機會過上有尊嚴、受尊重、有未來的生活？……美國的對手，世界各地的威權主義者，正打賭我們辦不到。我向各位保證，他們正在打賭我們辦不到。他們認為我們充滿怒氣、分裂與暴怒。他們看著暴徒攻擊國會的畫面，並以此為證，說民主的太陽正在西下。但他們錯了。你們知道，我也知道。但我們必須證明他們是錯的。我們必須證明民主仍然有效，我們的政府運作如常，我們能為人民謀福利。」[1]

數週後，他承諾新鬥爭將包括高科技未來的競賽：

「隨著新科技從根本上重塑我們的世界，暴露出病毒軟體、勒索攻擊等漏洞，並創造出侵入式人工智慧監控等威脅，全球民主國家必須共同確保我們的價值——而非威權主義者的利益——將主導這些創新科技的使用與發展。」[2]

同樣重要的二〇二一年陣亡將士紀念日演講中，拜登總統宣布：「我們基於此一信念：所有男人和女人生來平等，我們堅信這些真理不證自明。我們是世上獨一無二的國家。」然後他補充道：「我最近與習主席進行了長達兩個小時的對話，明確告訴他，我們能做的就是在世界各地為人權發聲，那是我們的本性。」此外，「幾週後我會在日內瓦跟普丁總統會面，明確向他表示，我們不會——我們不會袖手旁觀，讓他侵害那些權利。」[3]

最值得強調的兩點是，首先，多數工作都必須從自己家中的民主制度開始。其次，威權主義者是「對手」而非「敵人」。言下之意是，儘管在人權議題上，民主國家與它們存在分歧，提倡不同的市場競爭規則，跟各自志同道合的國家結成聯盟，但民主國家也需要在氣候變遷跟軍備控制等問題上，跟他們找到共識基礎。

美國國家情報委員會列出數項未來選項，定義了新政府的世界觀。《二〇四〇全球趨勢》（*The Global Trends 2040*）研究指出：

「西方民主政府可能將面臨來自中國與俄羅斯，針對西方主導的政治秩序，發起更具攻擊性的挑戰。在民主國家設計並主宰的國際秩序中，中、俄兩國都感到不安，……［相反地它們尋求］基於國家主權的國際秩序，保護它們在國境內及勢力範圍地理區域內的絕對權威。中、俄將思想及意識形態領域視為，可以不動用軍事力量即形成競爭的機會。俄羅斯的目標，是在外國群眾中引發憤世嫉俗的情緒，削弱對機構的信任，推動陰謀論，並在社會中製造分歧。隨著國家和非國家行為者爭奪意識形態與敘事霸權，對數位通訊平台及其他資訊傳播工具的控制，將變得更加關鍵。」4

二〇二二年國家安全戰略總結了美國的立場，指出在這個新興世界裡，「大國之間此刻正在競相形塑下一步」。中華人民共和國（PRC）——「美國最重大的地緣政治挑戰」——「是有意識地想要重塑國際秩序，並且逐漸擁有經濟、外交、軍事與技術實力來實現這一目標的唯一競爭者……（以成為）世界領先大國。」同時，俄羅斯則是「對國際和平穩定的立即性與持久性威脅」，但鑒於它「缺乏中華人民共和國的全方位能力」，美國與中國競爭的同時，將「限制」並管理「俄羅斯構成的嚴重威脅」。美國將透過高度仰賴北約，並建立更靈活的新防禦安排，例如印太四方安全對話（Indo-Pacific Quad），來實現這兩個目標。5

過去可能看似有吸引力的三種地緣政治戰略，此刻都變得不切實際：首先是通過「參與」，將中國及俄羅斯轉變成自由民主國家。[6] 倘若成功，若不能消除，也將大大減少美國在兩大關鍵關係中的國家安全憂慮，提供類似其他自由民主國家（如歐盟）利益共同體的可能。然而，這兩國都在證明自己正在深化且強化專制獨裁制度，而非實現自由化。[7] 其二，則是遏制並限制中國的力量——「確保中國不會成為同儕競爭對手」。[8] 美國幾乎無法限制中國成長（禁運及其他措施），而不損及自身、東亞及歐洲關鍵盟友的經濟。此外，試圖限制一個仍在努力克服歷史貧困的國家成長，這行為本身就極為挑釁。俄羅斯的戰略實力與中國的長期發展，都不可能憑空消失。相對地，美國與自由盟友需要制定策略，應對這個已經浮現的世界。

第三則是孤立主義。孤立主義是民主國家長久以來面對的誘惑，民主國家通常將自家公民利益置於外國人之上，有時甚至希望後者自己消失。但今日，我們生活在一個難以脫離的相互連結的世界裡，被氣候變遷、疫病大流行及地緣戰略脆弱性連在一起。在遙遠的過往，兩大洋是美國的堡壘。今日，自第二次世界大戰以來，它們已不再具有這種保護作用。小羅斯福在一九四五年的國情諮文演說中，提出美國宏偉戰略的前景，言猶在耳，令人信服。他知道儘管勝利即將到來，但僅靠勝利並無法實現戰爭所爭取的重要目標。他提醒大眾：「上一次戰爭後的幻滅感中，我們寧願接受國際無政府狀態，也不願意跟那些與我們看法不盡相同的國家合作。我們放棄逐步實現更好的和平的希望，因為我們缺乏勇氣，在確實不完美的世界中履行我們的責任。我們不能讓這種情況重演，否則我們將再次走上同樣的悲劇道路。」冷戰結束的時候，我們假設其他國家的想法或聲稱的想法跟我們非常接近，因此不需要努力建構合作。但是現在我們知道那是個錯誤。該是時候，仿效羅斯福在一九四五年提出的最佳計畫，構建一個能在競爭者（可能也是對手）之間達成合作的世界。

在地緣政治競爭的世界中，美國戰略規劃者列出五種情境，其中只有兩種看似積極可行。三種消極情境包含隨著全球合作惡化，中國成為領先國家（「漸行漸遠的世界」）；全球化分解成敵對的區域集團（「分隔穀倉」）；以及全球環境危機引起革命性變化，可能由倖存的中國、歐盟與聯合國領導（「悲劇與動員」），而美國則衰敗。兩種積極情境則包含中、美分割領導的世界繁榮發展（「競爭共存」）；以及最後一種，也是拜登政府各項宣言中最喜愛並有共鳴的，即美國領導民主復興的世界（「民主復興」）。

「民主復興」建立在「美國和其他民主社會的公私合作夥伴關係促進科技快速進步」之上，進而轉變「全球經濟，提升收入，並改善全球數百萬人的生活品質」。「相較之下，中國與俄羅斯多年來強化的社會控制和監控則壓制創新。」[9]

「競爭共存」呈現一種可接受的雙極穩定願景，但也預設了國內將會進行重大變革及全球競爭走向穩定。它預見由美、中領導的世界經濟迅速增長，兩國恢復「蓬勃貿易關係」，但在「政治影響力、治理模式、科技掌控及戰略優勢方面（競爭）。主要戰爭的風險較低，國際合作與科技創新使得全球問題可控」。在這方面，美國和北約在微軟公司 Exchange 駭客事件後，譴責了中國的「惡意網路活動」，並呼籲中國尊重「國際承諾與義務，在國際體系中負責行事，包括網路網路在內。」

「競爭共存」這種形式，最接近我提倡的冷和平。在下一章中，我將概述為了穩定冷和平還需要採取更多作為。

中國的情境

從毛澤東時代以來，中國對未來的願景，就同時包含妥協主義與對抗主義；前者體現在「和平崛起」的原則，後者則被評論家標籤為「戰狼外交」。[10]第二次世界大戰後，以國際規則為基礎的秩序對中國非常有利。這包含WTO多邊主義及全球超級大國平起平坐，這體現在聯合國安理會中，中國是擁有否決權的永久成員。前者開放了最惠國無歧視的貿易機會，讓中國擁有其他WTO成員都能享有的貿易機會；後者則讓中國平等取得安理會集體壟斷非防禦性武力之合法權力。但正如前文所述，中國和習近平認為世界充滿敵意，這部分源自「百年恥辱」，也來自以緊張局勢換取國內支持的內部驅力。價值一百億美元的中國宣傳投資裡，充斥著敵意修辭，目標是推動「戰狼」式攻擊評論。[11]但中國最深刻的擔憂是，美國及其盟友將中國的統合主義，包含產業間諜、威權統治與人權侵害行為，視為中國政權非法的理由。前總統川普等人的荒謬言論更加劇這些恐懼，例如川普呼籲對中國商品徵收百分之百的關稅，取消債務，並要求十兆美元彌補COVID-19新冠病毒造成的損失。[12]

習近平本人在二〇二一年的一場國際論壇上宣布，中國致力於「以聯合國為中心的多邊體系」這種基於國際法的體系，但須由各大國自行詮釋。「不能把一個或幾個國家制定的規則強加於人。」在經濟全球化時代，開放與整合是「不可阻擋的歷史趨勢」。冷戰式對抗是不可取的：「摒棄冷戰思維和零和博弈，反對任何形式的『新冷戰』和意識形態對抗。」習近平更在二〇二一年四月二十日的博鰲論壇主旨演講中說：「同舟共濟克時艱，命運與共創未來」是中國的展望。[13]

然而這種謙虛包容表現的背後，其實是更為對抗的態度，這主要是在面對中國內部。中國在最初成功應對 COVID-19 新冠病毒並鎮壓整合香港之後，習近平宣稱「東昇西降」。他在閉門會議裡警告黨內官員：「美國是我國發展與安全的最大威脅」。[14]

二〇二二年十月的第二十次全國代表大會上，習近平進一步強調，他認為美國對中國「民族復興」構成的威脅。他列舉「滲透、破壞、顛覆與分裂活動」以及「勒索、封鎖、圍堵及對中國施加極大壓力的外部企圖」。[15]

主要分歧大概就在於公部門在經濟交易中的角色以及人權。西方要求中國尊重廣受認可的人權並賦予維吾爾人這些人權，同時承認香港和台灣的政治權利，這些都跟中國無限制主權的要求相衝突。內部批評者，如叛逃者（暨前中國共產黨思想家）蔡霞，質疑中共的政治影響力，她說：「中共空有餓龍的野心，卻是紙老虎的內裡。」[16]西方專家也指出，從年輕人對中共教條缺乏熱情，可見潛在的政治弱點。儘管如此，中國對香港及南海的侵略舉措，在中國國內廣受歡迎。國家榮耀與經濟繁榮繼續支撐著雄心勃勃的議程，習近平似乎決心要保持中國崛起，至少要求與美國平起平坐，最高程度上要求東亞區域霸權及全球領導地位。[17]

普丁的俄羅斯復興

跟習近平一樣，普丁也表示他希望改善莫斯科與華府的關係，但美國卻想要「阻止」俄羅斯的發展。「我們需要找到解決兩國關係的辦法，現在的關係極為低迷，」普丁在聖彼德堡國際經濟論壇（Saint Petersburg International Economic Forum）上說。「但是……他們想要阻止我們的發展，他們公開談論此事。」[18]雖然普丁將自己描繪成被動防禦，但他還另外採取了侵略性的行動，例如針對美國選舉進行網路破壞，為西方的勒索病毒軟體攻擊提供掩護，入侵烏克蘭，並對鄰國發動網路間諜及顛覆行動。他的部分言辭也是極具挑釁意味，而非妥協，比如他將美國國會大廈發生的暴動事件，跟納瓦尼遭企圖暗殺而掀起的俄羅斯政治示威行動相提並論。總體而言，普丁跟習近平一樣，都試圖透過外交平等跟外交政變，來提升俄羅斯的崇高地位，例如在支持敘利亞阿薩德總統的成功軍事干預，以及介入亞美尼亞與亞塞拜然的爭端。比起美國介入敘利亞跟阿富汗的作為，普丁這兩件事都有驚人的成功。事實上，入侵烏克蘭是普丁的首次重大冒險，除非他能說服俄羅斯大眾他取得了軍事「勝利」，同時北約的新團結（且有芬蘭、瑞典加入北約）無關緊要，否則入侵烏克蘭此舉可能會帶來毀滅性後果。

因此，三個大國各自走上截然不同且潛在對抗的軌道。然而，沒人聲稱要尋求冷戰。拜登在二〇二一年與普丁的峰會上特別明確表示這一點：「這不是『坤巴亞』（Kumbaya）時刻（譯註：天真期待和平和諧的嘲諷之意）……但顯然我們若進入新冷戰局面，不論對貴國還是我國來說，都不符合任何人的利益。」[19]

同樣地，二〇二〇年訪問巴黎時，中國外交部長王毅，抱怨美國一直在「脅迫其他國家站隊」並煽動衝突的同時，也表示：「中方從來不想跟任何人打『新冷戰』」。[20]拜登總統在二〇二一年的聯合國大會演講中再次承諾：「我們不尋求新冷戰，或分裂成僵硬陣營的世界。」[21]但隨後他宣布捍衛「所有人的普世權利」是「我們國家的基因」，並點出中國在新疆（維吾爾人居住區域）的壓迫及俄羅斯對車臣的無情殘暴統治，是權利侵害的案例。幾天後，中國以一份〈美國干預香港事務、支持反中亂港勢力事實清單〉回應，稱這份清單是美國「嚴重干涉香港事務」的「罪證簿」，並稱美國為「邪惡的幕後黑手」。[22]

明顯地，儘管雙方都不想發生冷戰，卻也都視彼此為威脅，將會影響自己創造出民主或專制的安全世界。

冷戰中的合作

值得回顧的是，「冷戰」並不排除合作。對於合作來說，它確實是個挑戰也是限制，通常會讓合作水平遠低於最佳情況。即便在美、蘇之間極端緊張的情況下，在既是地緣政治又是意識形態的競爭中，還是達成了合作。

美國發展出原子彈，並在一九四五年使用於日本廣島及長崎兩座城市，蘇聯隨後也發展出核能力，導致兩大國之間的緊張局勢升溫。美、蘇之間的軍備競賽，似乎使得核毀滅的威脅無法避免。冷戰初期有各種嘗試控制核能力的努力，如巴魯克計畫（Baruch Plan，建立一個超國家治理機構，壟斷管理核能源並有權進行侵入式檢查的計畫）。不意外地，這個雄心勃勃的全球管理計畫失敗了。後來，《部分禁止核試驗條約》（Limited Test Ban Treaty，禁止在大氣、海洋與太空進行核試驗的一九六三年條約）標誌著往有限度合作邁出了積極的一步。[23]然而，在管控核能力上真正成功的國際作為，是一九六九至一九七二年的戰略武器限制談判（Strategic Arms Limitation Talks，簡稱SALT）及隨後的《限制戰略武器條約》（Strategic Arms Limitation Treaties，簡稱SALT I及SALT II）。儘管美國由於蘇聯入侵阿富汗，而從未批准《第二階段限制戰略武器條約》[24]，然而《第一階段限制戰略武器條約》後來證明是成功的軍備控制手段。

與其試圖降低核能力（這在當時看似不可能），《第一階段限制戰略武器條約》的重點在於減緩核武器儲備的成長速度，最終目標是停止成長。美、蘇兩國於一九七二年簽署的

《第一階段限制戰略武器條約》包含兩項協定：《反彈道飛彈條約》（Anti-Ballistic Missile Treaty）及《臨時協定》（Interim Agreement）。在《反彈道飛彈條約》（ABM）中，雙方同意不建造對抗核攻擊的國家防禦系統，但允許雙方各擁有兩處部署地點。[25]《臨時協定》存在許多缺漏，但它仍然將洲際彈道飛彈及潛射彈道飛彈的數量限制在現有水準五年，同時進行後續條約的談判。[26]

許多人認為《反彈道飛彈條約》是確保相互毀滅的戰略，它將政治環境的現實轉化成法律條文。美國的彈道飛彈系統效果不顯、造價昂貴且無法獲得參議院支持。蘇聯彈道飛彈系統的效能甚至更有限，很可能在技術競賽中輸給美國。[27]因此，締約雙方早已有同意條約的誘因，同時他們也傾向同意此條約。

這說明了，即便處在生存衝突的情況下，也不會排除有限且議題集中的合作。[28]美蘇軍備控制顯示，將談判重點放在雙方對穩定與威懾的渴望上，限制核武儲備的增長速度而非減少核能力，並凸顯出對彼此的依賴（避免在不斷增長的軍備競賽中不合作，導致雙方都深切不安的局面），合作可以克服敵對與意識形態上的反感。其他領域的合作則包含部分聯合國的維和行動，當時兩個超級大國都不希望衝突升級（如中東、印巴以及某段時間的剛果）。

今日新冷戰浮現的特徵沒那麼極端，給合作帶來一些樂觀盼望。然而因為相互依存度更高的關係，賭注自然也會提高。

第九章
通向冷和平的四座橋梁

為了避免冷戰全面爆發，我們需要在三大國分歧的關鍵問題上，找出合理的妥協條件，然後確保美國能夠實施一套審慎的冷和平宏觀戰略。我們首先看看要採取哪些措施，為美國民主創造更安全的世界，轉而再考慮要採取哪些措施，讓美國的民主對世界來說更為安全。

共同命運：氣候

第一座橋梁，是透過跟中國合作，在緩解氣候變遷方面取得進展的必要性跟機會。儘管未獲解決的氣候變遷議題個別產生的效應也許看似很小[1]，但營養不良、澇旱災害、海平面上升與內部衝突等綜合起來的效應，從二〇三〇到二〇五〇年間，每年流失的生命數量將達到二十五萬人。這一切導致《刺胳針》期刊（*The Lancet*）下了個結論：「氣候變遷是二十一世紀最大的全球健康威脅。」[2]

如今，中國排放的二氧化碳量達到一百億噸，美國為五十億噸，印度則是二十五億噸，這點出了美國跟印度、中國合作解決氣候變遷問題至關重要。這絕非都是中國的問題。美國的人均排放量為十六噸，中國只有七噸。而且，從歷史上看，美國和歐洲排放的二氧化碳總量，超過全球二氧化碳存量的一半，中國卻不到一四％。[3]

從經濟成本的角度來看，新研究顯示，如果當前趨勢持續下去，全球暖化的總成本將高達國內生產毛額的三・六％。光是全球暖化的四種效應——颶風災害損失、房地產損失、能源成本及水成本——都是有代價的，占美國國內生產毛額的一・八％，或者到了二一〇〇年，將近每年一兆九千億美元（以今日的美元計）。[4] 長期成本當然取決於溫度升高的嚴重程度。若溫度比工業化前的暖化升幅高出攝氏兩度的情況下，二〇八〇至二〇九九年時，美國的年損失將相當於國內生產毛額的〇．五%。但如果全球溫度上升達到攝氏四度，年損失將約為國內生產毛額的二%。死亡率升高，加上勞動力供應、能源需求及農業生產的變化，都是推動這些效應逐漸強化的特別重要因素。[5]

氣候特使約翰．凱瑞（John Kerry）正在進行談判，尋找合作途徑來達成、發展巴黎氣候標準；繼川普否定之後，拜登政府重新肯定了巴黎氣候標準。二〇二一年四月的會議上，中、美承諾合作「強化巴黎協定的執行」。[6] 中國承諾採取十一項針對性措施來減緩氣候變遷（「工業去碳化」、投資「能源效益高的建築」等等），並在巴黎協定下促進多邊合作。相互依賴是明顯的：倘若中國的十四億人持續依賴煤炭與化石燃料，其他地方設計的氣候限制將起不了作用。倘若美國與歐洲不採取重大步驟，限制自己的影響，並投資更乾淨的全球經濟，它們過往工業化對全球造成的負擔將是難以承受的。

雖然如此，情勢很快就清楚了，儘管美國尋求進行重大改革，包括減少中國對煤礦及化石燃料的依賴，但中國卻要求美國做更廣泛的妥協。中國外交部長王毅呼籲美國停止將中國視為「威脅及對手」。在中國眼中，氣候變遷跟更大的地緣政治環境「無法切割」。他補充說：「美國希望將氣候議題的合作，轉化為美、中關係的綠洲，但如果綠洲被沙漠包圍，它遲早也會被拋棄。」[7]

氣候若要永續，合作必不可少。但氣候合作措施本身並不足以避免冷戰。事實上，若相信王毅部長的話，減少冷戰緊張局勢是成功合作應對氣候變遷的先決條件。

因此，政治家們還需要解決衝突背後的驅動因素。克里米亞、台灣與網路衝突，是當今對抗的三支軸心。這些問題都無法單純以滿足美國、俄羅斯或中國的利益或原則的方式，來獲得完全解決。每個問題都需要做出重大妥協；次優選擇的合理性，在於它勝過全面爆發的冷戰衝突。幸運的是，有些潛在妥協，可以讓各方減少緊張局勢，並以有助於實現冷和平的前提來管理這些問題。

克里米亞與烏克蘭

通向冷和平的第二座橋梁，是俄羅斯入侵烏克蘭的談判解決方案。二〇一四年「小綠人」（俄羅斯士兵偽裝成平民）入侵克里米亞，不僅對烏克蘭造成深刻危機感，還對美、歐與普丁俄羅斯的關係產生嚴重影響。該衝突象徵了冷戰緊張局勢升高的核心中，利益與原則衝突的混合體。俄羅斯這次干預是非法的，明顯破壞烏克蘭的領土完整，因為俄羅斯占領並併吞了克里米亞，接著向烏克蘭東部派兵，違反了聯合國憲章第二條第四款關於使用武力破壞「領土完整」的規定。

此舉是對於國際規範嚴重的侵門踏戶，因為烏克蘭是以放棄蘇聯時代的核武，作為獲得國際認可主權的條件之一。國際社會對其自願放棄核武器表示認可與讚賞，國家安全看似也因此獲得保障。

另一方面，自決則是全球合法性的競爭原則，克里米亞的俄裔族群據說希望與俄羅斯統一。實務上，自決被限制在「外部」、「海外」範疇（前殖民地，遠離母國的海外地區），而非反抗中央政府的「內部」叛亂。[8] 當國際法院有機會裁定科索沃獨立的合法性時，它卻迴避了這個機會，支持純粹程序性裁決。儘管如此，科索沃與東帝汶的政治先例仍舊有所影響。蘇聯與俄羅斯帝國撤退後，烏克蘭與波羅的海地區的俄羅斯人就成了「被遺棄的僑民」（遺留在後殖民國家的相同族裔），[9]就像東歐的德國人及南非的白人屯墾者一樣，被撤退的帝國所拋棄。但烏克蘭的俄羅斯裔卻有普丁準備支持他們的追求與訴求。

普丁本人為了占領克里米亞及干預烏克蘭東部的頓巴斯地區，一再重複的理由，都是烏克蘭有朝一日想要加入北約，對俄羅斯構成「直接威脅」。[10]其他人則對北約坦克可能越過烏俄邊境表示懷疑，指出政變可以滿足俄羅斯大眾重新統一，並「返還」遭蘇聯遺棄之俄裔同胞的深刻心願，同時還替普丁及其盟友，贏得一場獲得國內政治共鳴的全球軍事政變。普丁輕鬆解釋說：「在人們腦中跟心裡，克里米亞一直是俄羅斯的一部分。」[11]《新明斯克協議》（Minsk II Protocol，二〇一五年）為俄羅斯、烏克蘭及頓巴斯不安定的少數族群之間劃下妥協原則。[12]不幸的是，許多提議相互矛盾，例如承認烏克蘭主權與頓巴斯的獨立地位，但更多提議卻遭到忽視，以至於很少人認為這份協議能構成穩定的和平基礎。

二〇二二年俄羅斯入侵烏克蘭，使得原本可以走向冷和平的妥協安排，變得極為困難。現在，一切都取決於戰爭結果。兩種最不可能發生的情境是：首先，俄羅斯獲勝，在烏克蘭實現「去納粹化」，並強硬建立一個俄羅斯傀儡政權。不過基輔的成功防禦似乎已排除了此種可能。其次，烏克蘭武裝解放烏克蘭東部及克里米亞；但面對規模更龐大且裝備更精良的俄羅斯軍隊，加上頓巴斯與克里米亞地區親俄人口的支持，這一點同樣也看似不太可能。

當前（二〇二二年十月）俄羅斯的軍事目標，是征服東部邊境地區，通過馬里波（Mariupol）將頓巴斯與克里米亞連接起來，以及黑海南部邊境，將俄羅斯占領的東部省份與莫爾多瓦親俄分離的德涅斯特河流域（Transnistria）連接起來。[13]東部的征服將為俄羅斯提供一條重要陸橋，穩固克里米亞，為克里米亞提供淡水，並吸收東部富饒的工業產能及油氣儲備。南方的征服將切斷烏克蘭與黑海的聯繫，同時提供一條通道保護德涅斯特河流域。目前無法確定俄羅斯是否能成功完成這兩場戰役。二〇二二年八月，烏克蘭發動一場反攻，解放了南部的赫爾松（Kherson）與東北方的哈爾科夫（Kkarkiv）周邊地區。

在這兩種情況下，最有可能的情境都是僵局。俄羅斯將保留東部的部分征服領土，烏克蘭也會存活下來，拒絕承認征服，並對占領烏克蘭東部的俄羅斯軍隊造成實質性的持續傷害。倘若此種情境成真，最有可能的結果不是和平，而是停火協定（停止戰鬥的協定）。如此，烏克蘭的結果將會導致如同冷戰時期東西德與南北韓分裂（仍然分裂中）等令人遺憾的停戰。

我們是否還能設想一些建立冷和平的妥協，允許俄羅斯與西方之間出現合作元素？烏克蘭有強烈動機進行妥協，取回部分失去的領土。俄羅斯在戰場上及北約領導的經濟制裁中，都遭受打擊。俄羅斯經濟正在經歷一五％的通貨膨脹，商店與工廠普遍出現短缺，二〇二二年總體經濟可能縮減近一〇％。[14]但這主要傷害的是俄羅斯人民，而不是普丁或他的寡頭朋友。事實上，由於制裁導致石油價格上漲，再加上銷往中國與印度的量，二〇二二年俄羅斯國家石油收入還比二〇二一年**增加了**三八％。[15]正如法立德·札卡利亞（Fareed Zakaria）深具說服力地指出，更有效的石油與天然氣制裁方案才可能會撼動它。俄羅斯石油和天然氣對歐洲與德國至為重要，而每桶超過一百美元的世界天然氣價格，正使聯盟陷入困境；因此，為了切斷這個水龍頭，美國及盟國需要說服沙烏地阿拉伯的油井增產，以取代俄羅斯的石油跟天然氣。這需要困難的政治妥協，包括更堅決支持沙烏地阿拉伯對抗伊朗，並迴避穆罕默德·本·薩爾曼（Mohammed bin Salman）據傳處決沙烏地阿拉伯記者賈瑪爾・卡紹吉（Jamal Khashoggi）的事件。16

由於妥協之外最有可能的替代方案，就是繼續全面戰爭，加上民主—專制冷戰持續上升的額外成本，這將破壞許多其他領域急需的合作。因此即便不完美，某種能夠提升合法性與穩定性的妥協，明顯值得一試。任何妥協措施都應該由烏克蘭主導。烏克蘭不會也不該指導北約政策，但跟俄羅斯的談判不該跳過烏克蘭，而該遵循「烏克蘭事不該跳過烏克蘭」（nothing about Ukraine, without Ukraine）的原則。普遍停火之後，經過談判的和平可能會看來像是以下情境，各方為了達成緩和局勢，都放棄一些利益：

一、俄羅斯最大的合法收穫，也是烏克蘭最大的成本，將是割讓克里米亞，前提是能夠合法確認克里米亞人的意願。聯合國安理會以十三票對一票（俄羅斯投否決票），中國棄權，正確地譴責了占領行動。聯合國大會以一百票贊成、十一票反對、五十八票棄權，譴責了俄羅斯在二〇一四年組織的克里米亞公投。聯合國人權事務助理秘書長伊凡・西蒙諾維奇（Ivan Simonovic）如此描述俄羅斯進行的克里米亞公投的嚴重缺陷：「公投之前的媒體操縱，明顯造成恐懼不安的氛圍，而民兵與所謂的自衛團體，以及身著制服卻無軍徽的士兵在場，並不利於選民自由行使發表意見及言論自由的權利。」[17]然而，就在二〇二一年，民意調查顯示絕大多數居民（八〇%左右）傾向與俄羅斯統一。五八%的克里米亞人口是俄裔，二四%為烏克蘭裔，一二%為韃靼人，還有八%的其他族群。即便烏克蘭有能力為之，以武力統一克里米亞在今日將是錯誤之舉，破壞自決，並造成難以想像的傷亡。

因此，解決方案的第一步將是由歐洲安全與合作組織（Organization for Security and Cooperation in Europe，簡稱ＯＳＣＥ）會同聯合國舉行由國際監督的統一公投。克里米亞人會獲得加入俄羅斯或烏克蘭的選項，烏克蘭也要準備接受可能的結果。[18]俄羅斯將承諾尊重，由歐洲安全與合作組織監測少數族群的財產權與教育權情況。

二、方案的第二部分將解決頓巴斯地區的相關問題，俄羅斯人在此是明顯少數，但一直被俄羅斯以武力干預。頓巴斯地區由頓涅茨克（Donetsk）與盧甘斯克（Luhansk）組成，分別擁有三八%與三九%的俄裔人口。頓巴斯地區將歸還烏克蘭，烏克蘭是《新明斯克協議》中名義上的主權國。[19]在此新的理解下，俄羅斯將撤回所有軍隊及民兵盟友手中的所有重武器。烏克蘭軍隊將返回俄烏之間的國際邊界。烏克蘭將承諾落實少數族群的財產權、教育權及地方自治政府（正如當前提出將在烏克蘭全境實施的措施）。為了在接下來十年內監督實地落實情況，必須確保歐洲安全與合作組織能夠進入當地。

三、歐盟及北約將承諾支持這兩份領土安排。此外，為了建立支持和平的防線，烏、俄雙方都必須將重武器（坦克及火炮）從共同邊界後撤五十英哩。烏克蘭將重啟供應克里米亞水源的北克里米亞運河。（缺乏來自第聶伯河 [Dnieper River] 的水，克里米亞的可耕地從二〇一三年的十三萬公頃（已經只剩蘇聯時代的一小部分），縮減到二〇一七年的一萬四千公頃。[20]俄羅斯將同意不以輸送烏克蘭的天然氣為武器（三七%的烏克蘭天然氣仰賴俄羅斯進口），保持穩定輸送量，並賠償給烏克蘭減少的數量。[21]俄羅斯還將同意不再重複二〇一五年對烏克蘭電網的網路攻擊，該次攻擊對烏克蘭公共電力體系幾乎造成災難性危機。[22]美國及歐洲將解除對俄羅斯的經濟制裁，特別是跟俄羅斯入侵烏克蘭相關的制裁。烏克蘭、俄羅斯及北約需要建立一個賠償委員會，評估烏克蘭的民眾和民用建築的損害，並安排由俄羅斯支付賠償。最後這三項安排將嵌入一套更廣泛的規範天然氣輸送及普遍緩和措施的俄羅斯協議之中，如下所述。

四、方案的第四部分將把烏克蘭和平納入俄羅斯、北約與歐盟之間一個更廣泛的緩和框架之中。更廣泛的框架將建立在拜登政府於二〇二一年啟動的倡議之上，倡議將《新削減戰略武器條約》（New START）的核武談判延長五年，以發展更廣泛協議的條款。[23]此時，除非德國與歐洲的天然氣備用供應來源能獲得確保，讓兩者不會再度受制於俄羅斯的經濟脅迫，否則此刻恢復從俄羅斯輸送天然氣到德國的北溪二號管道，將是不明智之舉。[24]

五、據說普丁還希望通過俄羅斯與北約的協議，將烏克蘭「中立化」，兩者都不會將聯盟進一步延伸到東歐，並承認這些國家的「永久中立」。[25]我們必須記住，參與聯盟與否是個主權決定。烏克蘭可以選擇保持中立；北約可以拒絕接納烏克蘭。然而，若是由俄羅斯堅持要求烏克蘭保持中立，那麼它就是正試圖強迫建立一個「保護國」，這應該被拒絕。但北約也該考慮到，過去烏克蘭因為缺乏穩定民主，讓它無法成為好的候選成員。同時基於烏、俄兩國地理上如此之近，它對聯盟安全來說，更像是戰略負擔而非資產。因此，若俄羅斯能提出可靠承諾，不試圖破壞烏克蘭的穩定並踐履這些承諾，北約是可以宣布在此期間，不接受烏克蘭成為成員。

倘若這些更廣泛的緩和情勢步驟得以成功，並伴隨著後文網路安全討論中提出的，恢復對國際政治獨立及最低禮儀的尊重，那麼真正恢復正常、可預測關係的大門將會敞開，包括解除制裁在內。畢竟，這正是俄羅斯、歐洲及美國都聲稱他們想要的結果。

台灣與中國

通往冷和平的第三座橋梁，是跟中國達成情勢緩和。美國與中國的關係跟俄羅斯與北約之間的關係比較起來，既有相似之處，又有區別。相似之處在於，統合民族主義式獨裁體制對自由資本主義式民主體制帶來的問題。區別則反映在中國的規模上，中國的國內生產毛額幾乎是俄羅斯的十倍，而中國一直以來專注於發展，擁有的核彈頭數量幾乎不到俄羅斯（或美國）的二十分之一。以蘭德公司的簡潔措辭來說，中國是競爭對手，而非流氓；俄羅斯是流氓，而非競爭對手。[26]俄羅斯擾亂自由國際秩序；中國則在其中茁壯，並威脅要取而代之。

但如先前所論，美、中之間陷入冷戰式敵對關係，是真實存在的危機。中國透過各種人工島嶼，以「九段線」主張宣稱對南海擁有主權，引起緊張對峙（此一主張遭國際海洋法法庭 [Law of the Sea Tribunal] 拒絕）。中國跟日本爭奪釣魚台／尖閣諸島的所有權；跟印度爭執西藏邊界；跟美國則是在網路間諜與技術竊取方面發生衝突（稍後討論）。然而，這段緊張關係中最危險的火種，或許將是台灣——合法性與地緣戰略問題的棘手組合。

台灣在法律上跟地緣政治上，與克里米亞完全相反。克里米亞仍是烏克蘭的合法領土，此刻由俄羅斯統治，明顯獲得大多數克里米亞人的自決支持。台灣被「認知」（acknowledge）為「一個中國」的一部分，卻由台灣的自決人口所統治。與美國對烏克蘭和克里米亞的政策相反，美國在法律上「承認」（recognize）「一個中國」，並「認知」中國主張台灣的所有權，但通過維持非正式關係，支持有效的台灣自主。[27]

十六、十七世紀，當台灣還是荷蘭東印度公司的貿易前哨站時，漢人開始在台灣定居，並逐漸取代當地原住民。一六八三年中國清朝征服這座島嶼後，又於一八九五年將該島割讓給日本，由日本所有直到一九四五年。一九四九年蔣介石的中華民國軍隊於中國內戰敗北，撤出大陸，帶來了近兩百萬「外省人」，成為島上國民黨統治者的核心。國民黨內於一九八七年首度展開「本土化」，然後因國民黨內意見不同，分裂成兩派。隨後，台灣政壇是由支持與中國統一的國民黨與支持獨立的民進黨相互競爭，一路至今。二〇二二年時，是由第二次取得政權的民進黨治理台灣。冷戰期間的美國政策宣揚一種奇異的虛構，即國民黨統治下的台灣就是統治全中國的「一個中國」，並擁有聯合國安理會的永久中國席次。一九七一年，台灣失去了聯合國永久席次，改由中國接手。一九七二年，美國在《上海公報》（Shanghai Communiqué）中改變政策，並於一九七九年由卡特總統承認中國為唯一的中國，使台灣降級為非正式地位，失去外交承認。美國國會以《台灣關係法》（Taiwan Relations Act）做出回應，該法案設立了一個取代大使館的「機構」，並開啟了美國對中國不使用武力奪取台灣，但可試圖說服該島統一的理解。然而中國從未放棄武力統一，事實上，習近平承諾要在中國共產革命一百週年之際，亦即二〇四九年時實現統一。儘管存在著武裝危機，目前為止，中國追求的是以外交孤立台灣，而非武裝入侵。[28]

台灣是新冷戰合法性衝突的典型體現：實質上獨立之台灣人民的自主決定，對上中國基於百年殖民羞辱記憶的主權主張。然而衝突不僅於此。正如前幾章所述，中、美之間正就維吾爾族文化滅絕、中國對南海超乎尋常的主權主張、網路安全與產業間諜等物質衝突（後文詳述），及世界該更接受民主還是專制等廣泛爭端相持不下。

我們無法預見總體共管或穩定的國際秩序是否會到來，但就像俄羅斯的案例一樣，我們可以想像實用妥協的輪廓樣態，這將大幅提升在全球公共領域進行必要合作的可能性，而氣候變遷與全球疫情大流行則是其中的核心。

我們若假設美國在西太平洋的主要戰略利益，是保護主要盟友，保持海上通道開放，並避免對民主台灣的侵略，那麼美國應該會願意妥協。倘若我們假設中國的主要利益是避免戰爭，維持區域海域安全，領土完整原則，經濟成長及區域領袖的國家聲望，那麼它也應該願意妥協。我們還可以假設，美、中甚至都希望能避免對抗將對全球經濟帶來的成本；根據日經亞洲（Nikkei Asia）估計，中國入侵台灣後，倘若對中國實施相當於對俄制裁的規模，成本將達到兩兆六千億美元。

羅伯特．布萊克威爾（Robert D. Blackwill）與菲利浦．澤利科（Philip Zelikow）針對美國對台戰略，提出一套合理條件，由三條準則形塑：（一）「聲明我們不試圖改變台灣的地位；（二）與我們的盟友（尤其是日本）合作制定新計畫，挑戰中國對台灣的軍事行動，並協助台灣自衛，但將擴大戰爭的負擔歸於中國；以及（三）預先提出可見計畫，以因應戰爭擴大後可能出現的混亂與動員，但不假定這類戰爭會且應該升級到中國、日本或美國本土。」[29]

實現這套戰略的一組妥協可能如下：

一、中國和美國共同公開承認台灣領土地位的「建設性模糊」——亦即雖是中國的一部分，卻保持自治。同時加上明確保證，只要台灣不宣布獨立，中國將不使用武力統一台灣。

二、將特定協議區域界定為禁止軍事活動區域，以確保海上及空中安全。為了降低意外軍事衝突的機會，美國、中國和台灣將禁止海軍船艦及軍用飛機進入台灣海峽，台灣海峽為台灣與中國大陸之間的分界線。同時承認商船和民航機有權將該水道視為國際通道。[30]

三、若上述建立信心的武器控制安排失敗，作為替代方案，美國將協助台灣取得防禦性武器（反艦飛彈、水雷、便攜式地對空飛彈），並協助台灣建立民防體系。[31]這比起在區域內建立嚇阻中國艦隊的美國海軍力量要可信得多（中國艦隊在距離上具有顯著優勢）。保護台灣離島幾乎是不可能的事。相反地，二〇二一年一項戰爭模擬分析提出，「由於捍衛東沙之類偏遠小島的困難度，台灣與美國應致力將這些島嶼轉變成與會者所稱的『毒蛙』。這種方法會使中國奪取這些島嶼的企圖，從一開始就變成軍事、經濟與政治上的苦果，讓脅迫或侵略的成本大於好處。」[32]明確的推論是，台灣本身應該擁有足夠自衛能力，讓整個島嶼成為「毒蛙」。

不幸的是，二〇二二年回應美國眾議院議長南西・裴洛西（Nancy Pelosi）訪問台灣時，中國展示了對「毒蛙」戰略的有效應對，也就是它可以封鎖台灣。台灣與美國都需要思考，如何在不升級為全面戰爭的情況下，做出回應。儲存物資（為外交跟制裁爭取需要的時間）或其他措施顯然是必要之舉。[33]

四、美國將告知中國，美國海軍艦隊在南海的活動，而中國將停止建造用來聲明主權控制的人工島嶼，並保證所有船隻能自由通行，以及不侵犯所有沿海國家的領海與經濟海域。

五、更廣泛的安全保證可能還涉及將中國納入《新削減戰略武器條約》的核武談判。直到最近為止，中國一直非常謹慎地保持「最低威懾」水平，與英國、法國、印度、巴基斯坦及以色列相當，並未試圖與俄、美競爭。然而，最近在潛艇與新的飛彈發射井的建設，卻暗示情況有所變化。如果是這樣，最好是納入與美、俄的多邊框架中完成，以便分享監控，任何變化也可以通過正式談判協議來達成。

當然我們無法保證這些妥協提案會被接受。如果這些策略及網路安全的其他安排都崩潰，美國的替代方案將是發起謹慎調節的圍堵回應，意在支持美國的實際與潛在盟友，並利用俄、中之間的分歧，也許可以讓關係「三角化」。最初的四方會談（日本、澳洲、印度與美國）可以擴展，正如近日加入紐西蘭、韓國、越南，以及歐洲更充分的合作。[34] 欲將印度納入此一體系可能會遭遇困難，因為印度總理納倫德拉・莫迪（Narendra Modi）的政策不定，加上印度長期的中立傳統，不過近日因為印、中關係緊張而開始變化。然而考量近日中、俄兩國在政策協調上面的成功，同時也對拜登總統發起的民主國家聯合同樣深感威脅，美、中、俄關係三角化也會遇到困難。[35]

想要成功緩和與中、俄的緊張關係，也取決在網路上達成地緣經濟緩和，規範網路間諜活動，限制知識產權盜竊，並停止（政治與產業的）顛覆破壞。

網路和平？

通向融和的第四座橋梁，是制定新的網路規則。[36]關於網路衝突的任何討論都需要認知到一點，亦即任何有能力進行網路間諜活動的大國，似乎都已經展開了這類行動，主要參與者包含美國、以色列、中國和俄羅斯，可能都曾在某個時間點參與過網路顛覆行動。[37]這些包括美國、俄羅斯和中國的網路攻擊兼間諜活動；私部門的駭客攻擊和勒索病毒軟體攻擊（例如殖民油管和ＪＢＳ公司攻擊事件）；對公部門的駭客攻擊（針對基礎設施，如美國和以色列對伊朗的震網攻擊；俄羅斯對烏克蘭的攻擊，以及二〇一六年俄羅斯在美國選舉中展開的政治攻擊）。更複雜的是，伊朗和北韓都展示了網路攻擊的能力。[38]正如第二章所述，戰略與國際研究中心在過去十五年中，已記錄了超過二十五起重大網路攻擊事件。[39]

試圖減少跟網路駭客攻擊有關的傷害，已經在努力進行中。二〇一三年開始出版的《塔林手冊第一版》（Tallinn Manuals）與《塔林手冊第二版》，檢視規範網路戰爭的國際法，將網路行動視為國家政策工具與武裝衝突手段。這些手冊由一群學術專家協商制定，沒有約束性，手冊中規範的基本前提是，以現有戰爭法涵蓋並適用於網路戰。因此，手冊以需要國家自衛反擊的武裝攻擊為主，並為私部門的「非戰鬥人員」提供法律保護。這些手冊是從學術觀點上重申法律，深具價值，但它們卻未著墨「戰爭」之外的許多新型態衝突。《塔林手冊第三版》目前正在籌備中。[40]

另一個對《塔林手冊》的重要補充，是二〇一八年由法國總統艾曼紐・馬克宏會同微軟公司及公民社會組織共同合作發起的《籲請信任與安全的網路空間巴黎協議》（Paris Call for Trust and Security in Cyberspace）。超過一千一百個政府、企業、公民社會與公共機構支持者支持此一號召，使其成為全球最大型的多方利益相關人士的網路安全倡議。呼籲的目標是吸引各方利益相關人士，參與安全共享價值的討論，劃清關鍵界線，保護「私」部門不受網路衝突影響，並讓每個人都負起責任，使網路空間成為自由、安全與開放之地。然而，美國、俄羅斯和中國，三個進行最多網路行動的國家，並不在簽署國之列。主辦方計劃將新興國家的利益相關人士也納入其中，在聯合國網路談判中倡議多方利益相關人士的參與，建立網路空間穩定指數等等行動。[41]

同樣地，儘管存在著利益衝突與期望，我們仍然可以想像一些妥協，為了利益減少競爭，同時限制國家之間的互相傷害。

超級大國之間減少攻擊的協議，可能會產生正面效果。二〇一五年，美國總統歐巴馬與中國國家主席習近平正式同意，不刻意對彼此國家發動網路行動，或支持此類活動。華府與北京還將及時回應網路安全相關的援助合作請求，以防止並遏制網路犯罪。這一協議引起許多旁觀者質疑，他們認為這是中國躲避華盛頓制裁的機會。然而，一年後的紀錄顯示，中國對美國企業與個人的駭客攻擊，在協議簽訂後大幅減少。但不幸的是，隨後幾年內，來自中、俄的駭客攻擊數量再度增加了。[42]

拜登總統和普丁總統在二〇二一年六月中的日內瓦峰會上達成類似安排。拜登宣布俄羅斯若持續傷害美國的行為模式，美國將對俄羅斯採取行動。此處所說的傷害，是指近期俄羅斯幹員對JBS公司跟殖民油管發動的駭客攻擊。拜登向普丁提供一份不得列為潛在攻擊目標的二十個美國基礎設施清單，並敦促俄羅斯總統削減其國內的勒索病毒駭客網站。[43]拜登還關注俄羅斯國內發生的人權侵害事件，並敦促核武控制戰略穩定談判的進展。[44]隨後不久，Blackmatter（發動殖民油管勒索病毒攻擊的DarkSide再度復活）表示正在修正目標，將不再針對關鍵基礎設施進行攻擊。[45]其他協議也能有助於大幅緩和網路情勢，包括：

■ 峰會可以加上美國、俄羅斯與中國之間的三方協議，採納兩項關鍵標準。[46]第一項是同意合作防止並制裁私人勒索病毒攻擊。考慮到控制網路技術的困難性，領域內的知名專家約瑟夫．奈伊建議，以協議避免由國家主導對關鍵基礎設施目標（醫院、銀行、發電廠、油氣管道等）進行顛覆破壞。[47]聯合國也制定過類似的安排，禁止對航空器、核電廠與其他關鍵目標進行恐怖攻擊，雖然對「恐怖主義」的定義並無共識。之所以採取這種限定目標的武器控制策略，是因為美國及其盟友希望禁止所有非國家攻擊，而反殖民運動則希望排除反殖民抗爭，例如由非洲民族議會（African National Congress，簡稱 ANC）領導的南非民主抵抗運動。

■ 針對政治體系及既有領土現狀的攻擊，也應制定類似禁令。美國二〇一六年所遭受的攻擊若重演，將導致冷戰緊張局勢大幅升級。鼓勵香港、西藏或新疆脫離中國的企圖，也將具有同樣的破壞性。各國都希望能繼續進行公開的外交與倡議。秘密宣傳行動，例如針對二〇一七年美國婦女大遊行的行動，就是一種造成不穩定的隱患。[48]制定協議，公開國家主導的倡議行動與資金，是促進緩和情勢的最低限度保障。

當然，這些協議無法保證一定能產生減緩緊張局勢、恢復大國競爭穩定前景的作用。而且，三大國之中的任何一個，都極不可能放棄純間諜活動——這卻是其他大國遵守協議的基本擔保之一。然而，這也可以被視為額外的武器控制措施。[49]此外，美國與民主盟友不能、也不該放棄人權外交，放棄在任何地方發生人權侵害時提出公開批評。然而若三大國確實希望達成緩和情勢，禁止顛覆破壞及動搖政治的措施，將是讓緩和情勢長長久久的要素。它們將共同促使這個世界更加安全，對民主體制如此，專制體制亦然。

民主核心成員會議

當頭號大國（美國）面臨著第二軍事大國（俄羅斯）及第二經濟大國（中國）的聯盟

時，均勢權力邏輯顯示應該試圖裂解二者，贏得其中一方支持。就像在冷戰期間，鼓勵南斯拉夫脫離華沙公約組織，更重要的是季辛吉與中國進行三邊外交，對抗蘇聯，都是外交上的反制。

這在今日仍舊是頗具吸引力的策略，特別是考慮到中國在全球化經濟中占有更大的分量。問題在於，對稱平衡戰略會使位居第二的大國團結在一起，來抵消第一位的實力。具體來說，中國為何要放棄在擾亂西方上頗有助益的俄羅斯呢？當前對抗俄羅斯的戰爭中，烏克蘭取得勝利的前景（因此也是北約的勝利），使俄羅斯破產並陷入國內動盪，將讓中國獨自面對振興後的民主聯盟。這個聯盟還決心遏制中國對東亞地區的主導權，並阻礙全球規模的中國產業間諜活動……甚至以抹黑中國的方式為人權與民主發聲。

比較好的假設，是俄羅斯跟中國將團結在一起。美國的正確回應則是強化民主國家聯盟，準備對抗俄、中及其盟友的專制聯盟。

建立民主核心成員會議（democratic caucus）需要強化支持人權的自由秩序。這需要重新強調國際法治原則，重申現有的聯盟（同時構建新聯盟以應對新挑戰，特別是在太平洋地區），並就跨大西洋及太平洋的貿易，發展更平衡的體制，並對所有願意遵守規則的人開放。[50]

一如有效的黨團會議（caucus），民主國家應該致力定期召開會議，協調共同行動，表明共同決心。大門應該盡可能敞開，歡迎任何願意就逐項問題進行合作的專制政體，同時考慮過渡到民主制度的專制政體。

現在是形成並運用民主核心成員會議的時候，但並非約翰・麥肯參議員所主張的「民主聯盟」（League of Democracies）。後者被設想成替代性的法律秩序，當聯合國陷入僵局無法有所作為時，可以授權聯盟使用武力應對人道主義緊急情況。聯盟的替代性法律秩序會在世界政治中構築不必要的高牆。比起核心成員會議，形成聯盟將加劇冷戰的緊張局勢，卻錯過了沿著先前建議的措施，實現真正妥協的機會。聯盟太早放棄《聯合國憲章》中反對單邊使用非防禦武力的普世多邊約束，也放棄了有時可用來援引既有多邊規範以鼓勵妥協的多邊準則。[51]

對運用聯合國框架實現多邊妥協感到存疑的人，可以回想一下，促成二〇二一年敘利亞跨境人道援助延期的重大談判（聯合國安理會二〇二一年七月的二五八五號決議）。俄羅斯與中國要求通行權只能通過敘利亞政府取得，以強化阿薩德對專有主權的主張。由美國與歐洲主導的西方，則力求保護直接跨境通行權（根據二〇一六年十二月聯合國安理會二三三二號決議獲得授權），好讓敘利亞反對派得以生存。最終，安理會一致同意讓單一關口（而非三個關口）的跨境通行權延長六個月（以敘利亞政府允許援助越過內部界線為條件）……或者十二個月。決議案文字並未清楚寫明。事實上，這些模稜兩可之處似乎對於促成無否決的結果至關重要。[52]雖然距離理想還很遙遠，但結果讓安理會保持團結，並讓武裝反對派更有機會取得援助。也可能為敘利亞問題政治解決的進一步談判敞開大門。烏克蘭戰爭雖然讓這類合作處於壓力之下，但合作仍然持續。

即便有俄、中對於理性穩定的回應，穩定的支柱仍需要能穩健面對國際緊張、預備好執行穩定外交政策的美國，避免像川普政府那像跟獨裁者眉來眼去，同時挑釁民主盟友的不穩定行為。

為了讓世界更加穩定，美國本身必須採取行動。

美國的改革

諷刺的是，自由主義捍衛國家安全與人權的最佳且最有效的方式，可能就在西方民主自身。有時候，最好的防禦是良好的攻擊；然而今日，應對新冷戰帶來的威脅，最好的防禦就是良好的防禦。

防禦的第一步，就是找出威脅民主穩定的成分，確保選舉系統的完整性，並對抗破壞系統的「假新聞」行動。[53]

成功的民主得建立在穩健的多數治理之上。正如揚—威爾納・穆勒（Jan-Werner Müller）所主張，這有賴「政治平等」與「事實」（準確的資訊）。[54]所有公民都該被視為單一個體，不多不少。選舉應該對所有相關公民平等開放。公民需要透過自由媒體及任責當局的公開聲明，獲得可靠資訊。

二〇二一年的自由之家報告中，令人難忘地宣稱，民主正「遭到圍困」。[55]二〇二〇年，四十五個國家的民主程度不增反降，這是二〇〇六年以來的趨勢。與此相關的問題是「真相衰敗」。在政治和公民論述中，事實、資料與分析所扮演的角色愈來愈小。臉書與客製化的新聞推播服務等技術，讓人們持續接觸未過濾資訊，這些資訊的質量與可信度不一，通常模糊了基於事實的證據、論述及純意見之間的界線。56

美國已經開始著手應對外國干預美國選舉及競選活動的問題。「幸運的是」，大衛・佩特雷斯與謝爾登・懷特豪斯主張：「美國已經開始採取措施，強化法治防禦，並回擊外國對手。」他們引用二〇一六年的《全球馬格尼茨基法案》（Global Magnitsky Act of 2016）作為打擊腐敗的新工具，但也補充道，美國將追捕那些秘密轉移資金，或將資產藏在空殼公司，藉以資助外國介入美國民主的竊國者。57

美國國內對民主選舉的威脅，也需要以重大改革來因應。例如HR 1《二〇二一年人民法案》（For the People Act, 2021）及HR 4《二〇二一年約翰・劉易斯促進投票權法案》（John Lewis Voting Rights Advancement Act, 2021）所體現的改革。這兩件法案已在眾議院通過，但（截至二〇二二年）仍等待參議院通過。

■ HR 1擴大選民登記（例如自動登記及當天登記）及投票方式（例如郵寄與提早投票），保護選民名冊，並要求各州成立獨立的選區重劃委員會進行國會選區重劃。此外，法案還強化選舉安全，處理競選資金問題，禁止外國國民支持競選支出，並要求披露與競選相關的募款與費用支出。最後，它禁止美國眾議院議員出任營利實體的董事會成員，為聯邦雇員及白宮設立額外的利益衝突與道德規範，並要求總統、副總統和參選這些職位的候選人披露十年內的納稅申報紀錄，藉以強化捍衛政府道德。[58]

- HR 4 針對導致有色人種選民背負不平等負擔的選舉法規，加以現代化並恢復「預先審查」機制。它還將限制不公正劃分選區的行為，避免政治人物挑選選民並鞏固權力。[59]

即便在自由公正的選舉之中，對民主的第二重威脅，在於選民的狀態。為了促進良好的民主治理，決策必須廣泛支持並反映出大量公民的長期利益。促進社會經濟平等，可以建立廣泛的中間立場，因此對於民主合法性及穩定性也至關重要。[60]實際上，擁有龐大中產階級，且沒有極端貧困或壟斷階層存在，意味著會有許多選民圍繞在眾所周知的中間選民（或中間政黨）周圍，當選舉公正運作時，他們會成為代表民主治理的形象。典型的社會人口統計學鐘形曲線正可說明這一點。此外，正如詹姆斯・麥迪遜（James Madison）在《聯邦主義者文集》第十號（Federalist No. 10）中所主張，在大型、多元化的民主共和國中，跨領域聯盟需要派系調和鼎鼐，這將有助於穩定。

不幸的是，美國正在侵蝕民主穩定性與合法性的根源。美國經歷了日益嚴重的經濟不平等，社會流動性下降，種族、宗教與政治分歧日益加劇，這一切都在地區與黨派分歧中顯現出來。[61]人口統計趨勢更加劇這些危機；居住在人口較少之州的少數選民（如鄉村、白人、老年人），就能阻撓參議院投票。（譯註：美國參議院席次分配為每州兩席，不論州內人口多寡。）此外，如今隨著單一議題投票集團（譯註：如圍繞墮胎、動物權利、環境等議題）的出現，政治聯盟似乎更加劇了不穩定與極端化的發展。基本教義派與反墮胎選民，跟鄉村選民、白人至上主義者及反稅富人聯手，共同創造了川普主義。而少數族群、年輕人、受過教育的專業人士及城市選民則支持民主黨。各個派系迎合著集團內的極端要求。在共和黨中，（在其他方面算得上）社會自由主義者的富人支持反墮胎政策與種族歧視，鄉村貧困者卻接受富人的稅收特權。在民主黨中，少數族群支持綠色新政（Green New Deal）政策，而城市專業人士最終卻支持「覺醒」教育（woke education；譯註：與社會正義及平等包容等政治議題有關的教育）。最終結果是造成一個極化的政體，通過利益交換（交換條件協議）及生存競爭的選舉，來強化各個派系的利益。

與此相關且同樣令人擔憂的趨勢，是白人至上派系的崛起，許多白人擔心遭到少數族群「替代」。在川普之前，一個明顯派系就已成形，其特色是對少數族群的敵意，包括對黑人、猶太人、穆斯林、同性戀者與拉丁裔，同時他們也不承認民主合法性。這個族群找到川普擔任他們的代言人，無論他們先前的政黨為何（多數被認定為共和黨人或獨立人士），都轉而投票支持他的分裂意圖。62

最後，社會經濟分歧的擴大也削弱了民主。部分反映在選民結構的重大變化上。多數受過大學教育的人，過去主要支持共和黨；現在他們主要支持民主黨。二〇〇八年民主黨國會席次的人均國內生產毛額為三萬九千七百四十一美元；共和黨國會席次則是三萬三千兩百五十四美元。到了二〇一八年，民主黨席次的人均數字為四萬八千五百零二美元，而共和黨卻是三萬兩千五百九十六美元。人均國內生產毛額數字正在提升的席次，已經是或將成為民主黨囊中物；而數字下降的席次則屬於共和黨，這反映出顯著不同的命運。同樣地，二〇〇八年共和黨席次的家戶收入中位數為五萬五千美元，民主黨席次則為五萬四千美元。到了二〇一八年，共和黨席次的家戶收入中位數為五萬三千美元，民主黨席次則來到六萬一千美元。再次出現顯著的逆轉。[63]

因此出現了對當前平等狀態的特徵評估與指控：「過去的四十年中，大多數美國人眼見工資停滯不前，無法應對生活成本的增加。二〇一七年川普時代的稅法讓這個破口合法化，不成比例地嘉惠富人。我們，就像中世紀農民，被高淨值個人與昂貴的冒險主義奇觀所包圍。美國億萬富翁的財富在疫情大流行期間，增長了七〇％；正如今年夏天我們所得知，有些人經常不必繳付任何稅款，或只是微乎其微的款項。」[64]

這情況就體現在二〇一六年的大選中。布魯金斯學會的理查・瑞夫斯（Richard Reeves）指出：「根據蓋洛普一項綜合研究，川普的支持者並不是特別窮，或受到自由貿易政策影響。但他們更可能居住在向上流動率較低且預期壽命較短的地區。在川普的地盤裡，跟美國其他地區相較，前景更有限，生命更短暫。」[65]確實，共和黨人通常不是窮的（他們不是美國家戶所得最底層五分位組的主導群，反而主導了所得最高的五分位組）。但最重要的推動因素似乎是社區效應：他們居住的地區，似乎錯失了向上流動的美國夢。

更深層的根本原因，是整個美國經濟日益加劇的不平等，既對川普選區不利，也讓金錢從中產階級手中溜走。大衛・雷昂哈特（David Leonhardt）在一張令人印象深刻的圖表中，一方面展示了貧窮階層和中產階級的歧異情境，另一方面則展示了最富有的一％人群的狀況。從一九四六到一九八〇年間，窮人與中產階級的收入成長最多（稅後及轉移後的收入），之後收入成長一路下滑，而最富有的一％收入成長最少。然而從一九八〇年到二〇一四年，貧窮階層的收入成長卻最低，接著往上到前五％的收入階層，收入成長一路小幅逐漸增加，到收入最高的一％這一小部份人，則獲得最多的成長。[66]當前趨勢暗示這種模式只會變得更加極端。千禧一代的有錢人與中上階級（絕大多數是白人）將繼承父母的資產，成為美國有史以來最富有的一群人。與此同時，工人階層的千禧一代，則將會面臨比他們父母那一代更強烈的經濟不安感，因為他們的薪水、所得跟不上住房與醫療保健成本的上升。[67]

這將觸動的是美國政治社會韌性的最深根源。

作家及社會運動者劉柏川（Eric Liu）在《成為美國》（*Become America*）一書中，對美、俄、中進行了令人難忘的比較。他在書中寫道：「美國歷史是一小群人不斷重新塑造這個國家的紀錄，他們一次又一次向我們展示，永恆重塑是對我等信念與國家目標的最偉大表述。我們的目標不是像俄羅斯那樣停滯的白人寡頭政治；也不是像中國那樣單一民族的專制集權。而是更像美國，混合而充滿活力的民主，隨時可以重塑。」[68]

改革近在咫尺。在一九六〇年代要結束吉姆・克勞法歧視的民主深化，需要發動公民不服從運動、遊行及占領空間，需要違反法律，生命面臨危險。而今日深化民主只需發動政治行動，參與投票及捍衛法律。關鍵在於確保全球化的益處為所有人共享，而非由主導精英壟斷。對於市場完美運作的信念，讓美國對於技術自動化、貿易與無約束移民，對技能較低且與進口直接競爭的行業可能產生的負面影響視而不見。很難想像有任何策略，能既維持全球化並增長國內與全球生產毛額，卻不需要同時透過政策投資教育、修復遭侵蝕的基礎設施、為遭到國際競爭打壓的工業技能提升需求，以及必要時通過負所得稅提供直接補償。

在重振經濟、維持貧困人口生計、促進機會、增長美國中產階級，並在面對全球競爭與氣候變遷的同時建立韌性等方面，近日的立法已經朝著正確的方向邁出了步伐。

■ 高達一兆美元的兩黨基礎設施法案《二〇二一年基礎設施與投資法案》，是修復並升級美國實體基礎設施的重要一步，也是十多年來最大一筆由聯邦投資的基礎建設計畫。資金將重點投入國家電網及管理氣候風險的計畫。數千億美元將用於修復及更換老化的公共工程。已獲授權的四千五百億美元，加上五千五百億美元的新聯邦預算，這項法案將提供「六百五十億美元用於擴展高速網路可近性；一千一百億美元用於道路、橋梁及其他計畫；兩百五十億美元用於機場；以及一九七一年開始提供鐵路客運服務以來，美國國家鐵路（Amtrak）獲得的最大筆補助。」[69]

- 《二〇二二年晶片與科學法案》（The CHIPS and Science Act），強化美國半導體產業的國內基礎，提高與中國競爭的能力，並確保國內供應鏈。
- 拜登政府於二〇二二年決定為多數債務人取消高達一萬美元的聯邦學生債務（部分債務人可取消高達兩萬美元的債務），這是緩解中產階級壓力的另一步。（限於年收入低於十二萬五千美元的人，或年收入低於二十五萬美元的已婚夫妻或戶長。）
- 第四，《二〇二二年通貨膨脹縮減法案》（The Inflation Reduction Act），投資

氣候可持續性計畫，並通過在《平價醫療法案》（Affordable Care Act，簡稱ACA）市場上擴大最高額補貼，降低處方藥價格，減少聯邦醫療保險（Medicare）保戶的實際支出，提高醫療服務的可近性並減輕負擔。

即便把這些措施放在一起，也尚未達到二〇二一年三兆五千億美元版本的雄心目標。那個版本包括普及的學前教育、住房、提供低收入戶學生的PELL獎學金、移民改革、帶薪家庭休假、拜登的許多氣候優先計畫，以及對公共住房、職業培訓的投資，還有擴大《平價醫療法案》。[70]對共和黨人來說特別具有爭議的是，法案預期的資金來源，仰賴對大公司及富人加稅，這被共和黨視為反對他們在二〇一七年推動的減稅措施。法案還將變更移民政策，包含為無證移民提供取得公民身分的途徑，以及為「夢想者」（Dreamer，遭非法帶進美國的兒童）與農場工人提供綠卡。[71]

雖然這些步伐相對保守，卻是投資長期安全基礎的頭期款。它們反映出過去幾年歐美嚴峻政治的教訓：要實現國際安全，得先重建自由民主國家國內的經濟基礎。

總結

世界各地的政治家擔心我們正進入特別嚴峻的十年，這是其來有自的。意識形態、政治體系與權力各自衝撞，可能帶來的結果卻極不確定。「危險十年」[72]的前景撼動了北京與華府的政治圈，莫斯科也不遑多讓。

美國及其民主自由盟友似乎正與中、俄及其專制盟友，投向另一場「黎明前的長時間奮戰」。正如前幾章所示，透過網路戰爭、破壞利潤、產業間諜活動及政治顛覆來動搖的「戰鬥」，可能產生巨大的負面後果，導致軍武過度耗費，以及錯失應對氣候變遷、流行疫疾及促進全球繁榮共同利益的機會。

這場競爭深植於中、美之間正在進行的權力轉移，以及自由資本主義式民主對上民族統合主義式獨裁專制的國內體系。兩個體系從對抗意識形態敵人之中獲得短期好處。兩者都試圖讓周遭的世界成為民主或威權的安身之地，以便享受國際合法性，同時避免對手協同施壓，讓貿易與安全的機會受到阻礙。

然而，正如本章所論述，將政治獨立與領土完整置於風險之中，挑戰基本安全利益的

「冷戰」並非不可避免。我們可以想像一種「冷和平」。我們可以就當前爭議問題達成合理妥協，如克里米亞和烏克蘭、台灣及網路衝突，這些可以為其他合作敞開大門。各方可以提出可靠承諾，禁止政治動搖與領土干預。

此外，由於無法保證外交一定能達成這些妥協，也無法保證共存的護欄能夠維持多久，美國及其盟友可以強化民主核心成員會議，利用多邊協助。核心成員會議弊多於利的日子已經過去。紛擾已經存在。核心成員會議可以在民主國家之間建立迫切需要的合作關係，以平衡目前已經發生的俄羅斯與中國之間協調。

就長期安全來說，最重要的強心劑必須來自美國國內，因為民主正在國內面臨最大的威脅。從九一一事件以來，國內右翼恐怖主義造成的損害，遠超過國際恐怖主義。二〇二一年一月六日川普政變的根源，也許來自二〇一六年普丁擾亂美國選舉政治，但其更深層、更廣泛的根源，卻是純粹出自美國自身。這跟歷史上的種族主義有關，此刻又因美國日益多元的種族構成再度引爆；這也跟美國經濟日益不平等有關，導致許多中產階級感受到經濟上的被剝奪感，與對共有繁榮的無望。川普總統輕視歷史盟友，以及拿威脅跟軍事力量作為宣傳手段的傾向，則進一步火上加油。

然而在此，我們也有現成措施，可以保護選舉進行不受國內外的顛覆，並在物質與人力基礎設施上進行改革，重建近一世紀以來，一直是美國民主韌性基礎的蓬勃中產階級。

要打造一個美國的安全之地，得先讓美國不受威脅，也不會威脅到世界。

後記與致謝

這本書的思考始於多年前，當時我開始思考戈巴契夫拆解蘇聯帝國後，世界可能產生何種國際秩序。一九九二年，桑迪．伯格（Sandy Berger）看到我在民主和平方面的一些研究，他是當時即將上任的柯林頓總統的傑出顧問與朋友，鼓勵我對克林頓過渡團隊提供一些想法。我發出兩份備忘錄。一份提出擴大民主的大戰略，通過和平手段擴大自由民主和平區域。[1]這獲得一份簡短的感謝函。另一份則提議以歐洲條約組織（European Treaty Organization）取代北約，可更恰當地反映出民主化俄羅斯不再是個威脅的世界。在這個世界裡，俄羅斯應該得到集體安全組織（不再像北約那樣專注一個外部敵人的集體防禦組織）創始成員的平等地位，同時也會因此而受益。第二份備忘錄則石沉大海。（我會在註釋中納入我在一九九〇年所寫，但從未發表的早期社論稿）[2]理查．烏爾曼（Richard Ullman）是我在普林斯頓大學的朋友與導師（當時我正在那裡任教），他解釋了兩份備忘錄得到不同待遇的原因，他指出，勝利者不會創新，只會重複。

雖然我多年來持續思考這些問題，但對新冷戰威脅的研究與書寫始於二〇一七年，當時應瑞典國際事務研究所（UI）的馬茨・卡爾松（Mats Karlsson）之邀發表演說；這間深具影響力的斯德哥爾摩智庫當時由他主導。當時我收到的評論和建議，以及後來在首爾國際事務論壇（經李信和 [Shin-wha Lee] 安排）、墨西哥市全球研究學院（應潔西卡・德艾巴—烏洛亞 [Jessica de Alba-Ulloa] 之邀）、李萊哈默的挪威內陸大學（應拉斯・克利斯蒂 [Lars Christie] 之邀）以及在巴黎同僚面前發表的版本，均對形塑我的想法極有助益。最後一場演講也是向前法國總理米歇爾・羅卡（Michel Rocard）致敬，其政治風範、哲學及情誼，令我與國際倫理、科學與政治委員會（Collegium International）的同僚如沐春風。

這些演說版本發表如下：〈新冷戰？〉（A New Cold War?）UI Paper no. 2 (June 2018)，https://www.ui.se/butiken/uis-publikationer/ui-paper/2018/a-new-cold-war/。〈失序的新世界〉（New World Disorder），*Dissent* (Winter 2017): 123-128。〈失序的新世界〉（Un Nouveau Monde Desordonne），Jean-Pierre Fournier 譯，*Pour Michel Rocard* (Paris: Flammarion,

2018), 171-186。

哥倫比亞大學政治系、國際和公共事務學院及法學院優秀的學生助理給了我許多專業研究協助。Nathan Feldman, Theo Milonopoulos, Rachel Hulvey, Emma Borgnas, Katharine Yusko, Greg Smith, Cameron Ford Wallace, Ryan Safiry, Hannah Houpt 都以種種方式改進這份文稿。

我的同事納迪亞．烏爾比納提（Nadia Urbinati）是引我進入法西斯主義與民粹主義文獻的慷慨導引，這是她非常熟悉的領域。感謝老朋友及 W. W. Norton 出版社前編輯羅比．哈靈頓（Roby Harington）鼓勵我寫下此書；他的同事麥克．萊特（Michael Wright）與文森．余（Vincent Yu）在整個寫作過程中提出許多改善建言。

感謝奮進基金會（Endeavor Foundation）和卡內基基金會（Carnegie Corporation）的資助，多年來一直支持我的各項研究計畫。一如以往，感謝歐蓮娜．詹寧斯（Olena Jennings）協助我管理資助相關文件。

全書編輯的最後階段是在美好溫暖的柏林社會科學中心（Berlin Social Science Center，簡稱 WZB）進行，我在此獲得熱烈接待；邁可．祖恩（Michael Zürn）領導的全球治理小組更是激發思想之地。一如以往，我把其中一些想法試在親愛的妻子艾美．古特曼（Amy Gutmann）身上，她讓我非常開心，也給了我許多最佳想法。當然，本書任何觀點並不一定反映她的觀點，或由她出任傑出駐德大使的美國政府觀點。

邁可．多伊爾

德國柏林，美國賓州費城

二〇二二年十月

註釋

引言

1. "Gorbachev at the United Nations," C-SPAN video, 1:35:15, December 7, 1988, https:// www.c-span.org/video/?5292-1/gorbachev-united-nations.
2. Chris Buckley, "The Rse and Fall of the Goddess of Democracy," Sinosphere (blog), June 1, 2014, https://sinosphere.blogs.nytimes.com/2014/06/01/the-rise-and-fall-of-the-goddess-of-democracy/.
3. John le Carré, "In the Place of Nations," *The Nation* , April 9, 2001, 13.
4. David Cornwell, "Speech Given at the Olof Prize Ceremony in Stockholm, Sweden" (January 2020), published as "John le Carré on Brexit: 'It's Breaking My Heart,' " *The Guardian*, February 1, 2020, https://www.theguardian.com/books/2020/feb/01/john-le-carre-breaking-heart-brexit.
5. Joe Biden, "Remarks by President Biden in Press Conference" (speech, Washington, DC, March 25, 2021), White House, https://www.whitehouse.gov/briefing-room/speeches-remarks/2021/03/25/remarks-by-president-biden-in-press-conference/
6. 民主國家跟威權國家一樣，也會發生強制施加政權更迭，這通常是試圖鞏固征服的一種方式，正如美國與其盟友在一九四五年軍事擊敗納粹德國及日本帝國後所為。然而此類強加作為很少成功。阿富汗正是最新證明。相關討論有諸多資料，包括我的另一本著作《干預問題》(New Haven, CT: Yale University Press, 2015)。
7. 以及三千五百億美元的外援。見 Graham Allison and Gregory Treverton, eds., "National Security Portfolio Review," in *Rethinking America's Security* (New York: Norton, 1992), 40；關於冷戰，見Paul Thomas Chamberlin, *The Cold War's Killing Fields: Rethinking the Long Peace* (New York: HarperCollins, 2019)；關於傷亡人數，見Andrew Mack, "Global Trends in Armed Conflicts," *Global Political Violence* (International Peace Institute, 2007), http://www.jstor.org/stable/resrep09553.6.

第一部　新冷戰？

1. Gordon Chang, "China, Losing Pakistan, Calls America and India 'Enemies,'" *Newsweek*, August 24, 2021, https://www.newsweek.com/china-losing-pakistan-calls-america-india-enemies-opinion-1622297.

第一章　定義冷戰

1. "Kissinger Says U.S. and China in 'Foothills of a Cold War,' " Bloomberg News, November 21, 2019, https://www.bloomberg.com/news/articles/2019-11-21/ kissinger-says-u-s-and-china-in-foothills-of-a-cold-war
2. "Syria Crisis: UN Chief Says Cold War Is Back," BBC News, April 13, 2018, https://www.bbc.com/news/world-middle-east-43759873. 其他使用類似「新冷戰」措辭的知名學者與評論家，包括Robert Legvold, *Return to Cold War* (Cambridge, UK: Polity, 2016); Dmitri Trenin, "Welcome to Cold War II," *Foreign Policy,* March 4, 2014, https://foreignpolicy.com/articles/2014/03/04/welcome_to_cold_war_ii; Kevin Rudd and Justina Crabtree,"There's

an 'Undeclared New Cold War' Between the US and China— and It's in Tech, Australia Ex-Leader Says," CNBC, April 30, 2018, https://www.cnbc.com/2018/04/30/us-and-china-in-a-cold-war-over-tech-australia-rudd-says.html.

3. Uri Friedman, "The World According to HR McMaster," *The Atlantic*, January 8, 2018, https://www.theatlantic.com/international/archive/2018/01/hr-mcmaster-trump-north-korea/549341/. 麥克馬斯特將當今世界與一九一四年前惡名昭著的「夢遊」般自滿歐洲相比，令人感到困惑。

4. Lawrence Freedman, "Putin's New Cold War," *New Statesman*, March 13, 2018, https://www.newstatesman.com/politics/uk/2018/03/putin-s-new-cold-war. For a related article on the Trump administration, see Peter Beinart, "Trump Is Preparing for a New Cold War," *The Atlantic*, February 27, 2018, https://www.theatlantic.com/international/archive/2018/02/trump-is-preparing-for-a-new-cold-war/554384/.

5. Michael Klare, "The New Cold War Is Here—and Now 3 Major Powers Are Involved," *The Nation*, March 8, 2018, https://www.thenation.com/article/the-new-cold-war-is-here-and-now-three-major-powers-are-involved/.

6. Legvold, *Return to Cold War*, 6.

7. Alexander Cooley and Daniel Nexon, "How Hegemony Ends: The Unraveling of American Power," Foreign Affairs, July/August 2020, https://www.foreignaffairs.com/articles/united-states/2020-06-09/how-hegemony-ends. Cooley and Nexon就一九九〇年代的單極時代及隨後而至的緊張時期，進行深刻比較。但基於下述原因，我的詮釋認爲更重要的拐點出現在二〇一二年，而非一九九〇年代。

8. Kenneth Weinstein, "A New Cold War Between the US and China," *Aspen Review*, March 15, 2019, https://www.aspen.review/article/2019/new-cold-war-us-china/.

9. Noah Feldman, *Cool War: The United States, China and the Future of Global Competition* (New York: Random House, 2015); Michael McFaul, *From Cold War to Hot Peace* (Boston: Houghton Mifflin, 2018).

10. John Haltiwanger, "Blinken Refuses to Call Biden's Superpower Competition with China a 'New Cold War,' " *Business Insider*, May 4, 2021, https://www.businessinsider.com/blinken-refuses-call-biden-us-china-competition-new-cold-war-2021-5.

11. Antony Blinken, "The Administration's Approach to the People's Republic of China" (speech, The George Washington University, Washington, DC, May 26, 2022).

12. McFaul, *From Cold War to Hot Peace*. 這讓一名學者發展出「熱和平」的概念，亦即兩個或多個國家都接受彼此的政治獨立與領土完整，但仍然發生小規模衝突，這通常出現在殖民活動的「邊陲」世界。

13. Walter Lippman, *The Cold War: A Study in U.S. Foreign Policy* (New York: Harper, 1947), 29–31. 耐人尋味的是，Lippman雖懷念戰前的歐洲權力平衡，但他對圍堵政策的批評卻與喬治·肯楠本人後來所主張的觀點非常接近。

14. Paul Chamberlin, *The Cold War's Killing Fields: Rethinking the Long Peace* (New York: HarperCollins, 2019). 但須注意冷戰涉及廣泛衝突，包含邊陲地帶進行的代理人戰爭。

15. Derek McKay and H. M. Scott, *The Rise of Great Powers: 1648-1815* (London: Longman, 1983), 126. McKay and Scott在其傳閱甚廣的著作中，將一七二〇年代法英之間及奧地利與西班牙之間的緊張關係，描述爲「一七二四至一七二八年間的歐洲冷戰」。

16. See, for example, Stephen Walt, *Revolution and War* (Ithaca, NY: Cornell University Press, 1996).

17. 一九八三年，我曾在*Philosophy and Public Affairs*發表一系列配對論文，對這類自由和平提出詮釋。關於此議題的重要辯論，請見 Michael E. Brown, Sean Lynn-Jones, and Steven E. Miller, eds., *Debating the Democratic Peace* (Cambridge, MA: MIT Press, 1996).

18. Samuel Charap and Timothy J. Colton, "Cold Peace," in *Everyone Loses: The Ukraine Crisis and the Ruinous Contest for Post- Soviet Eurasia* (London: Routledge, 2017), copy at http://www.tinyurl.com/y3hj93z4.「冷和平」一詞在Charap and Colton的使用中有不同意涵，用以描述二〇一四年圍繞著烏克蘭的雙輪衝突。

19. Charap and Colton, "Cold Peace."

20. White House, *National Security Strategy of the United States of America* (Washington, DC, 2017), https://trumpwhitehouse.archives.gov/wp-content/uploads/2017/12/NSS-Final-12-18-2017-905.pdf.沒有證據顯示川普總統讀過他所簽署的文件，其中所暗指的意涵正如下文所論。但另一方面，這份文件也充分地反映出川普總統當時的國家安全顧問、傑出軍事知識分子麥克馬斯特將軍的公開觀點。

21. White House, *National Security Strategy*, 1–2.

22. Kenneth Waltz, *Theory of International Politics* (Long Grove, IL: Waveland Press, 1979).

23. Henry John Temple, "Treaty of Adrianople—Charges Against Viscount Palmerston" (speech, London, March 1, 1848), Hansard, https://api.parliament.uk/historic-hansard/commons/1848/mar/01/treaty-of-adrianople-charges-against. 帕爾默斯頓演講的一大吸引力，在於十分不一致：可以為各種目的所引用，也包含此處的目的。若要說不一致是種吸引力，是否正確？關於帕爾默斯頓外交政策更深入且具脈絡化的討論，請見Jasper Ridley所著，深具共感的權威傳記*Lord Palmerston* (London: Constable, 1970)；及我的另一本著作*Question of Intervention* (New Haven, CT: Yale University Press, 2015)，討論帕爾默斯頓在一八四六年干預葡萄牙的戰略。

24. Jeffrey Goldberg, "A Senior White House Official Defines the Trump Doctrine: 'We're America, Bitch,'" *The Atlantic*, June 11, 2018, https://www.theatlantic.com/politics/archive/ 2018/06/a-senior-white-house-official-defines-the-trump-doctrine-were-america-bitch/562511/.

25. Dexter Filkins, "John Bolton on the Warpath," *New Yorker*, April 29, 2019, https://www.newyorker.com/magazine/2019/05/06/john-bolton-on-the-warpath. 值得注意的是，正如我在另一本著作*Ways of War and Peace* (New York: Norton, 1997) 中所論述，這是對霍布斯更微妙且理性學說的誇張描述。

26. Richard Haass and Charles Kupchan, "The New Concert of Powers: How to Prevent Catastrophe and Promote Stability in a Multipolar World," *Foreign Affairs*, March 23, 2021, https://www.foreignaffairs.com/articles/world/2021-03-23/new-concert-powers.

27. Ludwig Dehio, *The Precarious Balance* (New York: Vintage, 1965).

28. Henry A. Kissinger, "The Congress of Vienna: A Reappraisal," *World Politics* 8, no. 2 (January 1956): 279, https://www.jstor.org/stable/2008974.

29. Harold Nicolson, *The Congress of Vienna—A Study in Allied Unity: 1812–1822* (New York: Grove, 2001), 260.

30. Charles Lipson, "Is the Future of Collective Security Like the Past?," in *Collective Security Beyond the Cold War*, ed. George W. Downs (Ann Arbor: University of Michigan Press, 1994), 121–122.

31. Lipson, "Future of Collective Security," 120.

32. Henry A. Kissinger, *A World Restored* (Boston: Houghton Mifflin, 1957; repr. Gainesville, FL: Peter Smith, 1973), 328–329. Citations refer to the Peter Smith edition.

33. Joe Biden, "My Trip to Europe Is About America Rallying the World's Democracies," *Washington Post*, June 5, 2021, https://www.washingtonpost.com/opinions/2021/06/05/ joe-biden-europe-trip-agenda/.

34. 神聖羅馬帝國皇帝查理六世費了一番功夫，以「一七一三年國事詔書」(Pragmatic Sanction of 1713) 讓他女兒合法取得奧地利王位繼承權，超越繼承順位在前的侄女。

35. 關於一般資料，請參閱Patrice Louis- Rene Higonnet, "The Origins of the Seven Years' War," *Journal of Modern History* 40, no. 1 (March 1968): 57–90, https://doi.org/10.1086/240165; Walter Dorn, *Competition for Empire*, 1740- 1763, vol. 9, ed. William L. Langer (New York: Harper & Brothers, 1940)。亨利．季辛吉在對維也納和會的指標性詮釋中，也提出了類似區分；他在合法與革命國際體系之間劃下界限。Robert Tucker也曾提出類似觀點，在由誰統治的爭論跟何爲規則的爭論之間做出區分。見Kissinger, *A World Restored*; Robert W. Tucker, *The Inequality of Nations* (New York: Basic Books, 1977)。

36. Zbigniew Brzezinski and Samuel P. Huntington, *Political Power: USA/USSR* (New York: Viking Press, 1964). 另請參閱莎士比亞《亨利五世》中，大主教在亨利五世面前惡名昭彰的演說。William Shakespeare, *King Henry V*, 3rd ed. (London: Arden Shakespeare, 1995).

37. Fredrik Logevall, *JFK: Coming of Age in the American Century, 1917–1956* (New York: Random House, 2021), 221. 當然在那之前還有史達林（爲了避免成爲被孤立的目標）跟希特勒在一九三九年簽訂的《德蘇互不侵犯條約》(Nazi-Soviet Pact in 1939)，導致一名英國幽默家評論：「所有的主義（ism）現在都成了過去式（wasm）」。

38. Quoted in Nigel Hamilton's excellent history of the war, *Commander in Chief: FDR's Battle with Churchill* (New York: Houghton Mifflin, 2016), 393.

39. "Declaration of the Constitution of the Soviet Union of 1924," *Vestnik TsIK, SNK i STO Soiuza SSR*, no. 2 (1924): art. 24, quoted in Milton H. Andrew, *Twelve Leading Constitutions with Their Historical Backgrounds* (Compton, CA: American University Series, 1931), 327.

40. 關於此文的重要背景，請見John Gaddis, *George F. Kennan: An American Life* (New York: Penguin, 2011). See especially chap. 12, "Mr. X: 1947."

41. *NSC 68: United States Objectives and Programs for National Security* (Washington, DC: National Security Council, 1950), https://digitalarchive.wilsoncenter.org/ document/116191.pdf.

42. Office of Legislative Counsel, *Memorandum Re: Constitutional and Legal Basis for So-Called Covert Activities of the Central Intelligence Agency* (Washington, DC: Department of Justice, 1962), 7, https://s3.documentcloud.org/documents/5836225/73-1501862.pdf.

第二章　第二次冷戰？

1. David E. Sanger, *The Perfect Weapon: War, Sabotage, and Fear in the Cyber Age* (New York: Broadway Books, 2019); Joseph S. Nye, "Is Deterrence Possible in Cyberspace?," *International Security* 42, no. 2 (2017): 196–199, https://doi.org/10.1162/ISEC_c_00290.

2. Michael C. Horowitz, "Do Emerging Military Technologies Matter for International Politics?," *Annual Review of Political Science* 23 (2020): 385–400, https://doi.org/10.1146/annurev-polisci-050718-032725. 値得注意的是，每天世界各地都發生數百萬次網際攻擊，不像動力武器，政府與非國家行爲者都爲了各種目的使用網路武器，這些武器並不全然符合我們對武器的傳統理解。

3. Center for Strategic and International Studies (CSIS), *Significant Cyber Incidents Since 2006*, https://csis-websiteprod.s3.amazonaws.com/s3fspublic/210604_Significant_ Cyber_Events.pdf.

4. Henry Farrell and Abraham L. Newman, "Weaponized Interdependence: How Global Economic Networks Shape State Coercion," *International Security* 44, no. 1 (2019): 42–79, https://doi.org/10.1162/isec_a_00351. 持續增長的相互依賴，讓大國在網際網路交換點跟高科技公司的掌控上更有戰略制高點，這些是世界多數流量交匯之處。

5. David E. Sanger, Nicole Perlroth, and Julian E. Barnes, "As Understanding of Russian Hacking Grows, So Does Alarm," *New York Times*, last modified May 28, 2021, https:// www.

nytimes.com/2021/01/02/us/politics/russian-hacking-government.html.

6. Monique Beals, "New Report Uncovers Massive Chinese Hacking of Trade Secrets," *The Hill*, May 4, 2022. 中國官方發言人否認此次駭客攻擊。

7. Michael Schwartz and Nicole Perlroth, "DarkSide, Blamed for Gas Pipeline Attack, Says It Is Shutting Down," *New York Times*, last modified June 8, 2021, https://www.nytimes.com/2021/05/14/business/darkside-pipeline-hack.html; Stephanie Kelly and Jessica Resnick-ault, "One Password Allowed Hackers to Disrupt Colonial Pipeline, CEO Tells Senators," Reuters, June 8, 2021, https://www.reuters.com/business/colonial-pipeline-ceo-tells-senate-cyber-defenses-were-compromised-ahead-hack-2021-06-08/.

8. "JBS: FBI Says Russia-Linked Group Hacked Meat Supplier," BBC News, June 3, 2021, https://www.bbc.com/news/world-us-canada-57338896; Rebecca Robbins, "Meat Processor JBS Paid $11 Million in Ransom to Hackers," *New York Times*, June 9, 2021, https://www.nytimes.com/2021/06/09/business/jbs-cyberattack-ransom.html.

9. See "Our Country Is Being Attacked," *New York Times*, June 11, 2021, https://www.nytimes.com/2021/06/11/podcasts/ransomware-hacking.html; Julian E. Barnes, "Russia Influences Hackers but Stops Short of Directing Them, Report Says," *New York Times*, September 9, 2021, https://www.nytimes.com/2021/09/09/us/politics/russia-ransomware-hackers.html.

10. Kim Zetter, "How Digital Detectives Deciphered Stuxnet, the Most Menacing Malware in History," *Wired*, July 11, 2011, https://www.wired.com/2011/07/how-digital-detectives-deciphered-stuxnet/.

11. Andy Greenberg, "How an Entire Nation Became Russia's Test Lab for Cyberwar," *Wired*, June 20, 2017, https://www.wired.com/story/russian-hackers-attack-ukraine/; Kim Zetter, "Inside the Cunning, Unprecedented Hack of Ukraine's Power Grid," *Wired*, March 3, 2016, https://www.wired.com/2016/03/inside-cunning-unprecedented-hack-ukraines-power-grid/; Paul Shinkman, "Russia Ramps Up Cyberattacks in Ukraine Amid Fears of War," *US News & World Report*, April 20, 2021, https://www.usnews.com/news/world-report/articles/2021-04-20/us-helping-ukraine-foil-russian-cyberattacks-as-hacking-spikes-sources.

12. Abigail Abrams, "Here's What We Know So Far About Russia's 2016 Meddling," *Time*, April 18, 2019, https://time.com/5565991/russia-influence-2016-election/; Nicole Perlroth, Michael Wines, and Matthew Rosenberg, "Russian Election Hacking Efforts, Wider than Previously Known, Draw Little Scrutiny," *New York Times*, September 1, 2017, https://www.nytimes.com/2017/09/01/us/politics/russia-election-hacking.html; "Twelve Russians Charged with US 2016 Election Hack," BBC News, July 13, 2018, https://www.bbc.com/news/world-us-canada-44825345; Alex Ward, "Russia Hacked Voting Systems in 39 States Before the 2016 Presidential Election," *Vox*, June 13, 2017, https://www.vox.com/world/2017/6/13/15791744/russia-election-39-states-hack-putin-trump-sessions

13. "Global Threats and National Security," C-SPAN video, 2:40:39, February 13, 2018, https://www.c-span.org/video/?440888-1/fbi-director-rob-porter-background-check-completed-july.

14. Luke Harding, Julian Borger, and Dan Sabbagh, "Kremlin Papers Appear to Show Putin's Plot to Put Trump in White House," *The Guardian*, July 15, 2021, https:// www.theguardian.com/world/2021/jul/15/kremlin-papers-appear-to-show-putins-plot-to-put-trump-in-white-house.

15. Kathleen Hall Jamieson, "How Russia Cyber Attacks Helped Trump to the US Presidency," *The Guardian*, October 22, 2018, https://www.theguardian.com/commentisfree/2018/oct/22/russia-cyber-theft-trump-us-election-president-clinton.

16. Bill Whitaker, "When Russian Hackers Targeted the US Election Infrastructure," *CBS News*, April 8, 2018, https://www.cbsnews.com/news/when-russian-hackers-targeted-the-u-s-elec-

tion-infrastructure/.

17. Michael Wines, "Russian Breached Florida County Computers Before 2016 Election, Mueller Report Says," *New York Times*, April 18, 2019, https://www.nytimes.com/2019/04/18/us/florida-russia-2016-election-hacking.html.

18. Rachel Smith, "Sounding the Alarm About a New Russian Cyber Threat," NPR, April 24, 2018; see "Alert (TA 18-106a): Russian State-Sponsored Cyber Actors Targeting Network Infrastructure Device," Cybersecurity & Infrastructure Security Agency, 2018, https://www.cisa.gov/uscert/ncas/alerts/TA18-106A.

19. Mark Landler and Stephen Castle, " 'No One' Protected British Democracy from Russia, U.K. Report Concludes," *New York Times*, July 21, 2020, https://www.nytimes.com/2020/07/21/world/europe/uk-russia-report.html?referringSource=articleShare.

20. Jean-Baptiste Jeangene Vilmer, A. Escorcia, M. Guillaume, and J. Herrera, *Information Manipulation: A Challenge for Our Democracies* (Paris: Policy Planning Staff [CAPS] of the Ministry for Europe and Foreign Affairs and the Institute for Strategic Research [IRSEM] of the Ministry for the Armed Forces, 2018).

21. Andrew Desiderio, "Senate Intel Chair Privately Warned That GOP's Biden Probe Could Help Russia," *Politico*, February 27, 2020, https://www.politico.com/news/2020/02/27/richard-burr-joe-biden-probe-russia-118025.

22. Zolan Kanno- Youngs, "Cyberwarfare Is Top Threat Facing US, Nielsen Says," *New York Times*, March 19, 2019, https://www.nytimes.com/2019/03/18/todayspaper/quotation-of-the-day-cyberwarfare-is-top-threat-facing-us-nielsen-says.html. 隨後，政府提出一項八百六十億美元的網路武器預算，比前一年增長了6%，並裁減國內預算。關於俄羅斯在歐洲範圍內網路行動的最詳盡報告，見Vilmer et al., *Information Manipulation*.

23. CSIS, *Significant Cyber Incidents Since 2006*.

24. Michael Schwartz, "Top Secret Russian Unit Seeks to Destabilize Europe, Security Officials Say," *New York Times*, October 8, 2019, https://www.nytimes.com/2019/10/08/world/europe/unit-29155-russia-gru.html.

25. David Sanger and Nicole Pertroth, "Russia Appears to Carry Out Hack Through System Used by U.S. Aid Agency," *New York Times*, May 28, 2021, https://www.nytimes .com/2021/05/28/us/politics/russia-hack-usaid.html.

26. Jocelyn Grzeszczak, "Biden Says Russia and China Are Trying to Undermine U.S. Elections," *Newsweek*, July 18, 2020, https://www.newsweek.com/biden-says-russia-/china-are-engaging-undermine-us-elections-1518872.

27. "Statement by the North Atlantic Council in Solidarity with Those Affected by Recent Malicious Cyber Activities Including the Microsoft Exchange Server Compromise" (Brussels: North Atlantic Treaty Organization, 2021), https://www.nato.int/cps/en/natohq/news_185863.htm.

28. Zolan Kanno-Youngs and David Sanger, "US Accuses China of Hacking Microsoft," *New York Times*, July 19, 2021, https://www.nytimes.com/2021/07/19/us/politics/microsoft-hacking-china-biden.html.

29. Nicole Perlroth and David Sanger, "China Breached Dozens of Pipeline Companies in Past Decade, US Says," *New York Times*, July 20, 2021, https://www.nytimes.com/2021/07/20/us/politics/china-hacking-pipelines.html.

30. "Worldwide Threats Briefing: 5 Takeaways, from Russia to China," *Wired*, February 2, 2018, https://www.wired.com/story/worldwide-threats-briefing-russia-election-china/. 二〇二〇年一月美國與中國達成的初步貿易協定的條款中，中國承諾未來會限制這些做法。

31. *Survey of Chinese Espionage in the United States Since 2000*, Center for Strategic & Inter-

national Studies, 2022, https://www.csis.org/programs/technology-policy-program/survey-chinese-linked-espionage-united-states-2000.

32. Matt Apuzzo and Benjamin Novak, "Russian Banks Welcome in Hungary Stirs Spy Fears," *New York Times*, March 19, 2019, https://www.nytimes.com/2019/03/18/world/europe/hungary-russian-bank-spy-orban-putin.html.

33. Bob Davis, "US Chip Makers Fear Trap in a Trade Deal with China," *Wall Street Journal*, March 19, 2019, https://www.wsj.com/articles/u-s-chip-industry-cool-on-chinese-purchase-offer-11552936389.

34. Amy Qin, "China's New Rules Could Hit U.S. Firms and Send a Message to Biden," *New York Times*, January 9, 2021, https://www.nytimes.com/2021/01/09/business/china-rules-trump-biden-sanctions.html.

35. U.S. House Permanent Select Committee on Intelligence, *The China Deep Dive: A Report on the Intelligence Community's Capabilities and Competencies with Respect to the People's Republic of China*, September 2020, 5.

36. UN Security Council Report, *Syria: Humanitarian Briefing via VTC*, What's In Blue (blog), June 27, 2020, https://www.securitycouncilreport.org/whatsinblue/2020/06/syria-humanitarian-meeting-via-vtc.php. 聯合國的調查委員會發現有四起攻擊醫療設施的事件「高度可能是由敍利亞政府及／或其盟友（即俄羅斯）執行。」俄羅斯駐聯合國代表瓦西里·涅班齊亞（Vassily Nebenzia）於二〇一九年六月十六日在聯合國安理會長篇討論報告的調查結果，總結宣稱俄羅斯對「調查委員會[BOI]報告摘要的分析，得到另一個結論：去衝突機制不僅存在缺陷——委婉地說——甚至被用來散布假資訊」，委員會本身就是「假資料」所建立的。另見Charlie Savage, Eric Schmitt, and Michael Schwirtz, "Russia Secretly Offered Afghan Militants Bounties to Kill U.S. Troops, Intelligence Says," *New York Times*, June 26, 2020, https://www.nytimes.com/2020/06/26/us/politics/russia-afghanistan-bounties.html.

37. Clifford D. May and H. R. McMaster, "Future Wars: A Conversation with H. R. McMaster," March 4, 2019, in *Foreign Policy*, produced by Foundation for the Defense of Democracies, podcast, MP3 audio, 00:06:38—00:07:00, https://www.fdd.org/analysis/2019/03/04/future-wars-featuring-h-r-mcmaster/.

38. Kevin Rudd, "Beware the Guns of August—in Asia: How to Keep U.S.-Chinese Tensions from Sparking a War," *Foreign Affairs*, August 3, 2020, https://www.foreignaffairs.com/articles/united-states/2020-08-03/beware-guns-august-asia.

39. Senators Michael Bennet et al. to Executive Officials Michael Pompeo et al. (letter), June 8, 2018, https://www.rubio.senate.gov/public/_cache/f iles/e191e7b0-e562-450d-b4d8-2b958c489130/60A010F8B76E93F482F6678EF444085B.chinese-influence-operations-without-footnotes-1-.pdf.「我國情報機構、獨立研究人員及盟邦政府代表的公開評估，展示了中國系統性運用於影響活動中的工具。與中國共產黨有關的組織與個人，利用金融聯繫並影響政治精英、通過本地媒體與學術機構滲透宣傳、高度控制的文化活動，甚至脅迫具有中國血緣的本國國民，操縱民主政治環境，以服務中國的利益。中國共產黨這些行動的長期目標，是要破壞自由民主制度、削弱美國聯盟的力量、削弱民主國家對抗中國的能力，取代美國在世界的領導地位，並塑造國際秩序的未來。」聯名簽署的美國參議員包含Michael Bennet (D-Colo.), Sherrod Brown (D-Ohio), Catherine Cortez Masto (D-Nev.), Ted Cruz (R-Texas), Cory Gardner (R-Colo.), Angus King (I-Maine), Ed Markey (D-Mass.), Jeff Merkley (D-Ore.), Gary Peters (D-Mich.), Marco Rubio (R-Fla.), and Elizabeth Warren (D-Mass.)。

40. Kinling Lo, "China Calls on Russia to Hold the Line Against 'US Perverse Acts,' " *South China Morning Post*, June 5, 2021, https://www.scmp.com/news/china/diplomacy/article/3136187/china-calls-russia-hold-line-again-us-perverse-acts.

41. Tony Munroe, Andrew Osborn, and Humeyra Pamuk, "China, Russia Partner Up Against West at Olympics Summit," Reuters, February 4, 2022, https://www.reuters.com/world/eu-

rope/russia-china-tell-nato-stop-expansion-moscow-backs-beijing-taiwan-2022-02-04/.

42. Marc Bennetts, "Putin and Xi Plot a New World Order to Challenge America's Might," *Sunday Times*, September 13, 2022.

43. "Summit for Democracy Summary of Proceedings," White House Briefing Room, press release, December 23, 2021, https://www.whitehouse.gov/briefing-room/statements-releases/2021/12/23/summit-for-democracy-summary-of-proceedings/.

44. Lingling Wei and Bob Davis, "China's Message to America: We're an Equal Now," *Wall Street Journal*, April 13, 2021, https://www.wsj.com/articles/america-china-policy-biden-xi-11617896117.

45. Eric Schmitt, "Russia's Military Mission Creep Advances to a New Front: Africa," *New York Times*, March 31, 2019, https://www.nytimes.com/2019/03/31/world/africa/russia-military-africa.html.

46. "Kremlin Aide to Chair Organizing Committee for 2019 Russia-Africa Summit," *Tass*, February 25, 2019, https://tass.com/world/1046329.

47. Dionne Searcey, "Gems, Warlords and Mercenaries: Russia's Playbook in Central African Republic," *New York Times*, September 30, 2019, https://www.nytimes.com/2019/09/30/world/russia-diamonds-africa-prigozhin.html.

48. Damien Cave, "Why a Chinese Security Deal in the Pacific Could Ripple Through the World," *New York Times*, April 22, 2022, https://www.nytimes.com/2022/04/20/world/australia/china-solomon-islands-security-pact.html.

49. Kalinga Seneviratne, "COVID-19: Bio-Warfare Conspiracy Theories Need Investigation," *InDepth News*, March 26, 2020, https://www.indepthnews.net/index.php/sustainability/health-well-being/3411-covid-19-bio-warfare-conspiracy-theories-need-investigation.

50. Javier Hernandez, "China Peddles Falsehoods to Obscure Origin of Covid Pandemic," *New York Times*, December 6, 2020, https://www.nytimes.com/2020/12/06/world/asia/china-covid-origin-falsehoods.html.

51. Joseph Biden, *Interim National Security Strategic Guidance: March 2021* (Washington, DC: White House, 2021), https://www.whitehouse.gov/wp-content/uploads/2021/03/NSC-1v2.pdf.

52. Andrew Desiderio, "Senate Advances a Rare Bipartisan Deal on Countering China," *Politico*, May 17, 2021, https://web.archive.org/web/20210610141333/https:/www.politico.com/news/2021/05/17/senate-bipartisan-deal-countering-china-489152.

53. John Haltiwanger, "China Blasts US Bill Aimed at Challenging Its Growing Global Influence as 'full of Cold War Mentality,' " *Business Insider*, June 9, 2021, https:/www.business insider.com/china-blasts-us-global-competition-bill-full-cold-war-mentality-2021-6.

54. Amanda Macias and Kayla Tausche, "U.S. Needs to Work with Europe to Slow China's Innovation Rate, Raimondo Says," CNBC, September 28, 2021, https://www.cnbc.com/2021/09/28/us-needs-to-work-with-europe-to-slow-chinas-innovation-rate-raimondo-says.html.

55. 但對直接參戰各方提供的軍事援助卻是大規模且重要的：一九六八年十一月，蘇聯與北越簽署了軍事經濟協議，蘇聯同意提供食物、石油、運輸設備、鐵及鋼材、其他金屬、化肥、武器、軍火及其他商品。一九五〇到七〇年期間，中國對北越的援助估計達到兩百億美元。當然，美國向南韓與南越提供更大量援助的同時，也直接與其並肩作戰。此外，蘇聯爲支持阿富汗附庸而戰之時，美國也對阿富汗抵抗組織提供大量武器，最著名的是「刺針」飛彈。

56. Joe Biden, State of the Union Address (speech, Washington, DC, March 1, 2022), White House, https://www.whitehouse.gov/state-of-the-union-2022/.

57. 二〇一九年三月十二日歐洲議會以四百零二票贊成，一百六十三票反對，八十九票棄權，通過決議。見 "European Parliament Resolution of 12 March 2019 on the State of EU-Russia Political Relations," Voltaire Network, March 12, 2019, https://www.voltairenet.org/article205701.html.

58. Matt Clinch, "Afghanistan Pullout Sparks EU Calls for More Military Might," CNBC, September 4, 2021, https://www.cnbc.com/2021/09/04/commissioner-gentiloni-on-eu-army-after-afghanistan-conclusion.html.

59. Paul Charon and Jean-Baptiste Jeangène Vilmer, *Les Opérations d'influence chinoises. Un moment machiavélien* (Paris: Ministère des Armées, 2021).

60. Silvia Amaro, "'Russianization' of China? French Military Think Tank Says Beijing Borrowing from Moscow Playbook," CNBC, September 29, 2021, https://www.cnbc.com/2021/09/29/french-military-think-tank-warns-of-beijing-russia-like-global-influence-.html.

61. Anatoly Kurmanaev, "Russia Stands with Maduro (While Hedging Bets)," *New York Times*, March 8, 2019, https://www.nytimes.com/2019/03/08/world/americas/russia-venezuela-maduro-putin.html.

62. Katie Rogers, "US Revokes More Visas from Allies of Maduro," *New York Times*, March 8, 2019, https://www.nytimes.com/2019/03/07/world/americas/us-venezuela-visas.html.

63. David Smith and Sabrina Siddiqui, "New Details of Russia Election Hacking Raise Questions About Obama's Response," *The Guardian*, June 23, 2017, https://www .theguardian.com/us-news/2017/jun/23/obama-cia-warning-russia-election-hack -report.

64. Zach Dorfman, Kim Zetter, Jenna McLaughlin, and Sean D. Naylor, "Exclusive: Secret Trump Order Gives CIA More Powers to Launch Cyberattacks," *Yahoo! News*, July 15, 2020, https://news.yahoo.com/secret-trum-order-gives-cia-more-powers-to-launch-cyberattacks-090015219.html.

65. Lucian Kim, "Trump Vs. Biden: How Russia Sees the U.S. Election," NPR, October 14, 2020, https://www.npr.org/2020/10/14/923380941/trump-vs-biden-how-russia-sees-the-u-s-election.

66. Paulina Dedaj, "China Slams NBC for Airing 'Incomplete' Map During Olympic Coverage," *Fox News*, July 24, 2021, https://www.foxnews.com/sports/china-nbc-incomplete-map-olympic-coverage.

67. Kari Soo Lindberg, "China Lists 102 Examples of U.S. 'Interference' in Hong Kong," Bloomberg, September 24, 2021, https://www.bloomberg.com/news/articles/2021-09-24/china-lists-102-examples-of-u-s-interference-in-hong-kong.

68. Joseph Biden, "Remarks Before the 76th Session of the United Nations General Assembly," (speech, New York, NY, September 21, 2021), https://www.whitehouse.gov/briefing-room/speeches-remarks/2021/09/21/remarks-by-president-biden-before-the-76th-session-of-the-united-nations-general-assembly/.

69. 值得一提的是，美國的支持特別混亂無效，一方面打擊阿薩德的主要對手（伊斯蘭國），同時又支持反對阿薩德的力量。

70. Andrew Roth, "Putin Threatens US Arms Race with New Missiles Declaration," *The Guardian*, March 1, 2018, https://www.theguardian.com/world/2018/mar/01/vladimir-putin-threatens-arms-race-with-new-missiles-announcement. And Keir Giles describes cyber and info war in *The Next Phase of Russian Information Warfare* (Riga, Latvia: NATO Strategic Communications Centre of Excellence, 2016), https://stratcomcoe.org/publications/the-next-phase-of-russian-information-warfare/176. And Brad Lendon, "China Boosts Military Spending 8% Amidst Ambitious Modernization Drive," CNN, March 5, 2018, https://www.cnn.com/2018/03/04/asia/chinese-military-budget-intl/index.html.

71. Julian Barnes and David Sanger, "Russia Deploys Hypersonic Weapon, Potentially Renewing Arms Race," *New York Times*, December 27, 2019, https://www.nytimes .com/2019/12/27/us/politics/russia-hypersonic-weapon.html.

72. 若欲深入瞭解歐盟專家對「大國競爭回歸」的看法，請見European Political Strategy Centre, *Geopolitical Outlook for Europe: Confrontation vs Cooperation* (Brussels: European Commission, 2018), https://op.europa.eu/en/publication-detail/-/publication/97534e02-10dc-11ea-8c1f-01aa75ed71a1/language-en.

73. Gerry Shih, "China Is Trying to Mend Fences in Europe. It's Not Going Well," *Washington Post*, September 2, 2020, https://www.washingtonpost.com/world/asia_pacific/china-europe-relations-us/2020/09/02/63d963e0-ece1-11ea-bd08-1b10132b458f_story.html.

74. Biden, "Remarks Before the 76th Session of the United Nations General Assembly."

75. 關於相關論辯，我讀過最深思熟慮的論述之一，是Thomas Christensen, "There Will Not Be a New Cold War: The Limits of US Chinese Competition," *Foreign Affairs*, March 24, 2021, https://www.foreignaffairs.com/articles/united-states/2021-03-24/there-will-not-be-new-cold-war.

76. James Dobbins, Howard J. Shatz, and Ali Wyne, *Russia Is a Rogue, Not a Peer; China Is a Peer, Not a Rogue: Different Challenges, Different Responses* (Santa Monica, CA: RAND Corporation, 2019), https://www.rand.org/pubs/perspectives/PE310.html.

77. Dobbins, Shatz, and Wyne, *Russia Is a Rogue*.

78. 若要了解「威權主義國際法」與「自由主義國際法」的比較，請參閱Tom Ginsburg, "Authoritarian International Law?," *American Journal of International Law* 114, no. 2 (2020): 221–260, https://doi.org/10.1017/ajil.2020.3.

79. 此一觀點令人信服的論述，見Thomas Christensen, *No New Cold War: Why the US Strategic Competition Will Not Be Like the US- Soviet Cold War* (Seoul: Asan Institute for Policy Studies, 2020).

80. Robert Legvold, *Return to Cold War* (Cambridge, UK: Polity, 2016), 43–46.

81. Hannah Beach, Abdi Atif Dahir, and Oscar Lopez, "With Us or with Them? In a New Cold War, How About Neither," *New York Times*, April 24, 2022, https://www.nytimes .com/2022/04/24/world/asia/cold-war-ukraine.html.

82. 本章受益於Nathan Feldman的建議。

83. 本章借鑒Michael Doyle, Alicia Evangelides, and Christopher Kaoutzanis爲國際和平研究所多邊主義計畫（二〇一六年）準備的未發表研究備忘錄；此備忘錄存於作者手中。另外關於此一論辯更爲深入、思考充分的敘述，請見Richard Haass, *A World in Disarray: American Foreign Policy and the Crisis of the Old Order* (New York: Penguin, 2017).

84. 橫向不平等是沿著人口界線（如種族、宗教、族裔或區域）分布的財富不均。關於極度不平等所帶來的政治、社會與經濟後果，見Michael W. Doyle and Joseph E. Stiglitz, "Eliminating Extreme Inequality: A Sustainable Development Goal, 2015-2030," *Ethics and International Affairs* 28, no. 1 (March 2014): 5–13.

85. Khalid Koser and Frank Laczko, *World Migration Report* 2010 (Geneva: International Organization for Migration, 2010), 3, https://publications.iom.int/system/files/pdf/wmr_2010_english.pdf.

86. United Nations High Commissioner for Refugees, "Situations: Syria," https://data.unhcr.org/en/situations/syria.

87. Michèle Griffin, "The UN's Role in a Changing Global Landscape," in *The Oxford Handbook on the United Nations*, ed. Thomas Weiss and Sam Daws (Oxford: Oxford University Press, 2018), 2:827–828.

88. *Resilient People, Resilient Planet: A Future Worth Choosing; The Report of the United Nations Secretary-General's High-Level Panel on Global Sustainability* (New York: United Nations, 2012), 11, http://www.acp.int/sites/acpsec.waw.be/files/GSP_Report_web_final.pdf.

89. John Mueller, *Overblown: How Politicians and the Terrorism Industry Inflate National Security Threats, and Why We Believe Them (New York: Free Press, 2006); and John Mueller, Chasing Ghosts: The Policing of Terrorism* (New York: Oxford University Press, 2016).

90. Edith Lederer, "Russia Spars with EU and US at Meeting on EU-UN Cooperation," Associated Press, June 11, 2021, https://apnews.com/article/joe-biden-russia-united-nations-middle-east-health-ea6635f5fbb0e33287519be62fb21213.

91. Ellen Nakashima, "The US Is Urging a No Vote on Russian-Led UN Resolution Calling for Global Cybercrime Treaty," *Washington Post*, November 15, 2019, https://www.washingtonpost.com/national-security/the-us-is-urging-a-no-vote-on-a-russian-led-un-resolution-calling-for-a-global-cybercrime-treaty/2019/11/16/ b4895e76-075e-11ea-818c-fcc65139e8c2_story.html.

92. Security Council Report, *DPR K (North Korea): Yesterday's Vote on a Sanctions Resolution*, What's In Blue, May 26, 2022, https://www.securitycouncilreport.org/whatsinblue/2022/05/dprk-north-korea-yesterdays-vote-on-a-sanctions-resolution .php.

93. Julian E. Barnes and Michael Venutolo-Mantovani, "Race for Coronavirus Vaccine Pits Spy Against Spy,' *New York Times*, September 5, 2020, https://www.nytimes.com/2020/09/05/us/politics/coronavirus-vaccine-espionage.html.

94. "Gorbachev at the United Nations," C-SPAN video, 1:35:15, December 7, 1988, https://www.c-span.org/video/?5292-1/gorbachev-united-nations.

95. Kristine Lee and Alexander Sullivan, *People's Republic of the United Nations: China's Emerging Revisionism in International Organizations* (Washington, DC: Center for a New American Security, 2019), 4.

96. David Lawler, "The 53 Countries Supporting China's Crackdown on Hong Kong," Axios, July 3, 2020, https://www.axios.com/2020/07/02/countries-supporting-china-hong-kong-law.

97. UN General Assembly Resolution 75/277 (May 18, 2021).

98. See Hernandez, "China Peddles Falsehoods."

99. See Richard Gowan, "Three Troubling Trends at the UN Security Council," International Crisis Group, November 6, 2019, https://www.crisisgroup.org/global/three-troubling-trends-un-security-council; Richard Gowan, "UN Peacekeeping in a Fragmenting International Order," International Crisis Group, December 9, 2020, https://www.crisisgroup.org/global/un-peacekeeping-fragmenting-international-order.

100. Michelle Ye Hee Lee, "China Draws North Korea Closer than Ever as Biden Visits Region," *Washington Post*, May 18, 2022.

101. Jolie Myers and Ari Shapiro, "U.N. Chief: Security Council Gridlock Blocks Effective Coronavirus Response," NPR, June 9, 2020, https://www.npr.org/sections/coronavirus-live-updates/2020/06/09/873060941/u-n-chief-security-council-gridlock-blocks-effective-coronavirus-response.

102. Nicholas Burns and Douglas Lute, *NATO at Seventy: An Alliance in Crisis* (Boston: Belfer Center for Science and International Affairs, 2019)

第二部　衝突的來源

1. 韓戰是驚人的例外。美國與中國士兵（加上蘇聯飛行員）直接對戰。兩陣營之間缺乏直接軍事衝突，正是導致知名軍事史學家John Gaddis令人印象深刻地將此時代稱爲「長和平」之因，見 "The Long Peace: Elements of Stability in the Postwar International System," *International Security* 10, no. 4 (1986): 99–142, https://doi.org/10.2307/2538951.
2. Andrew Roth, "Putin Threatens US Arms Race with New Missiles Declaration," The Guardian, March 1, 2018, https://www.theguardian.com/world/2018/mar/01/vladimir-putin-threatens-arms-race-with-new-missiles-announcement . Keir Giles describes cyber and info war in *The Next Phase of Russian Information Warfare*, prepared by NATO Strategic Communications Centre of Excellence, May 2016, https://www.stratcomcoe.org/next-phase-russian-information-warfare-keir-giles. And Brad Lendon, "China Boosts Military Spending 8% Amidst Ambitious Modernization Drive," CNN, March 5, 2018, https://www.cnn.com/2018/03/04/asia/chinese-military-budget-intl/index.html.
3. 深入瞭解歐盟專家對「大國競爭回歸」的看法，請見European Commission, European Political Strategy Centre, *Geopolitical Outlook for Europe: Confrontation vs Cooperation*, June 8, 2018, https://data.europa.eu/doi/10.2872/153229 .
4. Amy Zegart, "American Spies Are Fighting the Last War, Again," *The Atlantic*, September 6, 2021.
5. 我在另一部著作*Ways of War and Peace* (New York: Norton, 1997)的第三及第八章中，討論世界政治哲學思想中的霍布斯結構現實主義及康德自由主義作爲。
6. Mancur Olson, *The Logic of Collective Action* (Cambridge, MA: Harvard University Press, 1965); Alphons van der Kragt, John Orbell, and Robyn Dawes, "The Minimal Contributing Set as a Solution to Public Goods Problems," *APSR 77* (1983): 112–122; and Kenneth Oye, "Explaining Cooperation Under Anarchy," *World Politics* 38, no. 1 (October 1985): 1–24，討論議題與數字在合作中扮演的角色。關於當前部分複雜因素，請見Richard Haass, "The Unraveling," *Foreign Affairs*, November 13, 2014.
7. 關於霸權是否能遏抑搭便車的傾向，請見Mancur Olson and Richard Zeckhauser, "An Economic Theory of Alliances," *Review of Economics and Statistics* 48, no. 3 (August 1966): 266–279; and Robert Keohane, *After Hegemony* (Princeton, NJ: Princeton University Press, 1984). 關於雙極與國際貨幣秩序，請見Fred Hirsch and Michael Doyle, *Alternatives to Monetary Disorder* (New York: McGraw Hill/Council on Foreign Relations, 1977).
8. Robert Axelrod, *The Evolution of Cooperation* (New York; Basic Books, 1984), chap. 6.
9. Elinor Ostrom, *Governing the Commons: The Evolution of Institutions for Collective Action* (Cambridge, UK: Cambridge University Press, 1990).
10. Robert Ellickson, *Order Without Law: How Neighbors Settle Disputes* (Cambridge, MA: Harvard University Press, 1991), chap. 16.
11. 關於不同形式合法性，或缺乏合法性，如何增強或阻礙國際組織合作的深入研究，請見Michael Zurn, *A Theory of Global Governance* (Oxford: Oxford University Press, 2018), especially chap. 3,"Legitimation Problems."

第三章　超級強國體系、霸權轉移與多維極化

1. 關於霸權是否能遏抑搭便車的傾向，請見Mancur Olson and Richard Zeckhauser, "An Economic Theory of Alliances," *Review of Economics and Statistics* 48, no. 3 (August 1966): 266–279; and Robert Keohane, *After Hegemony* (Princeton, NJ: Princeton University Press, 1984). 關於雙極與國際貨幣秩序，請見Fred Hirsch and Michael Doyle, *Alternatives to*

Monetary Disorder (New York: McGraw Hill/Council on Foreign Relations, 1977).

2. Francis Fukuyama, "The End of History," *National Interest* 16 (Summer 1989): 3–18.
3. 衡量勢力極爲困難；在某些情況中，聯盟可以替代「極點」（但只有在它們是可信的情況下）。關於以勢力爲基礎之普遍理論的最佳經典闡述，請見Kenneth Waltz, *The Theory of International Politics* (New York: McGraw Hill, 1979).
4. William C. Wohlforth, "The Stability of a Unipolar World," *International Security* 24, no. 1 (Summer 1999): 5–41.
5. G. John Ikenberry, *After Victory* (Princeton, NJ: Princeton University Press, 2001).
6. Jeanna Smialek, "These Will Be the World's 20 Largest Economies in 2030," Bloomberg, April 10 2015, http://www.bloomberg.com/news/articles/2015-04-10/the-world-s-20-largest-economies-in-2030.
7. "International Macroeconomic Data Set," US Department of Agriculture, last modified February 14, 2022, http://www.ers.usda.gov/data-products/international-macroeconomic-data-set.aspx.
8. 一九六九年蘇聯的國內生產毛額（以二〇一〇年的美元計）是將構成蘇聯之十五國當年國內生產毛額相加之總額：包含亞美尼亞、亞塞拜然、白俄羅斯、愛沙尼亞、喬治亞、哈薩克、吉爾吉斯、拉脫維亞、立陶宛、摩爾多瓦、俄羅斯、塔吉克、土庫曼、烏克蘭及烏茲別克。("Union of Soviet Socialist Republics." 2015. In *Encyclopedia Britannica*, http://www.britannica.com/EBchecked/topic/614785/Union-of-Soviet-Socialist-Republics .)
9. 根據美國農業部的資料（"International Macroeconomic Data Set"），二〇一四年俄羅斯的實質國內生產毛額在世界國家排名中位居第十一（以二〇一〇年美元計）。
10. 根據美國農業部的資料（"International Macroeconomic Data Set"），二〇三〇年，俄羅斯的實質國內生產毛額將在世界國家排名中位居第十（以二〇一〇年美元計）。
11. "Catching the Eagle: Chinese and American GDP Forecasts," *The Economist*, August 22, 2014, http://www.economist.com/blogs/graphicdetail/2014/08/chinese-and-american-gdp-forecasts
12. Organization for Economic Co-operation and Development (OECD), "GDP Long Term Forecast" (Paris: OECD, 2016), cited in Michael O'Hanlon, *The Senkaku Paradox: Risking Great Power War over Small Stakes* (Washington, DC: Brookings, 2019), 55. O'Hanlon的傑出著作假設整體競爭狀態保持在二〇一六年前的水準，並警告勿令涉及小利益的衝突（例如尖閣諸島）向上升級。他還爲美國提出混合戰略，更有效管理這場競爭。我將在《冷和平》書中的最後兩章回顧他提出的寶貴戰略教訓，但同時我也提出緊張局勢升級是趨向冷戰的源頭，後者正深化大國之間的對抗。
13. 顯然，英國與歐盟保持密切關係的可能性是令人生疑的，而歐盟團結起來形成一個一致性超級大國的可能性非常低，至少從二〇二二年的角度來看是如此。
14. 以上部分估算以匯率衡量；其他則以購買力衡量國內生產毛額，這類衡量裡中國已超越美國（儘管這類衡量方式未必能反映出資助先進武器系統的能力及衡量現代國家實力的其他方式）。這些資料也低估了印度的地位，因爲印度的人均國內生產毛額與工業化水準較低。
15. Minxin Pei on why China will not surpass the United States, *The Economist*, https://www.economist.com/by-invitation/2021/08/30/minxin-pei-on-why-china-will-not-surpass-the-united-states?utm_campaign=a_21americanpower&utm_mediu.
16. Joseph Nye, *Soft Power: The Means to Success in World Politics* (New York: Public Affairs Press, 2004).
17. Stanley Hoffmann, "The Sound and the Fury: The Social Scientists vs War and History," in *Janus and Minerva* (Boulder, CO: Westview, 1987), 439–457.

18. Table of Global Nuclear Weapons Stockpiles, 1945–2002, Natural Resources Defense Council, https://nuke.fas.org/norris/nuc_01049601a_160.pdf.

19. Benjamin Mainardi, "Yes, China Has the World's Largest Navy. That Matters Less than You Might Think," *The Diplomat*, April 7, 2021, https://thediplomat.com/2021/04/yes-china-has-the-worlds-largest-navy-that-matters-less-than-you-might-think/.

20. O'Hanlon, *Senkaku Paradox*, 56–57.

21. Stanley Hoffmann在多份出版中闡述了世界政治的多重棋盤觀點，包括*World Disorders: Troubled Peace in the Post- Cold War Era* (Lanham, MD: Rowman & Littlefield, 1998).

22. 概念出自Edward Gulick, *Europe's Classical Balance of Power* (New York: Norton, 1967). 關於十八世紀歐洲古典權力平衡時期的證據，見Michael Doyle, *Ways of War and Peace* (New York: Norton, 1997), chap. 5 passim and pp. 191– 193 。

23. 關於十八世紀「古典權力平衡」運作的討論，見chap. 5 of *Ways of War and Peace*.

24. Thomas J. Christensen and Jack Snyder, "Chain Gangs and Passed Bucks: Predicting Alliance Patterns in Multipolarity," *International Organization* 44, no. 2 (Spring 1990): 137–168. And Robert Jervis, "Cooperation Under the Security Dilemma," *World Politics* 30, no. 2 (1978): 167–214.

25. Kenneth N. Waltz, "The Stability of a Bipolar World," *Daedalus* 93, no. 3 (Summer 1964): 881–909.

26. Carl von Clausewitz, *On War* (Princeton, NJ: Princeton University Press, 1989), chap. 1.

27. 「鈍端」與「尖端」是一九八〇年由Danny Cohen應用在國際政治領域之中，發表在*Internet Engineering Note 137*，題爲"On Holy Wars and a Plea for Peace"的備忘錄，後續刊印於*IEEE Computer* 14, no. 10 (1981): 48– 57。

28. 在*Empires* (Ithaca, NY: Cornell University Press, 1986), chap. 20一章中，我在區分非正式與正式帝國的制度性來源時，探討了這些相似之處。

29. 修昔底德本人的論點更爲微妙，古希臘的「國際」秩序比簡單的雙極權力平衡更爲複雜；參見Richard Lebow and Barry Strauss, eds., *Hegemonic Rivalry* (Boulder, CO: Westview, 1991).

30. Graham Allison, *Destined for War: Can America and China Escape the Thucydides Trap* (New York: Houghton Mifflin, 2017). And for a theoretical exploration of international hegemony, see Robert Gilpin, *War and Change in World Politics* (New York: Cambridge University Press, 1981).

31. Steven Lee Myers, "Biden Has Angered China, and Beijing Is Pushing Back," *New York Times*, July 20, 2021.

32. Timothy R. Heath, Derek Grossman, and Asha Clark, *China's Quest for Global Primacy: An Analysis of Chinese International and Defense Strategies to Outcompete the United States* (Santa Monica, CA: RAND Corporation, 2021), https://www.rand.org/pubs/research_reports/ RRA447-1.html. Also available in print form.

33. Richard Bitzinger, "China's Double-Digit Defense Growth and What It Means for a Peaceful Rise," *Foreign Affairs*, April 6, 2015, 1, https://www.foreignaffairs.com/articles/china/2015-03-19/chinas-double-digit-defense-growth.

34. Bitzinger, "China's Double-Digit Defense Growth," 2.

35. Chun Han Wong, "China to Expand Naval Operations Amid Growing Tensions with US," *Wall Street Journal*, May 26, 2015, https://www.wsj.com/articles/china-shifts-maritime-military-focus-to-open-seas-1432648980.

36. Hal Brands, "The Danger of China's Decline," *Foreign Policy*, April 14, 2022. But also see Oriana Mastro and Derek Scissors, "China Hasn't Reached the Peak of its Power," *Foreign Affairs*, August 2022, which contests Brand's assessment of Chinese decline

37. 沿此論辯進行的經典論證，見Olson and Zeckhauser, "An Economic Theory of Alliances."

38. 歐洲的天然氣產量從二〇一〇年的三千億立方公尺，下降到二〇二一年的兩千億立方公尺。俄羅斯的天然氣出口量，則在過去十年中，從不到一千四百億立方公尺增加到兩千億立方公尺。James Marson and Joe Wallace, "Russia Steps In to Fill Demand as Europe Pumps Less Gas," *Wall Street Journal*, September 25, 2021.

39. Bojan Pancevski, "Merkel Era Ends with Cooler US Alliance," *Wall Street Journal*, September 25, 2021.

40. Ricci Shyrock, "For a Former Rebel the Decision to Take Moscow's Side in Its War with Ukraine Was Never in Doubt," *New York Times*, August 22, 2022.

第四章　統合民族主義式獨裁

1. Francis Fukuyama, *The End of History and the Last Man* (New York: Free Press, 1992).

2. 顯然，統合民族主義式獨裁與二十世紀的法西斯主義存在某種關係，正如墨索里尼提出的知名定義：「以民族為基礎，有組織、集中式的威權民主」；但正如Ernst Nolte充滿說服力的論證指出，二十世紀的法西斯主義必須放在社會主義的脈絡下理解，它視社會主義為主要對手，同時也從社會主義借鑒許多策略，雖然（Nolte並未充分意識到此點）揚棄社會主義的理性主義與世界主義。Nolte指出：「沒有馬克思主義，就沒有法西斯主義。」見Ernst Nolte, *Three Faces of Fascism: Action Francaise, Italian Fascism, National Socialism*, trans. Leila Vennewitz (New York: Holt, Rinehart and Winston, 1966), 7, 21. 我在本書第六及第七章討論自由主義如何應對墨索里尼的義大利與後大正時代日本時，討論這些論點。

3. Philippe C. Schmitter, "Still the Century of Corporatism?" *Review of Politics* 36, no. 1 (1974): 93–94, http://www.jstor.org/stable/1406080.

4. Schmitter, "Still the Century of Corporatism?," 103–104, 105–106. For varieties of democratic corporatism, see Peter Katzenstein, *Corporatism and Change: Austria, Switzerland, and the Politics of Industry* (Ithaca, NY: Cornell University Press, 1987).

5. Karl Polanyi, *The Great Transformation: The Political and Economic Origins of Our Time* (1944; repr. New York: Beacon Press, 1980).

6. 理論上，任何貿易，即便「以市場價格交易」，都應使要素價格趨於均衡，然而關稅、運輸及其他障礙卻會減弱貿易的影響。要素（包含勞動力、資本或技術）的流動，將令商品貿易的影響倍增。Heckscher、Ohlin、Rybczynski、Stolper 和 Samuelson 對此作出關鍵的理論貢獻。非技術性的概述，請參閱Chapter 3 in John Williamson, *The Open Economy and the World Economy: A Textbook in International Economics* (New York: Basic Books, 1983). 關於市場全球化崩潰的當代研究，請見Harold James, *The End of Globalization: Lessons from the Great Depression* (Cambridge, MA: Harvard University Press, 2001).

7. Gulnara Aitova, "From the Soviet Model of Labour Relations to Social Partnership: The Limits of Transformation," *World Review of Political Economy* 6, no. 2 (Summer 2015): 252, https://www.jstor.org/stable/10.13169/worlrevipoliecon.6.2.0252.

8. Simon Clarke, "Trade Unions, Industrial Relations and the State in Russia," *Transfer: European Review of Labour and Research* 3, no. 2 (August 1997): 377–389, https://doi.org/10.1177%2F102425899700300208.

9. Timothy Frye, *Property Rights and Property Wrongs: How Power, Institutions and Norms Shape Economic Conflict in Russia* (Cambridge, UK: Cambridge University Press, 2017), 202–204.

10. Thomas Grove, "Putin Retains Popularity Despite Wave of Protests," *Wall Street Journal*, April 21, 2012.

11. Alexander Abramov, Alexander Radygin, and Maria Chernova, "State-Owned Enterprises in

the Russian Market: Ownership Structure and Their Role in the Economy," *Russian Journal of Economics* 3, no. 1 (March 2017): 1–23, https://doi.org/10.1016/j.ruje.2017.02.001. Also see "The Party Winds Down," *The Economist*, May 6, 2016, https://www.economist.com/international/2016/05/07/the-party-winds-down.

12. "2017 Investment Climate Statements," US State Department, Bureau of Economic and Business Affairs, 2017, https://www.state .gov/reports/2017-investment-climate-statements/

13. Anton Troianovski and Ivan Nechepurenko, "Russian Tycoon Criticized Putin's War. Retribution Was Swift," *New York Times*, May 1, 2022, https://www.nytimes.com/2022/05/01/world/europe/oligarch-putin-oleg-tinkov.html.

14. Elizabeth C. Economy, *The Third Revolution: Xi Jinping and the New Chinese State* (New York: Oxford University Press, 2018), 95.

15. *Global Times*, March 2, 2021.

16. Donald C. Clarke, "Corporate Governance in China: An Overview," *China Economic Review* 14 (September 2003): 495, doi:10.1016/j.chieco.2003.09.019.

17. Emily Feng, "Xi Jinping Reminds China's State Companies of Who's the Boss," *New York Times*, October 13, 2016, https://www.nytimes.com/2016/10/14/world/asia/china-soe-state-owned-enterprises.html. Also see World Bank Group, *Corporate Governance of State-Owned Enterprises* (Washington, DC: World Bank Group, 2014), https://openknowledge.worldbank.org/bitstream/handle/10986/20390/9781464802225.pdf; and Economy, *Third Revolution*, 106.

18. Economy, *Third Revolution*, 110.

19. Ellen Nakashima, Gerry Shin, and John Hudson, "Leaked Documents Reveal Huawei's Secret Operations to Build North Korea's Wireless Network," *Washington Post*, July 22, 2019, https://www.washingtonpost.com/world/national-security/leaked-documents-reveal-huaweis-secret-operations-to-build-north-koreas-wireless-network/2019/07/22/583430fe -8d12-11e9-adf3-f70f78c156e8_story.html?noredirect=on.

20. Raymond Zhong, "Jailed Huawei Workers Raised a Forbidden Subject: Iran," *New York Times*, April 25, 2020, https://www.nytimes.com/2020/04/25/technology/china-huawei -iran-arrests.html?smid=url-share . 報導指稱中國逮捕五名前員工，因爲他們曾在聊天群組中討論科技巨頭對伊朗銷售的情況，引發社會對此公司與政府關係的質疑。

21. Minxin Pei, "Crony Communism in China," *New York Times*, October 17, 2014, https://www .nytimes.com/2014/10/18/opinion/crony-communism-in-china.html. 正如裴教授所主張，習主席在遏止腐敗方面的努力，與他限制公民社會及法院獨立的要求同樣強烈，兩者之間存在著緊張關係，而這兩者本可在察覺與遏制官員腐敗方面發揮關鍵作用。

22. Scott Livingston, *The Chinese Communist Party Targets the Private Sector* (Washington, DC: Center for Strategic and International Studies, 2020), https://www.csis.org/analysis/chinese-communist-party-targets-private-sector.

23. Jing Yang and Lingling Wei, "China's President Xi Jinping Personally Scuttled Jack Ma's Ant IPO," *Wall Street Journal*, November 12, 2020, https://www.wsj.com/articles/china-president-xi-jinping-halted-jack-ma-ant-ipo-11605203556.

24. Jing Yang, "Jack Ma's Ant Group Bows to Beijing with Company Overhaul," *Wall Street Journal*, April 12, 2021, https://www.wsj.com/articles/ant-group-to-become-a-financial-holding-company-overseen-by-central-bank-11618223482.

25. Lingling Wei, "Xi Jinping Aims to Rein in Chinese Capitalism, Hew to Mao's Socialist Vision," *Wall Street Journal*, September 20, 2021, https://www.wsj.com/articles/xi-jinping-aims-to-rein-in-chinese-capitalism-hew-to-maos-socialist-vision-11632150725.

26. Stephan Haggard and Barry Naughton, "The United States, China and the Asia-Pacific:

The Shifting Economic Agenda," Working Paper, East Asia Institute, April 17 2019, http://www.eai.or.kr/m/eng/research_view.asp?intSeq=10002&code=1&keyword_option=&keyword=&menu=study.

27. For quote, see Vikram Khanna, "Still America First in Trade," https://rightwayspro.blogspot.com/2021/03/still-amrica-first-in-trade.html. For further comment, see Chris Buckley, " 'The East Is Rising': Xi Maps Out China's Post-Covid Ascent," *New York Times*, March 3, 2021, https://www.nytimes.com/2021/03/03/world/asia/xi-china-congress.html.

28. Li Yuan, "What China Expects from Businesses: Total Surrender," *New York Times*, July 19, 2021, https://www.nytimes.com/2021/07/19/technology/what-china-expects-from-businesses-total-surrender.html.

29. See Keith Bradsher and Ana Swanson, "U.S.-China Trade Talks Stumble on Beijing's Spending at Home," *New York Times*, May 12, 2019, https://www.nytimes.com/2019/05/12/business/china-trump-trade-subsidies.html.

30. Alexandra Stevenson, "Business Embraces Hong Kong's Security Law. The Money Helps," *New York Times*, June 30, 2020, https://www.nytimes.com/2020/06/30/business/china-hong-kong-security-law-business.html?referringSource=articleShare.

31. Yi-Zheng Lian, "Trump Is Wrong About TikTok. China's Plans Are Much More Sinister," *New York Times*, September 17, 2020, https://www.nytimes.com/2020/09/17/opinion/tiktok-china-strategy.html.

32. Nicole Perlroth, "How China Transformed into a Prime Cyber Threat to the U.S.," *New York Times*, July 19, 2021, https://www.nytimes.com/2021/07/19/technology/china-hacking-us.html.

33. James R. Hollyer, B. Peter Rosendorff, and James Raymond Vreeland, *Information, Democracy, and Autocracy: Economic Transparency and Political (In)Stability* (Cambridge, UK: Cambridge University Press, 2018).

34. Adler-Karlsson, Gunnar, *Western Economic Warfare 1947–1967* (Stockholm: Almqvist & Wiksell, 1968).

35. Jaime Lowe, "With 'Stealth Politics,' Billionaires Make Sure Their Money Talks," *New York Times*, April 6, 2022, https://www.nytimes.com/2022/04/06/magazine/billionaire-politics.html?referringSource=articleShare.

36. 例如，根據聖路易聯邦儲備銀行的二〇一四年資料，國有企業占據美國國內生產毛額的10.2%：World Bank, "Credit to Government and State- Owned Enterprises to GDP for United States [DDEI08USA156NWDB]," retrieved from FRED, Federal Reserve Bank of St. Louis, May 28, 2022, https://fred.stlouisfed.org/series/DDEI08USA156NWDB . 此外，「根據二〇〇九年經濟合作與發展組織 (OECD) 的一項調查，二十五個OECD成員國共擁有約兩千零五十家國有企業，價值1.2兆美元。依據國有企業部門估值相對國內生產毛額來衡量，這些國有企業占國內生產毛額的15%；還在過渡到更為市場化經濟的國家中，國有企業則占國內生產毛額的20%到30% (OECD，2011) 。」(World Bank Group, *Corporate Governance of State-Owned Enterprises*, 4.)

37. Kate Kelly, "At Saudi Investment Conference, Trump Allies Remain Front and Center," *New York Times,* October 31, 2021, https://www.nytimes.com/2021/10/31/us/politics/saudi-investment-conference-trump-allies.html. And for a corresponding phenomenon of US receptiveness to flight capital, see Casey Michel, *American Kleptocracy: How the US Created the World's Greatest Money Laundering Scheme in History* (New York: St. Martins, 2021).

38. Andreas Wimmer, "Why Nationalism Works: And Why It Isn't Going Away," *Foreign Affairs,* March/April 2019, https://www.foreignaffairs.com/articles/world/2019-02-12/why-nationalism-works; and see Jack Snyder, "The Broken Bargain: How Nationalism Came Back," *Foreign Affairs*, March/April 2019, https://www.foreignaffairs.com/ articles/

world/2019-02-12/broken-bargain.

39. 與一九六〇年代一些非裔美國人異議團體所提倡的「黑人民族主義」，既相似又不同；相似處在於基於種族身份的認同；不同處在於，它倡議實現少數族群分離，而非由多數族群統治。

40. 英國脫歐民調，Statista, https://www.statista.com/statistics/987347/brexit-opinion-poll/.

41. Federico Finchelstein, *From Fascism to Populism in History* (Berkeley: University of California Press, 2017), 103–104.

42. Nadia Urbinati, *Me the People* (Cambridge, MA: Harvard University Press, 2019), 57.

43. Stephen Kotkin, "Russia's Perpetual Geopolitics: Putin Returns to the Historical Pattern," *Foreign Affairs*, May/June 2016, https://www.foreignaffairs.com/articles/ukraine/2016-04-18/russias-perpetual-geopolitics.

44. Many sources, but see Katie Sander, "Did Vladimir Putin Call the Breakup of the USSR 'the Greatest Geopolitical Tragedy of the 20th Century?,' " *Politifact*, March 6, 2014, https://www.politifact.com/factchecks/2014/mar/06/john-bolton/did-vladimir-putin-call-breakup-ussr-greatest-geop/.

45. John Haaga, "High Death Rate Among Russian Men Predates Soviet Union's Demise," Population Reference Bureau, April 1, 2000, https://www.prb.org/resources/high-death-rate-among-russian-men-predates-soviet-unions-demise/.

46. Hannah Arendt, *Origins of Totalitarianism* (New York: Shocken, 1951), preface.

47. Timothy Snyder, *The Road to Unfreedom: Russia, Europe, America* (New York: Tim Duggan Books, 2018), 194–195.

48. Grove, "Putin Retains Popularity Despite Wave of Protests."

49. Isaiah Berlin, "The Bent Twig," *Foreign Affairs*, October 1972, https://www.foreignaffairs.com/articles/1972-10-01/bent-twig；更廣泛的應用，請見Fareed Zakaria,"Who Understands Our Times, Bernie or The Donald?" *Washington Post*, April 11, 2019, https://fareedzakaria.com/columns/2019/4/11/who-understands-our-times-bernie-or-the-donald.

50. Timothy Snyder, "The War in Ukraine Has Unleashed a New Word," *New York Times*, April 22, 2022, https://www.nytimes.com/2022/04/22/magazine/ruscism-ukraine-russia-war.html.

51. Snyder, *Road to Unfreedom*, 8–83.

52. Timothy Snyder, "God Is a Russian," *New York Review of Books*, April 5, 2018, https://www.nybooks.com/articles/2018/04/05/god-is-a-russian/。但我們不該假設以乾淨的本質主義，來回應所有好事與壞事。啟發了現代自由主義的啟蒙哲學家，也展現出許多民族主義甚至是種族主義的情感。啟蒙理性、個人主義、普遍主義（如康德與伏爾泰）促成了民主情感，但並不保證普世寬容或平等。而浪漫時代的共同體主義（赫德）並不排除寬容或法治。請見Kwame Anthony Appiah, "Dialectics of Enlightenment," *New York Review of Books*, May 9, 2019, https://www.nybooks.com/articles/2019/05/09/irrationality-dialectics-enlightenment/.

53. Anna Nemtsova, "Putin's Crackdown on Dissent Is Working," *The Atlantic*, March 22, 2019, https://www.theatlantic.com/international/archive/2019/03/putins-new-law-makes-it-illegal-disrespect-russia/585502/.

54. Lionel Barber, Henry Foy, and Alex Barker, "Vladimir Putin Says Liberalism Has 'Become Obsolete,' " *Financial Times*, June 27, 2019, https://www.ft.com/content/670039ec-98f3-11e9-9573-ee5cbb98ed36.

55. Gordon G. Chang, "Xi Changed My Mind About Trump," *Wall Street Journal*, July 24, 2019, https://www.wsj.com/articles/xi-changd-my-mind-about-trump-11564008053. Notably, Chang is the author of a book titled *The Coming Collapse of China*.

56. 見 Jessica Chen Weiss, "A World Safe for Autocracy? China's Rise and the Future of Global Politics," *Foreign Affairs*, July/August 2019, https://www.foreignaffairs.com/articles/china/2019-06-11/world-safe-autocracy.關於跟這些方面有關之中國世界觀的廣泛討論，請見 Alastair Iain Johnston, "China in a World of Orders: Rethinking Compliance and Challenge in Beijing's International Relations,"*International Security* 44, no. 2 (Fall 2019): 9–60, https://doi.org/10.1162/isec_a_00360.

57. Chris Buckley, "China Warns Officials Against 'Dangerous' Western Values," *New York Times*, May 13, 2013, https://www.nytimes.com/2013/05/14/world/asia/chinese-leaders-warn-of-dangerous-western-values.html.

58. Sebastian Veg, "The Rise of China's Statist Intellectuals: Law, Sovereignty, and 'Repoliticization,' " *China Journal* 82 (July 2019): 23–45, https://doi.org/10.1086/702687.

59. Jiang Shigong, "The Internal Logic of Super-Sized Political Entities: 'Empire' and World Order," trans. David Ownby, https://www.readingthechinadream.com/jiang-shigong-empire-and-world-order.html.

60. John Lewis Gaddis, *Now We Know* (Oxford: Oxford University Press, 1997), especially chap. 7.

61. Barrington Moore, Jr., *Social Origins of Dictatorship and Democracy: Lord and Peasant in the Making of the Modern World* (Boston: Beacon Press, 1966).

62. Juan Linz, "An Authoritarian Regime: The Case of Spain," in *Cleavages, Ideologies and Party Systems: Contributions to Comparative Political Sociology*, Transactions of the Westermarck Society, vol. 10, ed. Erik Allardt and Yrjö Littunen (Helsinki: Distributed by the Academic Bookstore, 1964), 291–341.

63. Richard Fontaine and Kara Frederick, "The Autocrat's Toolkit," *Wall Street Journal*, March 15, 2019, https://www.wsj.com/articles/the-autocrats-new-tool-kit-11552662637.

64. Hope Reese, "It's Time to Become Aware of How Machines 'Watch, Judge, and Nudge Us,' Says Zeynep Tufekci," *Tech Republic*, September 29, 2015, https://www.techrepublic.com/article/its-time-to-become-aware-of-how-machines-watch-judge-and-nudge-us-says-zeynep-tufekci/

65. Anders Aslund估計，自二〇〇六年以來，普丁已將超過一千億美元轉出俄羅斯；Anders Aslund, "Vladimir Putin Is Russia's Biggest Oligarch," *Washington Post*, June 5, 2019, https://www.washingtonpost.com/opinions/2019/06/05/vladimir-putin-is-russias-biggest-oligarch/.

66. Karen Dawisha, *Putin's Kleptocracy: Who Owns Russia* (New York: Simon and Schuster, 2014); and Michael McFaul, *From Cold War to Hot Peace: An American Ambassador in Putin's Russia* (New York: Houghton Mifflin Harcourt, 2018). 關於二〇一一至一二年莫斯科示威及普丁重新確立總統權力的重要性，請見McFaul, *From Cold War to Hot Peace*, 240–250.

67. Matthew Schmidt, "The One Thing That Could Deter Putin," CNN, February 21, 2022, https://www.cnn.com/2022/02/20/opinions/ukraine-forces-russia-matthew-schmidt/index.html.

68. Dawisha, *Putin's Kleptocracy*, 4.

69. Alex Abramovich, "Dons of the Gulag," *New York Review of Books*, May 9, 2019, https://www.nybooks.com/articles/2019/05/09/russia-mafia-dons-gulag/.

70. Alexander Vershbow, "ESDP and NATO: Better Cooperation in View of the New Security Challenges" (speech, Interparliamentary Conference on CFSP/CSDP, Riga, Latvia, March 5, 2015), NATO, https://www.nato.int/cps/en/natohq/opinions_117919.htm.

71. Andrew Higgins, "As Putin Era Begins to Wane, Russia Unleashes a Sweeping Crackdown," *New York Times*, October 24, 2019, https://www.nytimes.com/2019/10/24/world/europe/

russia-protests-putin.html.

72. Daria Litinova, "Russia Labels Media Outlet, 2 Rights Groups 'Foreign Agents,' " AP News, September 29, 2021, https://apnews.com/article/business-europe-russi-media-moscow-9e78875b5298e0c78a588badd15dac9a.

73. T. Frye, *Property Rights and Property Wrongs: How Power, Institutions, and Norms Shape Economic Conflict in Russia* (Cambridge, UK: Cambridge University Press. 2017), 83, discussing Georgiy Suynyaev, "Is Propaganda Effective? Evidence on Framing Responsibility by State-Owned Media in Russia" (Research paper, September 2020).

74. Anton Troianovski and Adam Satoriano, "Google and Apple, Under Pressure from Russia, Remove Voting App," *New York Times*, September 17, 2021, https://www.nytimes.com/2021/09/17/world/europe/russia-navalny-app-election.html.

75. Lawrence Freedman, "The Crisis of Liberalism and the Western Alliance," *Survival* 63, no. 6 (2021): 37–44.

76. Immanuel Kant, *Perpetual Peace: A Philosophical Sketch*, ed. H. S. Reiss (Cambridge, UK: Cambridge University Press, 1991), 100.

77. Jessica L. P. Weeks, *Dictators at War and Peace* (Ithaca, NY: Cornell University Press, 2014).

78. Andrew J. Nathan, "China's Changing of the Guard: Authoritarian Resilience," *Journal of Democracy* 14, no. 1 (January 2003): 6–17.

79. 「第三次革命」一詞來自易明書中的適當標籤：*The Third Revolution: Xi Jinping and the New Chinese State* (Oxford: Oxford University Press, 2018), 10. 關於近年變革之根源，見Minxin Pei, *China's Crony Capitalism: The Dynamics of Regime Decay* (Cambridge, MA: Harvard University Press, 2016

80. Steven Lee Myers and Paul Mozur, "China Is Waging a Disinformation War Against Hong Kong Protesters," *New York Times*, August 13, 2019, 19, https://www.nytimes.com/2019/08/13/world/asia/hong-kong-protests-china.html?partner=IFTTT. 關於中國國家媒體控制戰略廣泛能力的仔細分析，請見Gary King, Jennifer Pan, and Margaret E. Roberts, "How the Chinese Government Fabricates Social Media Posts for Strategic Distraction, Not Engaged Argument," *American Political Science Review* 111, no. 3 (July 2017): 484–501, doi:10.1017/S0003055417000144.

81. Chun Han Wong, "From Falun Gong to Xinjiang: China's Repression Maestro," *Wall Street Journal*, April 9, 2019, A1, A10.

82. Elizabeth C. Economy, *Third Revolution*, 79–80. 根據Nicole Kobie，當前社會信用赤字者人數約在一千三百萬之譜，見 "The Complicated Truth About China's Social Credit System," *Wired*, June 7, 2019, https://www.wired.co.uk/article/china-social-credit-system-explained.

83. 跟美國一樣，俄羅斯也曾經歷過國際上發動的恐怖攻擊。最近一次是伊斯蘭聖戰組織（ISIS）對聖彼得堡地鐵發動的襲擊，ISIS宣稱是對俄羅斯介入敘利亞的報復。

84. Michael McFaul討論莫斯科示威對普丁第二次總統任期的影響，見*From Cold War to Hot Peace*。

85. Jane Perlez, "China Reacts to Trade Tariffs and Hong Kong Protests by Blaming U.S.," *New York Times*, August 2, 2019, https://www.nytimes.com/2019/08/02/world/asia/china-trump.html.

86. Xi Jinping, "Full Text of President Xi's Speech at Opening of Belt and Road Forum" (speech, Beijing, China, May 14, 2017), Ministry of Foreign Affairs of the People's Republic of China, https://www.fmprc.gov.cn/mfa_eng/wjdt_665385/zyjh_665391/201705/t20170527_678618.html#:~:text=Ladies%20and%20Gentlemen%2C-Dear%20 Friends%2C,namely%2C%20the%20maritime%20Silk%20Road.

87. 關於「威權」外交政策相關文獻的傑出討論，見Katsiaryna Yakouchyk, "Beyond Autocracy

Promotion: *A Review," Political Studies Review* 17, no. 2 (May 2019): 147–160, https://doi.org/10.1177/1478929918774976 。墨索里尼與希特勒的法西斯獨裁政權，積極參與獨裁擴張；如今俄羅斯與中國更著重於透過反自由化來保護威權。

88. 相關討論見 Kerry Brown, *China's World: The Foreign Policy of the World's Newest Superpower* (London: I. B. Tauris, 2017); Gerald Chan, *Understanding China's New Diplomacy: Silk Roads and Bullet Trains* (Cheltenham, UK: Edward Elgar, 2018); Antonio Fiori and Matteo Dian, eds., *The Chinese Challenge to the Western Order* (Trento, Italy: Fondazione Bruno Kessler, 2014)；以及一篇優秀學生論文，Simon Ma, "Harmony or Hegemony"(Political Science Department, Columbia University, 2019).

89. 精采研究見Jonathan E. Hillman, *The Emperor's New Road: China and the Project of the Century* (New Haven, CT: Yale University Press, 2020).

90. Ana Swanson, "A New Red Scare Is Reshaping Washington," *New York Times*, July 20, 2019, https://www.nytimes.com/2019/07/20/us/politics/china-red-scare-washington .html.

91. Josh Rogin, *Chaos Under Heaven: Trump, Xi, and the Battle for the 21st Century* (Boston: Houghton Mifflin Harcourt, 2021), xvi.

92. Mahalia Dobson, "Lobster or Legitimacy? A Key U.S. Ally Embraces the West—and Pays the Price with China," *NBC News*, June 20, 2021, https://www.yahoo.com/entertainment/lobster-legitimacy-key-u-ally-083312781.html.

93. Jennifer Hillman and David Sacks, *Independent Task Force Report* No. 79, *China's Belt and Road Implications for the United States* (New York: Council on Foreign Relations, 2021), https://www.cfr.org/report/chinas-belt-and-road-implications-for-the-united-states/findings.

94. David Stanway, "China's Belt and Road Plans Losing Momentum as Opposition, Debt Mount—Study," Reuters, September 29, 2021, https://www.reuters.com/world/china/chinas-belt-road-plans-losing-momentum-opposition-debt-mount-study-2021-09-29/.

95. David E. Sanger, *The Perfect Weapon: War, Sabotage, and Fear in the Cyber Age* (New York: Broadway Books, 2018); and Richard J. Harknett and Joseph S. Nye, Jr., "Is Deterrence Possible in Cyberspace?" *International Security* 42, no. 2 (November 2017): 196–199, https://doi.org/10.1162/ISEC_c_00290. 關於不同戰略情境中網路衝突所帶來的穩定與不穩影響的深入探討，見Jason Healey and Robert Jervis, "The Escalation Inversion and Other Oddities of Situational Cyber Stability," *Texas National Security Review* 3, no. 4 (Fall 2020): 30–53, http://dx.doi.org/10.26153/tsw/10962.

96. Elsa Kania, Samm Sacks, Graham Webster, and Paul Triolo, "China's Strategic Thinking on Building Power in Cyberspace," *New America*, September 25, 2017, https://www.newamerica.org/cybersecurity-initiative/blog/chinas-strategic-thinking-building-power-cyberspace/; and see Johnston, "China in a World of Orders," 53–56, for comments on the information order and cybersecurity.

97. Duncan B. Hollis, "China and the US Strategic Construction of Cybernorms: The Process Is the Product." Aegis Paper Series No. 1704, Hoover Institution Paper Series on National Security, Technology, and Law (Stanford: Hoover Institution, 2017), 1–2, https://www.hoover.org/research/china-and-us-strategic-construction-cybernorms-process-product.

98. Sarah E. Kreps, Miles McCain, and Miles Brundage, "All the News That's Fit to Fabricate: AI-Generated Text as a Tool of Media Misinformation," *Journal of Experimental Political Science* 9, no. 1 (Spring 2022): 104–117, https://doi.org/10 .1017/XPS.2020.37; and Jack Goldsmith and Stuart Russell, "Strengths Become Vulnerabilities: How a Digital World Disadvantages the United States in Its International Relations," *Lawfare*, June 6, 2018, 1–24, https://www.lawfareblog.com/strengths-become-vulnerabilities-how-digital-world-disadvantages-united-states-its-international-0.

99. Henry Farrell and Abraham L. Newman, "Weaponized Interdependence: How Global Economic Networks Shape State Coercion," *International Security* 44, no. 1 (July 2019): 42–79, https://doi.org/10.1162/isec_a_00351.

100. Sulmaan Wasif Khan, "Wolf Warriors Killed China's Grand Strategy: And We'll All Come to Miss It," *Foreign Policy*, May 28, 2021, https://foreignpolicy.com/2021/05/28/china-grand-strategy-wolf-warrior-nationalism/.

101. Norman Kempster, "Just Kidding, Russian Says After Cold War Blast Stuns Europeans," *Los Angeles Times*, December 15, 1992, https://www.latimes.com/archives/la-xpm-1992-12-15-mn-2214-story.html.

102. Chris Blattman, "The Strategic Logic of Russia's War on Ukraine," *Wall Street Journal*, April 25, 2022, https://www.wsj.com/articles/the-strategic-logic-of-russia-war-on-ukraine-putin-leverage-western-europe-invasion-peace-negotiations-sanctions-weaken-russia-11650917047.

103. Andrei Makhovsky and Polina Devitt, "Battling Protests, Lukashenko Says Putin Agreed to Help Security of Belarus," Reuters, August 15, 2020, https://www.usnews.com/news/world/articles/2020-08-15/baltic-leaders-urge-belarus-to-hold-free-and-fair-elections?context=amp.

104. UN Press Release, SC/93255, March 19, 2018.

105. David Petraeus and Sheldon Whitehouse, "Putin and Other Authoritarians' Corruption Is a Weapon—and a Weakness," *Washington Post*, March 8, 2019, https://www.washingtonpost.com/opinions/2019/03/08/putin-other-authoritarians-corruption-is-weapon-weakness/.

106. Tom Miles, "China: U.S. Resembles "Don Quixote" in Seeing Other Powers as Threats," Reuters, May 22, 2019, https://www.reuters.com/article/us-usa-china-nuclear/china-u-s-resembles-don-quixote-in-seeing-other-powers-as-threats-idUSKCN 1SS1E5.

107. Jeremy Page, "China Promises Further Military Cooperation with Russia," *Wall Street Journal*, July 24, 2019, https://www.wsj.com/articles/china-promises-further-military-cooperation-with-russia-11563973937.

108. 二〇一九年七月中國的國防白皮書強調與俄羅斯的夥伴關係，但同時也聚焦國內的不安全根源，如新疆、西藏和台灣。請見 State Council Information Office of the People's Republic of China, "China's National Defense in the New Era"(Beijing: Foreign Languages Press, 2019), http://www.chinadaily.com.cn/specials/whitepaperonnationaldefenseinnewera.pdf

第五章 自由資本主義式民主

1. Isaiah Berlin, "Two Concepts of Liberty," in *Four Essays On Liberty* (Oxford: Oxford University Press, 1969), 8.

2. 本節借鑑我的論文 "Liberalism and World Politics," *American Political Science Review* 80, no. 4 (December 1986): 1151–1169; http://www.jstor.org/stable/1960861.

3. Stephen Skowronek, "The Reassociation of Ideas and Purposes: Racism, Liberalism, and the American Political Tradition," *American Political Science Review* 100, no. 3 (August 2006): 385, http://www.jstor.org/stable/27644362.

4. Stephen Taylor Holmes, "Aristippus in and Out of Athens," *American Political Science Review* 73, no. 1 (March 1979): 115, https://doi.org/10.2307/1954734.

5. Francis Fukuyama, "The End of History," *National Interest* 16 (Summer 1989): 3–18.

6. Fred Hirsch, *Social Limits to Growth* (Cambridge, MA: Harvard University Press, 1976).

7. John Rawls, *The Law of Peoples* (Cambridge, MA: Harvard University Press, 1999), 50.

8. Robert A. Dahl, "Can International Organizations Be Democratic? A Skeptic's View," in *Democracy's Edges*, ed. Ian Shapiro and Casiano Hacker-Cordón (Cambridge, UK: Cambridge University Press, 1999), 19–36.

9. Michael Tomz and Jessica Weeks, "Public Opinion and the Democratic Peace," *American Political Science Review* 107, no. 4 (November 2013): 862, http://www.jstor.org/stable/43654037.

10. Freedom House, *Freedom in the World: 2019* (Washington, DC: Freedom House, 2019), 3, https://freedomhouse.org/sites/default/files/Feb2019_FH_FITW_2019_Report_ForWeb-compressed.pdf.

11. Sheri Berman, *Democracy and Dictatorship in Europe: From the Ancien Régime to the Present Day (*Oxford: Oxford University Press, 2019).

12. 關於布雷頓森林體系的經典分析，請見G. John Ikenberry, *After Victory: Institutions, Strategic Restraint, and the Rebuilding of Order After Major Wars* (Princeton, NJ: Princeton University Press, 2000).

13. See Graham Allison, *Destined for War: Can America and China Escape Thucydides's Trap?* (Boston: Houghton Mifflin Harcourt, 2017); and see the cautions of Jonathan Kirshner, "Handle Him with Care: The Importance of Getting Thucydides Right," *Security Studies* 28, no. 1 (January 2019): 1–24, https://doi.org/10.1080/09636412.2018.1508634.

14. 最近的例子包括美國國務院的年度人權報告，指出中國在侵犯人權方面「獨樹一幟」，尤其是對穆斯林的大規模逮捕，堪稱「自一九三〇年代以來」前所未見，以及數百萬維吾爾人遭關押在再教育營中，北京將之比為「寄宿學校」。然而，同一份報告卻未能將沙烏地異議人士遭殺害之事，歸咎穆罕默德·本·薩爾曼。見David E. Sanger, "State Dept. Accuses China of Rights Abuses Not Seen 'Since the 1930s,'" *New York Times*, March 13, 2019, https://www.nytimes.com/2019/03/13/us/politics/state-department-human-rights-abuses.html.

15. 我最早討論這些自由主義特徵的論文是"Kant, Liberal Legacies, and Foreign Affairs: Part I," *Philosophy and Public Affairs* 12, no. 3 (June 1983): 205–235, https://www.jstor.org/stable/2265298; and in "Kant, Liberal Legacies, and Foreign Affairs: Part II," *Philosophy and Public Affairs* 12, no. 4 (October 1983): 323–353, https://www.jstor.org/stable/2265377. Stefano Recchia跟我對實證民主和平研究的廣泛領域進行研究，請見"Liberalism in International Relations," *International Encyclopedia of Political Science*, ed. Bertrand Badie, Dirk Berg- Schlosser, and Leonardo Morlino (Los Angeles: Sage, 2011), 5:1434–1439.

16. 以下段落論點最早出處，見 Doyle, "Liberal Legacies and Foreign Affairs: Part II."

17. Steve Chan, "Mirror, Mirror on the Wall . . . Are the Freer Countries More Pacific?," *Journal of Conflict Resolution* 28, no. 4 (December 1984): 636, http://www.jstor.org/stable/173984.

18. Walter Clemens, "The Superpowers and the Third World: Aborted Ideals and Wasted Assets," in *Sage International Yearbooks in Foreign Policy Studies*, vol. VII: Foreign Policy: USA/USSR, ed. C. W. Kegley and P. J. McGowan (Beverly Hills: Sage, 1982), 117–118.

19. Barry Posen and Stephen W. van Evera, "Overarming and Underwhelming," *Foreign Policy*, no. 40 (Autumn 1980): 105, https://www.jstor.org/stable/1148343.

20. "Herbert Hoover to President Wilson (29 March 1919)," in *Major Problems in American Foreign Policy*, vol. 1, ed. Thomas Paterson (Boston: Houghton Mifflin Harcourt, 1978), 95. 美國對蘇聯的實際介入，僅限於支援在西伯利亞反對布爾什維克黨的捷克斯洛伐克士兵，以及保護莫曼斯克 (Murmansk) 的軍需物資不受德軍扣押。

21. US Senate, *Hearings Before the Committee on Foreign Relations on the Nomination of John Foster Dulles, Secretary of State Designate*, 83rd Congress, 1st session, January 15, 1953 (Washington, DC: GPO, 1953), 5–6.

22. Michael Doyle, *Empires* (Ithaca, NY: Cornell University Press, 1986); and for an example, see Alexis De Tocqueville, *Democracy in America*, trans. Henry Reeve (1835; repr. New York:

Knopf, 1945), 351.

23. See Paterson, ed., *Major Problems in American Foreign Policy*, vol. 1, 328.

24. Jeane J. Kirkpatrick, "Dictatorships and Double Standards," *Commentary* 68 (November 1979): 1–32, https://www.commentary.org/articles/jeane-kirkpatrick/dictatorships-double-standards/.

25. Richard Barnet, *Intervention and Revolution: The United States in the Third World* (New York: Meridian, 1968), chap. 10.

26. Arthur Schlesinger, *A Thousand Days: John F. Kennedy in the White House* (Boston: Houghton Mifflin Harcourt, 1965), 769; also quoted in Barnet, *Intervention and Revolution*, 158.

27. L.R. Simon and J.C. Stephens, *El Salvador Land Reform 1980–1981* (Boston: Oxfam America, 1981), 38.

28. 我對彌爾的「不干預」觀點提出詮釋、更新與批判性評價，見*The Question of Intervention: John Stuart Mill and the Responsibility to Protect* (New Haven, CT: Yale University Press, 2015).

29. 此部分借鑒並更新Michael W. Doyle, "The Liberal Peace, Democratic Accountability, and the Challenge of Globalization," in *Globalization Theory: Approaches and Controversies*, ed. David Held and Anthony Grew (Cambridge, UK: Polity, 2007), 190–206.

30. See John Ruggie's "International Regimes, Transactions and Change: Embedded Liberalism in the Postwar Economic Order," *International Organization* 36, no. 2 (Spring 1982): 379–415, https://www.jstor.org/stable/2706527.

31. 彼得・杜拉克稱此為「跨國策略」: Peter F. Drucker, "The Global Economy and the Nation-State," *Foreign Affairs*, September/October 1997, https://www.foreignaffairs.com/articles/1997-09-01/global-economy-and-nation-state. Marina von Neumann Whitman, *New World, New Rules: The Changing Role of the American Corporation* (Cambridge, MA: Harvard Business School Press, 1999)探討一度穩健、沉重、跨越全球且跟母國社群維持著父權關係的美國大型企業，今日如何變得精實、精幹且不受拘束。

32. 此部分借鑒並部分更新Michael Doyle, "A More Perfect Union? The Liberal Peace and the Challenge of Globalization," *Review of International Studies* 26 (December 2000): 81–94, https://www.jstor.org/stable/20097713.

33. Arvind Panagariya, "International Trade," *Foreign Policy*, no. 139 (November/December 2003): 22, https://doi.org/10.2307/3183727. Also see the UN annual *Millennium Goals Report* at https://doi.org/10.18356/98544aa9-en.

34. Robert Gilpin, *The Challenge of Global Capitalism* (Princeton, NJ: Princeton University Press, 2000), 307. 關於國內生產毛額的全球比較時，見Tahir Beg, "Globalization, Development and Debt- Management," *The Balance* (Spring 2000), table 2, http://balanceddevelopment.org/articles/globalization.html; and Nancy Birdsall, "Why Inequality Matters: Some Economic Issues," *Ethics and International Affairs* 15, no. 2 (September 2001): 3–28, doi:10.1111/j.1747-7093.2001.tb00356.x.

35. "OECD Now Accounts for Slightly Less than 50% of World GDP, Large Emerging Economies for About 30%," OECD, April 30, 2014, https://www.oecd.org/sdd/prices-ppp/oecdnowaccountsforslightlylessthan50ofworldgdplargeemergingeconomiesforabout30 .htm.

36. United Nations Conference on Trade and Development, *2004 Development and Globalization: Facts and Figures* (Geneva: UNCTAD, 2004), 18.

37. Christoph Lakner and Branko Milanovic, *Global Income Distribution: From the Fall of the Berlin Wall to the Great Recession* (Washington, DC: World Bank, 2013), 31, http://hdl.handle.net/10986/16935.

38. Homi Kharas and Brina Seidel, *What's Happening to the World Income Distribution? The El-*

ephant Chart Revisited (Washington, DC: Brookings, 2018), 2, https://www.brookings.edu/research/whats-happening-to-the-world-income-distribution-the-elephant-chart-revisited/.

39. James B. Davies and James Shorrocks, *The World Distribution of Household Wealth, Discussion Paper 2008/003* (Helsinki: UNU-WIDER, 2006), 7, https://www.wider.unu.edu/publication/world-distribution-household-wealth.

40. 關於這些自由全球化壓力的重要背景，請見Peter Katzenstein and Jonathan Kirshner, eds., *The Downfall of the American Order?* (Ithaca, NY: Cornell University Press, 2022); and Jonathan Kirshner, American Power After the Financial Crisis (Ithaca, NY: Cornell University Press, 2014).

41. 此節借鑑並更新自Michael W. Doyle, "The Liberal Peace, Democratic Accountability, and the Challenge of Globalization," in *Globalization Theory: Approaches and Controversies*, ed. David Held and Anthony Grew (Cambridge, UK: Polity, 2007), 190–206.

42. US National Security Council, *Defense Planning Guidance*, FY 1994– 1999 (Washington, DC, 1992), 2, https://www.archives.gov/files/declassification/iscap/pdf/2008-003-docs1-12.pdf. 其中區域介入修正如下：「第三個目標，是防止任何敵對勢力主宰對我方利益至關重要的區域，同時強化屏障，阻止全球威脅再現，影響美國及**我方盟友**的利益。這些區域包括歐洲、東亞、中東／波斯灣及拉丁美洲。此類關鍵地區資源若遭到**非民主**的統合控制，可能對我方安全構成重大威脅。」

43. Mary Elise Sarotte, "A Broken Promise? What the West Really Told Moscow About NATO Expansion," *Foreign Affairs*, September/October 2014, https://www.foreignaffairs.com/articles/russia-fsu/2014-08-11/broken-promise.

44. 請見National Security Archive (December 12, 2017) 裡資訊豐富的研究："NATO Expansion: What Gorbachev Heard." James Goldgeier, *Not Whether, but When* (Washington, DC: Brookings, 2010); and Joshua Shiffrinson, "Deal or No Deal," *International Security* (Spring 2016)，提供有用的背景資訊。

45. 基於對俄羅斯如何理解美國及北約擴張之深入剖析的完整研究，請見Andrey A. Sushentzov and William C. Wohlforth, "The Tragedy of US- Russian Relations: NATO Centrality and the Revisionists' Spiral," *International Politics* 57 (March 2020): 427–450, https://doi.org/10.1057/s41311-020-00229-5. 他們主張，無論美國還是俄羅斯，都有擴張目標，不僅是防禦目的，使得任何穩定妥協都極為困難。作者註：一九九二年，我向柯林頓政府交接團隊發送一份簡短備忘錄，提議延續此一路線，成立一個「歐洲國家組織」。

46. "Exclusive—As War Began, Putin Rejected a Ukraine Peace Deal Recommended by His Aide: Sources," Reuters, September 14, 2022.

47. 更具諷刺的是，柯林頓任內，美國逐漸依賴葉爾欽在減少核武散彈擴散方面的合作，甚至可能鼓勵他的非民主操控手段，導致普丁上台。見Svetlana Savranskaya and Mary Sarotte, "The Clinton- Yeltsin Relationship in Their Own Words," National Security Archive (October 2, 2018).

48. See Kimberly Marten, "NATO Enlargement: Evaluating Its Consequences in Russia," *International Politics* 57, no. 3 (April 2020): 401–426, https://doi.org/10.1057/s41311-020-00233-9 for a similar argument; and James Goldgeier and Joshua R. Itzkowitz Shiffrinson, "Evaluating NATO Enlargement: Scholarly Debates, Policy Implications, and Roads Not Taken," *International Politics* 57 (2020): 291–321, https://doi.org/10.1057/s41311-020-00243-7 for a survey of the academic literature.

49. See Independent International Commission on Kosovo, *The Kosovo Report: Conflict, International Response, Lessons Learned* (Oxford: Oxford University Press, 2000); 我在*The Question of Intervention* (New Haven, CT: Yale University Press, 2015) 的第四章中討論此例。

50. 關於普丁入侵背後之防禦動機（即針對北約擴張）的論點主張，請見Philip Short, "After Six Months of Bloody War and Terrible War, What Exactly Does Putin Want from Ukraine,"

The Guardian, August 22, 2022.

51. Ross Douthat, "Putin Is Losing in Ukraine. But He's Winning in Russia," *New York Times*, April 2, 2022, https://www.nytimes.com/2022/04/02/opinion/putin-ukraine-russia.html.

52. 顯然，正是烏克蘭加入歐盟的威脅，促使普丁不再支持烏克蘭獨立，並在二〇一三年堅持要求他的親信停止對歐盟的談判。

53. White House, *National Security Strateg y of the United States of America* (Washington, DC, 2017), 3, https://trumpwhitehouse.archives.gov/wp-content/uploads/2017/12/NSS-Final-12-18-2017-0905.pdf.

54. Ana Swanson, "A New Red Scare Is Reshaping Washington," *New York Times*, July 20, 2019, https://www.nytimes.com/2019/07/20/us/politics/china-red-scare-washington.html.

55. 關於這位對中國知之甚深的卓越美國經濟學家的看法，請見Gregory C. Chow, "The Impact of Joining the WTO on China's Economic, Legal and Political Institutions," *Pacific Economic Review* 8, no. 2 (June 2003): 105–115, http://dx.doi.org/10.1111/j.1468-0106.2003.00213.x. 我曾會同周教授及其他普林斯頓經濟學家，一同對紐澤西州國會代表團成員匯報，支持給予中國最惠國待遇地位。

56. John Mearsheimer, *The Tragedy of Great Power Politics* (New York: Norton, 2001), 400.

57. Thomas J. Christensen, "Fostering Stability or Creating a Monster? The Rise of China and U.S. Policy Toward East Asia," *International Security* 31, no. 1 (Summer 2006): 123–126, https://www.jstor.org/stable/4137540. And see for background, David Lampton, *Same Bed, Different Dreams: Managing U.S.-China Relations*, 1989–2000 (Berkeley: University of California Press, 2001) and James B. Steinberg, "What Went Wrong? U.S.-China Relations from Tiananmen to Trump," *Texas National Security Review* 3, 1 (Winter 2019/2020), 119–133.

58. 關於探討政策替代方案的深入論文，請見Miles Kahler, "Reconsidering Engagement with China: Always Different Dreams of World Order?" Working Paper 2022 for the LSE- Princeton Project on Reconsidering the 1990s.

59. Tony Romm and Drew Harwell, "TikTok Raises National Security Concerns in Congress as Schumer, Cotton Ask for a Federal Review," *Washington Post*, October 24, 2019, https://www.washingtonpost.com/technology/2019/10/24/tiktok-raises-national-security-concerns-congress-schumer-cotton-ask-federal-review/.

60. Jamelle Bouie, "Anti-Abortion and Pro-Trump Are Two Sides of the Same Coin," *New York Times*, May 20, 2019, https://www.nytimes.com/2019/05/20/opinion/anti-abortion-pro-trump.html.

61. 關於John Ikenberry對此自由主義國際秩序傳統的雄辯描述，見 *Liberal Leviathan* (Princeton, NJ: Princeton University Press, 2012).

62. 關於《華爾街日報》中深具洞見的討論，見Daniel Michaels and Jason Marson, "NATO and Other Alliances Face Unprecedented Strains," *Wall Street Journal*, January 20, 2020, https://www.wsj.com/articles/nato-and-other-alliances-face-unprecedented-strains-11579542294; and Greg Ip, "What 'America First' Means Under Trump Is Coming Into Focus," *Wall Street Journal*, January 19, 2020, https://www.wsj.com/articles/what-america-first-means-under-trump-is-coming-into-focus-11579469762. 關於川普政權挑戰國際法標準的各種方式的深入研究，請見Harold Koh, *The Trump Administration and International Law* (Oxford: Oxford University Press, 2018).

63. Park Si-soo, " 'Stop Provoking Ally': Korea's Conservatives Slam Trump," *Korea Times*, August 14, 2019, http://www.koreatimes.co.kr/www/nation/2019/08/356_273906.html.

64. Mathew Haag, "Robert Jeffress, Pastor Who Said Jews Are Going to Hell, Led Prayer at Jerusalem Embassy," *New York Times*, May 14, 2018, https://www.nytimes.com/2018/05/14/world/middleeast/robert-jeffress-embassy-jerusalem-us.html.

65. Mitch Prothero, "Some Among America's Military Allies Believe Trump Deliberately Attempted a Coup and May Have Had Help from Federal Law-Enforcement Officials," *Business Insider*, January 7, 2021, https://www.businessinsider.com/trump-attempted-coup-federal-law-enforcement-capitol-police-2021-1.

66. Emily Tamkin, "How the American Right Stopped Worrying and Learned to Love Russia," *New York Times*, February 27, 2022, https://www.nytimes.com/2022/02/27/opinion/ukraine-putin-steve-bannon.html.

67. 關於威權主義顛覆破壞之下選舉民主體制的脆弱性，請見Steven Levitsky and Daniel Ziblatt, *How Democracies Die* (New York: Crown, 2018).

68. 關於這些議題的全面研究，請見Brendan O'Connor, "Who Exactly Is Trump's 'Base'? Why White, Working-Class Voters Could Be Key to the US Election," *The Conversation*, October 28, 2020, https://theconversation.com/who-exactly-is-trump-base-why-white-working-class-voters-could-be-key-to-the-us-election-147267.

69. John M. Owen, "How Liberalism Produces Democratic Peace," *International Security* 19, no. 2 (Fall 1994), https://www.jstor.org/stable/2539197.

70. Fareed Zakaria, "Xi's China Can't Seem to Stop Scoring Own Goals," *Washington Post*, May 27, 2021, https://www.washingtonpost.com/opinions/2021/05/27/xis-china-cant-seem-stop-scoring-own-goals/.

71. 民主國家跟威權國家一樣，也強制施加政權更迭，通常是試圖鞏固征服的一種方式，正如美國與其盟友在一九四五年軍事擊敗納粹德國及日本帝國後所爲。然而此類強加作爲很少成功。阿富汗正是最新證明。相關討論有諸多資料，包括我的另一本著作*The Question of Intervention* (New Haven, CT: Yale University Press, 2015).

第六章　義大利法西斯主義與美國政治

1. 上述引述均出自Ira Katznelson's magisterial account of the United States during the Great Depression, *Fear Itself: The New Deal and the Origins of Our Time* (New York: Norton, 2014), 58–68. Long 是後來因爲排除向美國尋求庇護的猶太難民而聞名的外交官。

2. 關於這段時期孤立主義的傑出敘述，請見Dexter Perkins, "The Department of State and American Public Opinion," in *The Diplomats*, ed. Gordon Craig and Felix Gilbert (Princeton, NJ: Princeton University Press, 1981), 282– 398; 及 Charles Kupchan, *Isolationism: A History of America's Efforts to Shield Itself from the World* (Oxford: Oxford University Press, 2020).

3. Henry R. Spencer, "European Dictatorships," *American Political Science Review* 21, no. 3 (1927): 537, https://doi.org/10.2307/1945508.

4. William Kilborne Stewart, "The Mentors of Mussolini," *American Political Science Review* 22, no. 4 (1928): 860–861, https://doi.org/10.2307/1945351.

5. Jonathan Alter, *The Defining Moment: FDR's Hundred Days and the Triumph of Hope* (New York: Simon and Schuster, 2007), 4–5. 小羅斯福總統的演說草稿中寫道：「身爲諸位仍效忠之誓言的新統帥，我保留向諸位發出命令的權利，以因應我們當前面臨的任何情況。」

6. 關於一九三〇年代美國學者對於國家及其挑戰的觀點，受益於Nathan Feldman的建議，並讀過一章他關於這些議題即將發表的博士論文 (Political Science Department, Columbia University, forthcoming)。

7. Charles E. Merriam, "Planning Agencies in America," *American Political Science Review* 29, no. 2 (1935): 209, https://doi.org/10.2307/1947501.

8. "Bishop Praises Mussolini: 'We Talk About Slums, He Tears Them Down,' says Prelate," *New York Times*, October 2, 1936, https://timesmachine.nytimes.com/timesmach

ine/1936/10/02/88697309.html?pageNumber=20.

9. Richard Washburn Child, *The Writing on the Wall: Who Shall Govern Us Next?* (New York: J. H. Sears, 1928), 93.

10. Child, *Writing on the Wall*, 269–270.

11. William Yandell Elliott, *The Pragmatic Revolt in Politics* (New York: Macmillan, 1928), 497. 自由主義者也是法西斯主義的早期批評者之一。一九二八年，William Yandell Elliott出版了《The Pragmatic Revolt in Politics》，批判法西斯主義中所見的集體主義與功利主義式的「實用主義」，並譴責其邪惡之處：「法西斯主義否定個人與群體對有機國家抱持目的性態度的權利。」

12. Walter J. Shepard, "Democracy in Transition," *American Political Science Review* 29, no. 1 (1935): 18–19, https://doi.org/10.2307/1947163.

13. Charles E. Merriam, *The New Democracy and the New Despotism* (New York: McGraw Hill, 1939), 208, 258.

14. Franklin Delano Roosevelt, "Declaration of War on Germany" (speech, Washington, DC, December 11, 1941), Franklin D. Roosevelt Presidential Library and Museum, http://www.fdrlibrary.marist.edu/_resources/images/msf/msfb0006.

15. Franklin Delano Roosevelt, "Address of the President at the University of Virginia" (speech, Richmond, VA, June 10, 1940), Franklin D. Roosevelt Presidential Library and Museum, http://www.fdrlibrary.marist.edu/_resources/images/msf/msf01330.

16. Sohrab Ahmari, Patrick Deneen, and Gladden Pappin, "Hawks Are Standing in the Way of a New Republican Party," *New York Times*, February 5, 2022, https://www.nytimes.com/2022/02/05/opinion/republicans-national-conservatives-hawks.html

17. 這一部分特別受益於Nadia Urbinati及Bruno Settis的研究建議。關於法西斯主義與現代民粹主義（包含法國的勒龐、德國另類選擇黨、川普等）之間的區別，請見Nadia Urbinati, "Political Theory of Populism," *Annual Review of Political Science* 22, no. 1 (2019): 111–127, https://doi.org/10.1146/annurev-polisci-050317-070753.

18. Katznelson, *Fear Itself*, 63.

19. Benito Mussolini and Giovanni Gentile, Fascism Doctrine and Institutions (Rome: Ardita Publishers, 1932), republished as Benito Mussolini, "The Doctrine of Fascism," World Future Fund, https://ia600800.us.archive.org/14/items/TheDoctrineOfFascismByBenitoMussolini/The%20Doctrine%20of%20Fascism%20by%20Benito%20Mussolini.pdf.

20. Mussolini, "Doctrine of Fascism."

21. Antonio Gramsci, *Prison Notebooks*, ed. and trans. Quentin Hoare and Geoffrey Smith (London: Lawrence and Wishart, 1971), 263–271.

22. See Walter L. Adamson, "Gramsci's Interpretation of Fascism," *Journal of the History of Ideas* 41, no. 4 (1980): 615–633, https://doi.org/10.2307/2709277.

23. Robert Paxton, The Anatomy of Fascism (New York: Random House, 2004), 218.

24. Benito Mussolini, "Mussolini's Speech-Broadcast, October 2, 1935," History Central, http://www.historycentral.com/HistoricalDocuments/Mussolini%27sSpeech.html.

25. Mussolini, "Doctrine of Fascism," 17.

26. Mussolini, "Doctrine of Fascism," 3.

27. Mussolini, "Doctrine of Fascism," 4.

28. Milo Boyd, "Putin's Chilling Warning to Oligarchs in Bizarre Rant About Oysters and Gender," *The Mirror*, March 16, 2022, https://www.mirror.co.uk/news/world-news/putins-chilling-warning-oligarchs-bizarre-26486740.

29. Mussolini, "Doctrine of Fascism," 8.

30. Umberto Eco, "Ur-Fascism: Freedom and Liberation Are an Unending Task," *New York Review of Books*, June 22, 1995, https://www.nybooks.com/articles/1995/06/22/ur-fascism/.

31. Michael Ledeen, *D'Annunzio: The First Duce* (New Brunswick, ME: Transaction Publishers, 2002), 133–137; Paxton, *Anatomy of Fascism*, 59–60.

32. Mussolini, "Doctrine of Fascism," 10. 並見 Benito Mussolini, *My Autobiography*, trans. Richard Washburn Child (London: Hutchinson and Co., 1928), chap. 11.「統合組織……強調法西斯對工會的控制，包括將勞動節從五月一日改爲四月二十一日。」(以紀念羅穆盧斯及雷穆斯創建羅馬的日期！)

33. Bruce Pauley, *Hitler, Stalin, and Mussolini: Totalitarianism in the Twentieth Century* (Hoboken, NJ: John Wiley and Sons, 2014), 92–93.

34. Louis R. Franck, "Fascism and the Corporate State," *Political Quarterly* 6, no. 3 (1935): 355–368, https://doi.org/10.1111/j.1467-923X.1935.tb01262.x.

35. Franck, "Fascism and the Corporate State," 356–357.

36. Mussolini, "Doctrine of Fascism," 8.

37. Paxton, *Anatomy of Fascism*, 87–91. Paxton指出，國王可能擔心軍隊會跟法西斯主義者結盟，甚至叛變投向後者。

38. Paxton, *Anatomy of Fascism*, 110.

39. Victoria de Grazia, *The Culture of Consent: Mass Organization of Leisure in Fascist Italy* (Cambridge, UK: Cambridge University Press, 1981).

40. MacGregor Knox, "Fascism: Ideology, Foreign Policy, and War," in *Liberal and Fascist Italy: 1900–1945*, ed. Adrian Lyttelton (Oxford: Oxford University Press, 2002), 110–111.

41. Mussolini, "Mussolini's Speech-Broadcast, October 2, 1935."

42. H. Stuart Hughes, "The Early Diplomacy of Italian Fascism: 1922–1932," in *The Diplomats 1919–1939*, ed. Gordon Craig and Felix Gilbert (Princeton, NJ: Princeton University Press, 1981), 210.

43. Knox, "Fascism," 122.

44. Gian Giacomo Migone, *The United States and Fascist Italy: The Rise of American Finance in Europe*, trans. Molly Tambor (Cambridge, UK: Cambridge University Press, 2015), 287. 這一部分參考了Greg Smith研究中一份極有價值的備忘錄。

45. Harold James and Kevin H. O'Rourke, "Italy and the First Age of Globalization, 1861– 1940," in *The Oxford Handbook of the Italian Economy Since Unification*, ed. Gianni Toniolo (Oxford: Oxford University Press, 2013), 21.

46. John Patrick Diggins, *Mussolini and Fascism: The View from America* (Princeton, NJ: Princeton University Press, 1972), 32; David Schmitz, *The United States and Fascist Italy*, 1922–1940 (Chapel Hill, NC: University of North Carolina Press, 1988).

47. Diggins, *Mussolini and Fascism*, 32.

48. Migone, *The United States and Fascist Italy*, 82.

49. Diggins, *Mussolini and Fascism*, 48.

50. Veronica Binda, "A Short History of International Business in Italy: What We Know and How We Know It," *Journal of Evolutionary Studies in Business* 2, no. 1 (2016): 83, doi.org/10.1344/JESB2016.2.j013.

51. Binda, "Short History of International Business in Italy."

52. Diggins, *Mussolini and Fascism*, 49.

53. James and O'Rourke, "Italy and the First Age of Globalization," 20.

54. Migone, *United States and Fascist Italy*, 318.

55. Migone, United States and Fascist Italy, 321. And see Brice Harris, *The United States and the Italo-Ethiopian Crisis* (Stanford: Stanford University Press, 1964).

56. Migone, *United States and Fascist Italy*, 344.

57. Migone, *United States and Fascist Italy*, 358.

58. Migone, *United States and Fascist Italy*, 287.

59. James and O'Rourke, "Italy and the First Age of Globalization," 20.

60. Schmitz, *The United States and Fascist Italy*, 98.

61. 請見Philip Cannistraro論文中的詳實討論："Fascism and Italian-Americans in Detroit: 1933–1935," *International Migration Review* 9, no. 1 (Spring 1975): 29–40, https://doi.org/10.2307/3002528.

62. Harris, *United States and the Italo-Ethiopian Crisis*, 21–23.

63. Adam Tooze, "When We Loved Mussolini," *New York Review of Books*, August 18, 2016, https://www.nybooks.com/articles/2016/08/18/when-we-loved-mussolini/, reviewing Migone's *The United States and Fascist Italy: The Rise of American Finance in Europe*.

64. Edward M. Lamont, *The Ambassador from Wall Street: The Story of Thomas W. Lamont. J.P. Morgan's Chief Executive* (Boston: Madison Books, 1994), 221–223.

65. Quoted in Lamont, *Ambassador from Wall Street*, 222.

66. 見 William Yandell Elliott, "Mussolini: Prophet of the Pragmatic Era in Politics," *Political Science Quarterly* 41, no. 2 (1926): 161–192, https://doi.org/10.2307/2142092. Elliott批評譴責了他認爲當時從法西斯主義極端中體現出來的實用主義思想裡，道德上不負責任的傾向。

67. 其他對於墨索里尼的批評，來自美國勞工聯盟 (the American Federation of Labor，墨索里尼壓制獨立工會)，來自將新政比擬爲墨索里尼暴政的共和黨人，以及來自反天主教者，如阿拉巴馬州參議員Thomas Heflin。他針對墨索里尼對義大利移民的控制，可能導致影響美國政府，提出警告。 (70 Cong. Rec. 3576 [1929]).

68. Diggins, *Mussolini and Fascism*, 292–293.

69. 83 Cong. Rec. 1224 (1938).

70. *Memorandum for the Honorable Norman H Davis: Contribution to the Peace Settlement* (Washington, DC: US Department of State, 1937), 24, housed in Norman H. Davis Papers at the Library of Congress.

71. 相關傑出研究，見Warren Cohen, *American Revisionists: The Lessons of Intervention in World War I* (Chicago: University of Chicago Press, 1967), and Brooke Blower, "From Isolationism to Neutrality: A New Framework for Understanding American Political Culture, 1919–1941," *Diplomatic History* 38, no. 2 (2014): 345–376, https://doi.org/10.1093/dh/dht091.

72.懷疑法西斯主義政治經濟體制之類似觀點的學術呈現，見F. A. Hayek, *The Road to Serfdom*, 2nd ed. (London: Routledge, 2006), 37–38.「然而，經濟自由主義反對競爭遭到協調個人努力的拙劣方法所取代。它認爲競爭比較優越，不只是因爲在大多數情況下，這是已知最有效的方法，更因爲在不使用強制或武斷權威干預下，這是讓我們的活動可以彼此相互調整的唯一方法。事實上，支持競爭的主要論點之一是，它消除『有意識社會控制』的需求，並讓個人有機會決定某種職業的前景，是否足以彌補與該職業相關的不利與風險。」

73. Viscount Halifax, "C.P. 215 – Italy: Economic Situation in Italy," in *CAB 24/279* (London: United Kingdom Cabinet Office, 1938), 118, hosted by National Archives, http://filestore.nationalarchives.gov.uk/pdfs/large/cab-24-279.pdf.

74. Halifax, "C.P. 215 – Italy," 119.

75. Amanda Smith, ed., *Hostage to Fortune: The Letters of Joseph P. Kennedy* (New York: Viking Press, 2001), 130–132. Also in Fredrik Logevall, *JFK: Coming of Age in the American Century, 1917–1956* (New York: Random House, 2021), 145. 即便在約瑟夫·甘迺迪二世的部分緩衝之下，希特勒的罪惡仍舊發生。他自願爲反納粹戰爭而戰，最終死於戰場。

76. See Katharine Olmstead, *The Newspaper Axis: Six Press Barons who Enabled Hitler* (New Haven, CT: Yale University Press, 2022).

77. Logevall, *JFK*, 198. 然而，這並未阻止大使及其長子喬·甘迺迪二世抱怨美國的猶太相關利益試圖將美國捲入戰爭。

78. Associated Press, "Lindbergh's Talk on Arms Embargo," *New York Times*, October 14, 1939, https://timesmachine.nytimes.com/timesmachine/1939/10/14/112718499 .html?pageNumber=10; H. W. Brands, *Traitor to His Class* (New York: Anchor Books, 2009); Logevall, JFK, 235. 林德伯格並不清楚波蘭人究竟算歐洲人，還是他者，如斯拉夫人。

79. Logevall, *JFK*, 143.

80. Harris, *United States and the Italo-Ethiopian Crisis*, 144. 他斷言：「美國政府與人民並未原諒義大利對衣索比亞的無情入侵。」

81. 林德伯格以他對德國空軍實力的瘋狂過度高估，及對英法空軍資源的低估，給恐慌加油添醋。相關文獻非常豐富，幾篇重要文獻如 Paul Kennedy, "Appeasement," 及*The Origins of the Second World War Reconsidered*, 2nd ed., ed. Gordon Martel (New York: Routledge, 1999) 的幾個章節；Herbert Feis, *Seen from E.A.: Three International Episodes* (New York: Knopf, 1947); and Zara Steiner, *Triumph of the Dark: European International History, 1933–1939* (Oxford: Oxford University Press, 2011).

82. Logevall, *JFK*, 194.

第七章　日本軍國主義與美國政策

1. 關於日本的部分得益於 Theo Milonopoulos 的研究協助。

2. 如前所述，美國確實在一九二二年限制了義大利移民，但跟日本人不同，義大利人並未成爲財產所有權限制的對象。

3. Quoted in Walter LaFeber, *The Clash: U.S.-Japanese Relations Throughout History* (New York: Norton, 1997), 103.

4. 48 Cong. Rec. 10045 (1912). 日本政府讓這家公司撤回投資，以安撫美國。

5. LaFeber, *The Clash*, 126.

6. LaFeber, *The Clash*, 105-06.

7. Marius B. Jansen, "Yawata, Hanyehping, and the Twenty-one Demands," *Pacific Historical Review* 23, no. 1 (1954): 31–48, https://doi.org/10.2307/3635065.

8. LaFeber, *The Clash*, 116.

9. LaFeber, *The Clash*, 123.

10. LaFeber, *The Clash*, 120.

11. Dexter Perkins, "The Department of State and American Public Opinion," in *The Diplomats*, ed. Gordon Craig and Felix Gilbert (Princeton, NJ: Princeton University Press, 1981), 282–308. Perkins強調了美國大衆不願在美洲以外承擔責任的根深蒂固想法。

12. 全面分析請見Sadao Asada, "Between the Old Diplomacy and the New, 1918–1922: The Washington System and the Origins of Japanese-American Rapprochement," *Diplomatic History* 30, no. 2 (April 2006), 211–230, https://www.jstor.org/stable/24915091. And for

background, W. G. Beasley, *Japanese Imperialism: 1894–1945* (Oxford: Oxford University Press, 1987).

13. LaFeber, *The Clash*, 138.

14. Frederick Dickenson, *World War One and the Triumph of a New Japan, 1919–1930* (Cambridge, UK: Cambridge University Press, 2013).) Dickenson對照一九二〇年代的合作與一九三〇年代的對抗。

15. Edward M. Lamont, *The Ambassador from Wall Street. The Story of Thomas W. Lamont, J.P. Morgan's Chief Executive. A Biography* (Lanham MD: Madison Books, 1994).

16. LaFeber, *The Clash*, 131.

17. Letter from The Representative of the American Group (Lamont) to the Representative of the Japanese Group (Kajiwara), in *Papers Relating to the Foreign Relations of the United States, 1920*, ed. Joseph V. Fuller (Washington, DC: US Government Printing Office, 1935), https://history.state.gov/historicaldocuments/frus1920v01/d540.

18. S. C. M. Paine, *The Japanese Empire: Grand Strateg y from the Meiji Restoration to the Pacific War* (Cambridge, UK: Cambridge University Press, 2017); Michael Barnhart, *Japan Prepares for Total War: The Search for Economic Security, 1919–1941* (Ithaca, NY: Cornell University Press, 1987).

19. LaFeber, *The Clash*, 140–141, citing Japanese language sources.

20. LaFeber, *The Clash*, 148.

21. Robert Scalapino, *Democracy and the Party Movement in Prewar Japan* (Berkeley: University of California Press, 1975).

22. Marius B. Jansen, *The Making of Modern Japan* (Cambridge, MA: Harvard University Press, 2002).

23. Kato Shuichi, "Taisho Democracy as the Pre-Stage for Japanese Militarism," in *Japan in Crisis*, ed. Bernard Silberman and H. Harootunian (Ann Arbor: University of Michigan Press, 1999); Herbert Bix, *Hirohito and the Making of Modern Japan* (New York: Harper, 2000), 18. Bix討論天皇在新興威權憲法中的角色。

24. Louise Young, *Japan's Total Empire: Manchuria and the Culture of Wartime Imperialism* (Berkley: University of California Press, 1998).

25. 軍隊在戰爭中的制度性角色，是Robert Butow著作的重要主題：*Tojo and the Coming of the War* (Princeton, NJ: Princeton University Press, 1961).

26. Shin'ichi Yamamuro, *Manchuria Under Japanese Domination*, trans. Joshua A. Fogel (Philadelphia: University of Pennsylvania Press, 2006); Sadako Ogata, *Defiance in Manchuria: The Making of Japanese Foreign Policy*, 1931–1932 (Berkeley: University of California Press, 1964).

27. Young, *Japan's Total Empire*.

28. Margaret S. Culver, "Manchuria: Japan's Supply Base," *Far Eastern Survey* 14, no. 12 (1945): 160–163, https://doi.org/10.2307/3022806.

29. Meirion Harries and Susan Harries, *Soldiers of the Sun: The Rise and Fall of the Imperial Japanese Army* (New York: Random House, 1994).

30. Alexander Gerschenkron, *Economic Backwardness in Historical Perspective* (Cambridge, MA: Harvard University Press, 1962).

31. Richard Samuels, *The Business of the Japanese State: Energ y Markets in Comparative and Historical Perspective* (Ithaca, NY: Cornell University Press, 1987), 68.

32. Llewelyn Hughes, *Globalizing Oil: Firms and Oil Market Governance in France, Japan, and*

the United States (Cambridge, UK: Cambridge University Press, 2014).

33. Kerry Chase, *Trading Blocs: States, Firms and Regions in the World Economy* (Ann Arbor: University of Michigan Press, 2005), 53. 這一部分參考 Chase 著作中的論點。

34. Beasley, *Japanese Imperialism*, 91–100.

35. Francis Jones, *Japan's New Order in East Asia* (London, Oxford University Press, 1954) p. 192; William Lockwood, *The Economic Development of Japan* (Princeton University Press, 1954) p. 50.

36. Toshiyuki Mizoguchi, *The Japanese Informal Empire in China, 1894–1937* (Princeton, NJ: Princeton University Press, 1989).

37. Mariko Hatase, "Devaluation and Exports in Interwar Japan," IMES Discussion Paper, Tokyo, July 2002.

38. Chase, *Trading Blocs*, 59.

39. 大蕭條對瓦解民主政府並加劇歐洲的國際衝突中產生決定性影響，是Zara Steiner權威著作中的大主題： *The Lights That Failed: European International History 1919–1933* (Oxford: Oxford University Press, 2007). 東亞地區也感受到間接影響。

40. Hideaki Miyajima, "Japanese Industrial Policy During the Interwar Period: Strategies for International and Domestic Competition," *Business and Economic History* 21 (1992): 270–279, https://www.jstor.org/stable/23703229.

41. Arthur Tiedeman, *Modern Japan: A Brief History* (Princeton, NJ: Van Nostrand, 1955), 280–281.

42. Hugh Byas, "Regret over Mukden Expressed in Tokyo," *New York Times*, September 20, 1931, https://timesmachine.nytimes.com/timesmachine/1931/09/20/98059603. 東京與海外都充分認知關東軍的侵略性與獨立性，當時駐東京的外國記者Hugh Byas評論道：「儘管這是外交部的態度（撤軍並通過外交手段解決奉天危機），但現在實際的問題是，究竟是外交部還是軍隊掌握了日本的政策。」

43. G. C. Allen, *Modern Japan and Its Problems* (London: Routledge, 1928), 626–645.

44. Miles Kahler, "External Ambition and Economic Performance," *World Politics* 40, no. 4 (July 1988): 419–451, especially 434, https://doi.org/10.2307/2010313; Jack Snyder, *Myths of Empire* (Ithaca, NY: Cornell University Press, 1991), chap. 4. Snyder發展出黨派相互拉攏（factional logroll）作爲政策制定機制的比喻。

45. See Mira Wilkins, "Japanese Multinationals in the United States, Continuity and Change 1879–1990," *Business History Review* 64, no. 4 (1990): 585, https://doi.org/10.2307/3115500. This section draws on research by Greg Smith.

46. Wilkins, "Japanese Multinationals in the United States," 586.

47. Hisayuki Oshima, "General Trading Companies in the Interwar Period: The Expansion of Asia-Pacific Trade and the Progress of Japanese Trading Companies," *Japanese Research in Business History* 30 (2013): 52, https://doi.org/10.5029/jrbh.30.49.

48. Wilkins, "Japanese Multinationals in the United States," 595.

49. Alejandro Ayuso-Díaz and Antonio Tena-Junguito, "Trade in the Shadow of Power: Japanese Industrial Exports in the Interwar Years," *Economic History Review* 73, no. 3 (2020): 821–825, https://doi.org/10.1111/ehr.12912.

50. Wilkins, "Japanese Multinationals in the United States," 598.

51. Nicolas End, "Japan During the Interwar Period: From Monetary Restraint to Fiscal Abandon," in *Debt and Entanglement Between the Wars*, ed. Era Dabla-Norris (Washington, DC: International Monetary Fund, 2019), available at https://www.imf.org/en/Publications/Books/Issues/2019/11/08/Debt-and-Entanglements-Between-the-Wars-48602.

52. Wilkins, "Japanese Multinationals in the United States," 590.
53. Wilkins, "Japanese Multinationals in the United States," 594.
54. Wilkins, "Japanese Multinationals in the United States," 594.
55. Wilkins, "Japanese Multinationals in the United States," 594.
56. Wilkins, "Japanese Multinationals in the United States," 594.
57. Wilkins, "Japanese Multinationals in the United States," 593.
58. Hirosi Saito, "A Japanese View of the Manchurian Situation," *Annals of the American Academy of Political and Social Science* 165 (1933): 159–161, https://doi.org/10.1177%2F000271623316500122. 即將代表日本出使華盛頓的外交官齊藤提出重要反駁。
59. Harold Lasswell, "Sino- Japanese Crisis: The Garrison State versus the Civilian State," in *Essays on the Garrison State*, ed. Jay Stanley (New York: Taylor and Francis, 1997), 43–54. 拉斯威爾聲稱，全面戰爭的軍國主義正在推動所有社會走向要塞國家。儘管如此，由於要塞國家世界的出現並非必然，因此須全力阻止。「民主之友對要塞國家的出現既厭惡又擔憂。他將盡己所能推遲它的出現。然而，當要塞國家難以避免時，民主之友將在新社會的一般框架中，盡可能保存更多價值。」
60. Harold S. Quigley, "The Far East and the Future," *Virginia Quarterly* 19, no. 1 (1943): 56, https://www.jstor.org/stable/26441808.
61. Oona Hathaway and Scott Shapiro, *The Internationalists* (New York: Simon and Schuster, 2017), 131–182.
62. LaFeber, *The Clash*, 167–168. 強烈支持日本的國務次卿William Castle代表了拉費伯所稱的「美國政策中的小羅斯福－伊利胡路線，視日本為（區域）秩序的力量」。相較之下，中國在Castle看來，是「完全不可靠」，他無法想像美國會因為門戶開放政策或日本兼併滿洲而參戰。支持中國的陣營，則由國務院遠東司司長Stanley Hornbeck代表。再次按照拉費伯的說法，他「代表了Willard Straight- Paul Reinsch路線，認為與中國合作將提供巨大機會，而日本則構成重大危機。」
63. LaFeber, *The Clash*, 169–170.「史汀生仍舊矛盾不一，」拉費伯寫道，「一方面認為必須對日本採取『堅定態度』，另一方面又悄悄告訴記者，日本是『我們對抗中國與蘇聯未知力量的緩衝』。儘管史汀生認為日本現在『基本上遭到瘋狗把持』，軍隊『胡作非為』，胡佛與凱索爾仍舊抵制國際聯盟對日本實施經濟禁運的努力。因為此舉將被視為戰爭行為，可能會將美國直接捲入與日本的對抗。凱索爾警告：『如果眼前股市還剩點什麼，也會隨之消失……世界不會為了維護不確定是否已經遭到違反的條約，再次迎面承受另一次實質打擊。』」
64. William O'Neil, *Interwar U.S. and Japanese National Product and Defense Expenditures* (Alexandria, VA: Center for Naval Analyses, 2003), 7, https://www.cna.org/archive/CNA_ Files/pdf/d0007249.a1.pdf. 相關討論見Henry osovsky, Capital Formation in Japan 1868- 1940 (New York: Free Press of Glencoe, 1961).

第四部 冷和平

1. 關於支出與數字的最新數據，請見https://www.newsweek.com/us-nuclear-weapons-spending-compared-china-russia-1715542。兩部小說呈現了令人不安的可能性：Elliot Ackerman and Adm. James Stavridis, 2034 (New York: Penguin, 2021), and Peter W. Singer and August Cole, Ghost Fleet (New York: Mariner Books, 2016).
2. 本章部分內容參考了《Dissent》雜誌一篇早期文章，該文是對Michel Rocard的致敬，見*Pour Michel Rocard* (Paris: Flammarion, 2018). 它們還反映了各種有益建議，來自Rachel Hulvey, Emma Borgnäs、Nathan Feldman， 瑞典斯德哥爾摩國際事務研究所（UI）及首爾

國際事務論壇（經李信和[Shin-wha Lee]安排）的諸場會議。

3. Joe Biden, "Remarks by President Biden at the 2021 Virtual Munich Security Conference," (speech, Washington, DC, February 19, 2021), White House, https://www.whitehouse.gov/briefing-room/speeches-remarks/2021/02/19/remarks-by-president biden-at-the-2021-virtual-munich-security-conference/.

4. "Joint Statement of the Russian Federation and the People's Republic of China on the International Relations Entering a New Era and the Global Sustainable Development," Official Internet Resources of the President of Russia, February 4, 2022, http://en.kremlin.ru/supplement/5770.

5. John Feng, "Xi Jinping Pushes China's Own Vision for 'Global Security,' " Newsweek, April 21, 2022, https://www.newsweek.com/china-xi-jinping-global-security-initiative-ukraine-russia-1699553.

第八章 未來情境

1. Joseph Biden, "Biden's Speech to Congress: Full Transcript," *New York Times*, April 29, 2021, https://www.nytimes.com/2021/04/29/us/politics/joe-biden-speech-transcript.html.

2. Joe Biden, "Joe Biden: My Trip to Europe Is About America Rallying the World's Democracies," *Washington Post*, June 5, 2021, https://www.washingtonpost.com/opinions/2021/06/05/joe-biden-europe-trip-agenda/.

3. Joe Biden, "Remarks by President Biden at an Annual Memorial Day Service" (speech, New Castle, DE, May 30, 2021), White House, https://www.whitehouse.gov/briefing -room/speeches-remarks/2021/05/30/remarks-by-president-biden-at-an-annual-memorial-day-service/.

4. National Intelligence Council, *Global Trends 2040: A Contested World*, NIC 2021- 02339, (Washington, DC: US Office of the Director of National Intelligence, 2021), 98, https:// www.dni.gov/files/ODNI/documents/assessments/GlobalTrends_2040.pdf.《全球趨勢》報告繼續警告：「由於科技進步及目標範圍持續擴大，行爲者種類增加，威懾互動更加困難，同時規範可接受用途的條約及規範趨向衰微或出現漏洞，國家間衝突的風險很可能會上升。主要大國的軍隊可能會尋求避免高強度衝突，特別是全面戰爭，因爲這將耗費龐大資源與生命代價。然而錯估或在核心問題上不願妥協，將導致衝突爆發的風險可能會上升。」（102）

5. White House, *National Security Strateg y of the United States of America* (Washington, DC, 2022), https://www.whitehouse.gov/wp-content/uploads/2022/10/Biden-Harris-Administrations-National-Security-Strategy-10.2022.pdf.

6. Alastair Iain Johnson, "The Failures of the 'Failure of Engagement' with China," *Washington Quarterly* 42, no. 2 (June 2019): 99–114.

7. Stephen Krasner, *How to Make Love to a Despot* (New York: Liveright, 2020).

8. John J. Mearsheimer, *The Tragedy of Great Power Politics* (New York: Norton, 2001), 400. Also see Aaron Friedberg, "An Answer to Aggression: How to Push Back Against Beijing," Foreign Affairs 99, no. 3 (September/October 2020): 150–164; and Michael D. Swaine and Rachel Odell, "The Overreach of the China Hawks: Aggression Is the Wrong Response to Beijing," *Foreign Affairs*, October 23, 2020, https://www.foreignaffairs.com/articles/china/2020-10-23/overreach-china-hawks.

9. National Intelligence Council, *Global Trends 2040*, 4.

10. See Kurt Campbell and Mira Rapp-Hooper, "China Is Done Biding Its Time: The End of Bei-

jing's Foreign Policy Restraint?," *Foreign Affairs*, July 15, 2020, https://www.foreignaffairs.com/articles/china/2020-07-15/china-done-biding-its-time.

11. 中國外交部發言人趙立堅近期對澳洲與美國的指責，可證實這一點。(Alex W. Palmer, "The Man Behind China's Aggressive New Voice," *New York Times*, July 7, 2021, https://www.nytimes.com/2021/07/07/magazine/china-diplomacy-twitter-zhao-lijian.html).
12. Caitlin McFall, "Trump Demands 100% Tariffs on Chinese Goods, Debt Cancellation, and $10T in Reparations for COVID-19," *Fox News*, June 5, 2021, https://www.foxnews.com/politics/trump-china-pay-10-trillion-in-reparations-for-covid-19.
13. 習近平在對第七十五屆聯合國大會發表的演說中再度重申，見"Xi Jinping Delivers an Important Speech at the General Debate of the 75th Session of the United Nations (UN) General Assembly," Consulate- General of the People's Republic of China in Mumbai, September 22, 2020, https://www.fmprc.gov.cn/ce/cgmb/eng/zgyw/t1817766.htm.
14. Chris Buckley, " 'The East Is Rising': Xi Maps Out China's Post-Covid Ascent," *New York Times*, March 3, 2021, https://www.nytimes.com/2021/03/03/world/asia/xi-china-congress.html.
15. Phelim Kline, "X Jinping Lays Out Vision of Fortress China against Tense Rivalry with the U.S." *Politico*, Oct. 17, 2022.
16. James T. Areddy, "Former Chinese Party Insider Calls U.S. Hopes of Engagement 'Naïve,' " *Wall Street Journal*, June 29, 2021, https://www.wsj.com/articles/former-chinese-party-insider-calls-u-s-hopes-of-engagement-naive-11624969800.
17. Timothy R. Heath, Derek Grossman, and Asha Clark, *China's Quest for Global Primacy: An Analysis of Chinese International and Defense Strategies to Outcompete the United States* (Santa Monica, CA: RAND Corporation, 2021), https://www.rand.org/pubs/research_reports/ RRA447-1.html. Also available in print form.
18. Kinling Lo, "China Calls on Russia to Hold the Line Against 'US Perverse Acts,' " *South China Morning Post*, June 5, 2021, https://www.scmp.com/news/china/diplomacy/article/3136187/china-calls-russia-hold-line-again-us-perverse-acts.
19. Niall Stanage, "Five Takeaways from the Biden-Putin Summit," *The Hill*, June 16, 2021, https://thehill.com/homenews/administration/558827-five-takeaways-from-the-biden-putin-summit/.
20. Gerry Shih, "China Is Trying to Mend Fences in Europe. It's Not Going Well," *Washington Post*, September 2, 2020, https://www.washingtonpost.com/world/asia_pacific/china-europe-relations-us/2020/09/02/63d963e0-ece1-11ea-bd08-1b10132b458f_story.html.
21. Joe Biden, "Remarks by President Biden Before the 76th Session of the United Nations General Assembly" (speech, New York, NY, September 21, 2021), White House, https://www.whitehouse.gov/briefing-room/speeches-remarks/2021/09/21/remarks-by-president-biden-before-the-76th-session-of-the-united-nations-general-assembly/.
22. Kari Soo Lindberg, "China Lists 102 Examples of U.S. 'Interference' in Hong Kong," *BQ Prime*, September 24, 2021, https://www.bloombergquint.com/politics/china-lists-102-examples-of-u-s-interference-in-hong-kong.
23. "The Limited Test Ban Treaty, 1963," Office of the Historian, US Department of State, https://history.state.gov/milestones/1961-1968/limited-ban, accessed August 8, 2022.
24. "Strategic Arms Limitation Talks," *Encyclopedia Britannica*, last updated February 5, 2020, http://www.britannica.com/event/Strategic-Arms-Limitation-Talks.
25. "Strategic Arms Limitations Talks/Treaty (SALT) I and II," Office of the Historian, US Department of State, https://history.state.gov/milestones/1969-1976/salt, accessed August 8, 2022.

26. "Strategic Arms Limitation Talks," *Encyclopedia Britannica*.

27. Avis T. Bohlen, "Arms Control in the Cold War," Foreign Policy Research Institute, May 15, 2009, https://www.fpri.org/article/2009/05/arms-control-in-the-cold-war/

28. 關於激烈競爭對手之間合作潛能探討的深入研究，範疇涵蓋廣泛，見Gabriella Blum's *Islands of Agreement: Managing Enduring Armed Rivalries* (Cambridge, MA: Harvard University Press, 2007).

第九章 通向冷和平的四座橋梁

1. Bjorn Lomborg聲稱，氣候效應受到經濟增長營養不良死亡率降低所掩蓋，撇開二〇五〇年前因氣候造成之營養不良而導致額外八萬五千人死亡，可在不減少經濟增長的情況下予以消除；此外，每年因氣候變化造成平均二十五萬人死亡的數字，當然值得降低。Bjorn Lomborg, "Climate Change Barely Affects Poverty," *Wall Street Journal*, October 7, 2021, https://www.wsj.com/articles/climate-change-malnutrition-regulation-economic-growth-glasgow-conference-11633551187

2. Anthony Costello, Mustafa Abbas, Adriana Allen, et al., "Managing the Health Effects of Climate Change," *The Lancet* 373, no. 9676 (May 2009): 1693–1733.

3. Uta Steinwehr, "Fact Check: Is China the Main Climate Change Culprit?" Deutsche Welle, June 30, 2021, https://www.dw.com/en/fact-check-is-china-the-main-climate-change-culprit/a-57777113.

4. Frank Ackerman and Elizabeth A. Stanton, *The Cost of Climate Change* (New York: National Resources Defense Council, 2000), vi, https://www.nrdc.org/sites/default/files/cost.pdf.

5. Ryan Nunn, *Ten Facts About the Economics of Climate Change and Climate Policy* (The Hamilton Project and the Stanford Institute for Economic Policy Research, 2019), 7, https://www.brookings.edu/wp-content/uploads/2019/10/Environmental-Facts_WEB.pdf.

6. Office of the Spokesperson, "U.S.-China Joint Statement Addressing the Climate Crisis," US Department of State, April 17, 2021, https://www.state.gov/u-s-china-joint-statement-addressing-the-climate-crisis/.

7. Lily Kuo and Brady Dennis, "Kerry Calls on China to Do More to Tackle Climate Change Crisis as China Warns U.S. Pressure Will Derail Cooperation," Washington Post, September 2, 2021, https://www.washingtonpost.com/world/asia_pacific/climate-change-kerry-china/2021/09/02/65291fde-0b93-11ec-a7c8-61bb7 b3bf628_story.html.

8. 《聯合國大會第三三一四號決議》及《國際公民權利與政治權利公約》都強調人民的自決權。眾所周知，在加拿大最高法院對魁北克案的裁決中，魁北克人被告知，除非受到極端壓迫，否則魁北克人必須在民主加拿大中尋找他們的未來。

9. David D. Laitin, *Identity in Formation: The Russian-Speaking Populations in the Near Abroad* (Ithaca, NY: Cornell University Press, 1998).

10. Steven Lee Myers and Ellen Barry, "Putin Reclaims Crimea for Russia and Bitterly Denounces the West," *New York Times*, March 18, 2014, https://www.nytimes.com/2014/03/19/world/europe/ukraine.html?login=email&auth=login-email; John J. Mearsheimer, "Why the Ukraine Crisis Is the West's Fault: The Liberal Delusions That Provoked Putin," *Foreign Affairs* 93, no. 5 (September/October 2014): 2, 5, https://www.jstor.org/stable/24483306.

11. Daniel Treisman, "Why Putin Took Crimea: The Gambler in the Kremlin," *Foreign Affairs* 95, no. 3 (May/June 2016): 4, 6, www.jstor.org/stable/43946857. Also see Michael McFaul, Stephen Sestanovich, and John Mearsheimer, "Faulty Powers: Who Started the Ukraine Crisis?," *Foreign Affairs* 93, no. 6 (November/December 2014): 167–178, www.jstor.org/sta-

ble/24483933.

12. N.S., "What Are the Minsk Agreements?" *The Economist*, September 14, 2016, www.economist.com/the-economist-explains/2016/09/13/what-are-the-minsk-agreements.

13. See Alexandra Ma, "Russia Says Its Goal in Ukraine Is to Conquer the Country's Eastern and Southern Regions," *Business Insider Africa*, April 22, 2022, https://africa.businessinsider.com/military-and-defense/russia-says-its-goal-in-ukraine-is-to-conquer-the-countrys-eastern-and-southern/jz4rby1; and John Beyer and Stefan Wolff, "Linkage and Leverage Effects on Moldova's Transnistria Problem." *East European Politics* 32, no. 3 (July 2016): 335–354, https://doi.org/10.1080/21599165.2015.1124092.

14. Irina Ivanova, "Western Sanctions Are Pummeling Russia's Economy," *CBS News Moneywatch*, April 6, 2022, https://www.cbsnews.com/news/sanctions-russia-economy-effect/.

15. Holly Elyatt, "Washington Hits Back at 'Desperate' Putin," CNBC, September 8, 2022.

16. Fareed Zakaria, "The Only Plausible Path to Keep the Pressure on Russia," *Washington Post*, April 21, 2022, https://www.washingtonpost.com/opinions/2022/04/21/russia-ukraine-oil-production-saudi-arabia-uae-gulf-states-security/. Zakaria refers to a new study by Steven Cook and Martin Indyk for the Council on Foreign Relations that describes the compromises needed with Saudi Arabia.

17. "Unrest in Eastern Ukraine Risks 'Seriously Destabilizing' Entire Country— UN Rights Official," *UN News*, April 16, 2014, https://news.un.org/en/story/2014/04/466392-unrest-eastern-ukraine-risks-seriously-destabilizing-entire-country-un-rights#.U1Ar56x8SNB.

18. 儘管具體情況不同，但這些及接下來的妥協都符合Thomas Graham 及 Joseph Haberman所提出之論點的精神，見"The Price of Peace in the Donbas: Ukraine Can't Keep Both Territory and Sovereignty," Foreign Affairs, February 25, 2020, https://www.foreignaffairs.com/articles/united-states/2020-02-25/price-peace-donbas.

19. 關於《明斯克協議》中模棱兩可之處的研究，請見Duncan Allen, *The Minsk Conundrum: Western Policy and Russia's War in Eastern Ukraine* (London: Chatham House Research Paper, May 22, 2020).

20. Clara Ferreira Marques, "Crimea's Water Crisis Is an Impossible Problem for Putin," Bloomberg, March 19, 2021, www.bloomberg.com/opinion/articles/2021-03-19/russia-vs-ukraine-crimea-s-water-crisis-is-an-impossible-problem-for-putin.

21. "U.S. Energy Information Administration - EIA - Independent Statistics and Analysis," International, U.S. Energy Information Administration (EIA), January 2017, www.eia.gov/international/analysis/country/UKR.

22. Donghui Park and Michael Walstrom, "Cyberattack on Critical Infrastructure: Russia and the Ukrainian Power Grid Attacks," The Henry M. Jackson School of International Studies, October 11, 2017, https://jsis.washington.edu/news/cyberattack-critical-infrastructure-russia-ukrainian-power-grid-attacks/; Kim Zetter, "Inside the Cunning, Unprecedented Hack of Ukraine's Power Grid," *Wired*, March 3, 2016, www.wired.com/2016/03/inside-cunning-unprecedented-hack-ukraines-power-grid/.

23. 關於展開《新削減戰略武器條約》的清楚梗概，請見Michael McFaul, "How Biden Should Deal with Putin: Summits Are Good, but Containment Is Better," *Foreign Affairs*, June 14, 2021, www.foreignaffairs.com/articles/russia-fsu/2021-06-14/how-biden-should-deal-putin.

24. Michael O'Hanlon做了一項重要觀察，即《北大西洋公約》第五條關於集體防禦的保證，並不預設若成員遭到攻擊就會自動宣戰。相反地，它要求磋商以「視情況必要」，實施對武裝攻擊的共同應對。這些磋商可能導向經濟制裁，而非武裝回應，因此在東歐成員遭到攻擊的情況下，第五條的保證將更加可靠。然而即便有此限定理解，北約若不打算真正採取保護行動（亦即以保護穩定的民主國家來提升聯盟安全），不應進一步擴展進入東歐。請見Michael O'Hanlon, *The Art of War in an Age of Peace* (New Haven, CT: Yale University

Press, 2021), 72.

25. O'Hanlon, *Art of War in an Age of Peace*, 77. 另見Anton Troianovski 對於 (卡內基莫斯科中心) Dmitri Treinin對普丁野心分析的報導，見"On Putin's Strategic Chessboard, a Series of Destabilizing Moves," *New York Times*, November 19, 2021, https://www.nytimes.com/2021/11/19/world/europe/russia-putin-belarus-ukraine.html.

26. James Dobbins, Howard J. Shatz, and Ali Wyne, *Russia Is a Rogue, Not a Peer; China Is a Peer, Not a Rogue: Different Challenges, Different Responses* (Santa Monica, CA: RAND Corporation, 2019), https://www.rand.org/pubs/perspectives/PE310.html.他們指出俄羅斯已入侵鄰國喬治亞與烏克蘭，干預敍利亞，並暗殺國內政治對手。中國迄今爲止抗拒核武競賽，但中國有能力以對美國及民主盟友不利的方式重塑國際秩序，俄羅斯則辦不到。

27. Randall G. Schriver, "Memo to the Next President: The Inheritance in the Indo-Pacific and the Challenges and Opportunities for Your Presidency," Project 2049 Institute, December 1, 2020, https://project2049.net/2020/12/01/memo-to-the-next-president-the-inheritance-in-the-indo-pacific-and-the-challenges-and-opportunities-for-your-presidency/.

28. 習近平宣布:「國家必須統一，也將會統一。」關於台灣關係的資訊，請見Hanns W. Maull, "Dire Straits: Taiwan's Fragile Status Quo," *The Diplomat*, July 3, 2021, https://thediplomat.com/2021/07/dire-straits-taiwans-fragile-status-quo/; and Thomas Wright, "Taiwan Stands Up to Xi," *The Atlantic*, January 15, 2020, https://www.theatlantic.com/ideas/archive/2020/01/taiwans-new-president-is-no-friend-of-beijing/605020/.

29. Robert D. Blackwill and Philip Zelikow, *The United States, China, and Taiwan: A Strateg y to Prevent War* (New York: Council on Foreign Relations, 2021).

30. 目前雙方都在台灣海峽部署海軍資產:"U.S. Warship Transits Taiwan Strait after Chinese Assault Drills," Reuters, August 27, 202 21,https://www.reuters.com/world/us-warship-transits-taiwan-strait-after-chinese-assault-drills-2021-08-27/.

31. 借鑒退役海軍上將Stavridis, Robert C. O'Brien 及Alexander B. Gray提倡的「豪豬」戰略，見"How to Deter China from Invading Taiwan,"*Wall Street Journal*, September 15, 2021, https://www.wsj.com/articles/china-invade-taiwan-strait-pla-missile-mines-counterinsurgency-biden-xi-tsai-ing-wen-11631721031.相關的譬喻描述了此一戰略。

32. Chris Dougherty, Jennie Matuschak, and Ripley Hunter, *The Poison Frog Strategy: Preventing a Chinese Fait Accompli Against Taiwanese Islands* (Washington, DC: Center for a New American Security, 2021), 8, https://www.cnas.org/publications/reports/the-poison-frog-strategy.毒蛙戰略的獨特特徵之一，是它會向外界宣告自己的狀態，就像青蛙通過鮮豔體色昭告毒性一般。

33. Ishaan Tharoor, "China Shifts the Military Status Quo on Taiwan After Pelosi Visit," *Washington Pos*t, August 9, 2022.

34. Dipanjan Roy Chaudhury, "India-US-Japan-Australia Quadrilateral Initiative Explores Partnership with EU," *Economic Times*, March 15, 2021, https://economictimes.indiatimes.com/news/politics-and-nation/india-us-japan-australia-quadrilateral-initiative-explores-partnership-with-eu/articleshow/81504113.cms?from=mdr.

35. Charles A. Kupchan, "The Right Way to Split China and Russia: Washington Should Help Moscow Leave a Bad Marriage," *Foreign Affairs*, August 4, 2021, https://www.foreignaffairs.com/articles/united-states/2021-08-04/right-way-split-china-and-russia.

36. 本節得益於Hannah Houpt的研究協助。

37. Paul R. Kolbe, "With Hacking, the United States Needs to Stop Playing the Victim," *New York Times*, December 23, 2020, https://www.nytimes.com/2020/12/23/opinion/russia-united-states-hack.html?referringSource=articleShare.

38. See David E. Sanger, David D. Kirkpatrick, and Nicole Perlroth, "The World Once Laughed

at North Korean Cyberpower. No More," *New York Times*, October 15, 2017, https://www.nytimes.com/2017/10/15/world/asia/north-korea-hacking-cyber-sony.html; and David E. Sanger and Nicole Perlroth, "Iran Is Raising Sophistication and Frequency of Cyberattacks, Study Says," *New York Times*, April 15, 2015, https://www.nytimes.com/2015/04/16/world/middleeast/iran-is-raising-sophistication-and-frequency-of-cyberattacks-study-says.html.

39. "Cyber Incidents Since 2006," Center for Strategic and International Studies, https://csis-website-prod.s3.amazonaws.com/s3fs-public/210604_Significant_Cyber_Events.pdf?I-g0rKRzJ9Bc2WS95MJVt1pkZll5eJLE7, accessed August 8, 2022.

40. The NATO Cooperative Cyber Defence Centre of Excellence, *Tallinn Manual on the International Law Applicable to Cyber Warfare*, ed. Michael N. Schmitt (Cambridge, UK: Cambridge University Press, 2013), http://csef.ru/media/articles/3990/3990.pdf

41. "Paris Call for Trust and Security in Cyberspace: Six Working Groups Launched to Advance Global Cybersecurity," Cybersecurity Tech Accord, March 1, 2021, https://cybertechaccord.org/paris-call-for-trust-and-security-in-cyberspace-six-working-groups-launched-to-advance-global-cybersecurity/; Page Stoutland, "The Paris Call: A Step Toward Greater Global Cybersecurity," Nuclear Threat Initiative, January 31, 2019, https://www.nti.org/analysis/atomic-pulse/paris-call-step-toward-greater-global-cybersecurity/.另見聯合國內部正針對國際法在網際網路安全中的適用性及防止衝突之規範，發展協議：聯合國不特定期限工作小組的一份背景報告指出，2014–2015 GGE及相應的A/70/174 報告都同意，國際法適用於網路空間："International Law in the Consensus Reports of the United Nations Groups of Governmental Experts," United Nations Office for Disarmament Affairs, pp. 2–4, https://unoda-web.s3.amazonaws.com/wp-content/uploads/2020/01/background-paper-on-international-law-in-the-gges.pdf.

42. Adam Segal, "The U.S.-China Cyber Espionage Deal One Year Later," Council On Foreign Relations, September 28, 2016, https://www.cfr.org/blog/us-china-cyber-espionage-deal-one-year-later.北約譴責中國近日在網路空間中的活動："Statement by the North Atlantic Council in Solidarity with Those Affected by Recent Malicious Cyber Activities Including the Microsoft Exchange Server Compromise," NATO, press release issued July 19, 2021, https://www.nato.int/cps/en/natohq/news_185863.htm; Astead Herndon接受 David Sanger訪談，The Daily, podcast audio, July 21, 2021, https://www.nytimes.com/2021/07/21/podcasts/the-daily/chinese-microsoft-hack.html?showTranscript=1.

43. Maggie Miller, "Top FBI Official Says There Is 'No Indication' Russia Has Taken Action Against Hackers," *The Hill*, September 14, 2021, https://thehill.com/policy/cybersecurity/572184-top-fbi-official-says-there-is-no-indication-russia-has-taken-action/.

44. Shannon Pettypiece, "Biden-Putin Summit: Key Takeaways from an 'all Business' Meeting in Geneva," *NBC News*, June 16, 2021, https://www.nbcnews.com/politics/white-house/biden-putin-summit-key-takeaways-all-business-meeting-geneva-n1271042.

45. Zachary Cohen and Alex Marquardt, "White House Cyber Official Says 'Commitment' by Ransomware Gang Suggests Biden's Warnings Are Working," CNN, August 4, 2021, https://www.cnn.com/2021/08/04/politics/neuberger-ransomware-blackmatter/index .html.

46. Ellen Nakashima and Joseph Marks, "Russia, U.S. and Other Countries Reach New Agreement Against Cyber Hacking, Even as Attacks Continue," *Washington Post*, June 12, 2021, https://www.washingtonpost.com/national-security/russia-us-un-cyber-norms/2021/06/12/9b608cd4-866b-11eb-bfdf-4d36dab83a6d_story.html. Also see Erica D. Borghard and Shawn W. Lonergan. "Confidence Building Measures for the Cyber Domain," Strategic Studies Quarterly 12, no. 3 (Fall 2018): 10–49.

47. 拜登總統在二〇二一年日內瓦峰會上，向普丁總統提出一份禁止攻擊的目標清單。請見Richard J. Harknett and Joseph S. Nye, "Is Deterrence Possible in Cyberspace?," *International Security* 42, no. 2 (November 2017): 196–199, https://doi.org/10.1162/ISEC_c_00290. 這

些攻擊目標涉及重大承諾；因此，如果若遭到攻擊，國家必須解決這些問題；見Rebecca Slayton, "What Is the Cyber Offense-Defense Balance? Conceptions, Causes, and Assessment," *International Security* 41, no. 3 (January 2017): 72–109, https://doi.org/10.1162/ISEC_a_00267

48. Ellen Barry, "How Russian Trolls Helped Keep the Women's March Out of Lock Step," *New York Times*, Sept. 18, 2022.

49. 正如Michael Walzer在一篇深思熟慮的論文中所建議，見"The Reform of the International System," in *Studies of War and Peace*, ed. Ø yvind Ø sterud (Oslo: Norwegian University Press, 1986), 227–250.

50. Justin Sink, "Biden to Ditch 'America First' in Appeal for Partnership," Bloomberg, February 19, 2021, https://www.bloomberg.com/news/articles/2021-02-19/biden-to-ditch-america-first-in-appeal-for-global-partnership.

51. 此事運作的良好案例，請見Christodoulos Kaoutzanis, *The UN Security Council and International Criminal Tribunals: Procedure Matters* (Cham, Switzerland: Springer Nature, January 2020).

52. "In Hindsight: Getting Across the Line on Syria's Cross-Border Mechanism,"Security Council Reports, July 30, 2021, 1, https://www.securitycouncilreport.org/monthly-forecast/2021-08/getting-across-the-line-reaching-an-agreement-on-syrias-cross-border-mechanism.php#:~:text=30%20July%202021-,In%20Hindsight%3A%20Getting%20Across%20the%20Line%20on%20Syria's%20 Cross%2DBorder,humanitarian%20assistance%20into%20Syria's%20northwest.「模糊是共識之母」是聯合國經常使用的修辭策略，例如，在授權伊拉克檢查制度的決議（聯合國安理會第一四四一號決議）中，就使用此種策略。

53. Henry Farrell and Abraham L. Newman, "The Janus Face of the Liberal International Information Order: When Global Institutions Are Self-Undermining," *International Organization* 75, no. 2 (February 2021): 333–358, https://doi.org/10.1017/S0020818320000302; Sarah Kreps, *Social Media and International Relations*, Elements in International Relations (Cambridge, UK: Cambridge University Press, July 2020); and Editorial Board, "The Internet Became Less Free This Year — Again," *Washington Post*, September 27, 2021, https://www.washingtonpost.com/opinions/2021/09/27/internet-freedom-decreases-again/.

54. Jan-Werner Müller, *Democracy Rules* (New York: Farrar, Strauss and Giroux, 2021). 關於歐洲民主經驗的精采概述，請見Sheri Berman's *Democracy and Dictatorship in Europe: From the Ancien Régime to the Present Day* (Oxford: Oxford University Press, 2019).

55. Sarah Repucci and Amy Slipowitz, *Freedom in the World 2021: Democracy Under Siege* (Washington, DC: Freedom House, 2021), https://freedomhouse.org/report/freedom-world/2021/democracy-under-siege.

56. 關於二〇一七年歐洲選舉網路干預的開創性研究中，法國以此主題爲中心。關於開創性研究，見Jean-Baptiste Jeangene Vilmer, A. Escorcia, M. Guillaume, and J. Herrera, *Information Manipulation: A Challenge for our Democracies* (Paris: Policy Planning Staff [CAPS] of the Ministry for Europe and Foreign Affairs and the Institute for Strategic Research [IRSEM] of the Ministry for the Armed Forces, 2018), https://www.diplomatie.gouv.fr/IMG/pdf/information_manipulation_rvb_cle838736.pdf.

57. David Petraeus and Sheldon Whitehouse, "Putin and Other Authoritarians' Corruption Is a Weapon—and a Weakness," *Washington Post*, March 8, 2019, https://www.washingtonpost.com/opinions/2019/03/08/putin-other-authoritarians-corruption-is-weapon-weakness/.

58. 關於《二〇二一年人民法案》, H.R. 1, 117th Cong. (2021), https://www.congress.gov/bill/117th-congress/house-bill/1?r=30.

59. Juana Summers, "The House Has Passed a Bill to Restore the Voting Rights Act," NPR, Au-

gust 24, 2021, https://www.npr.org/2021/08/24/1030746011/house-passes-john-lewis-voting-rights-act. Both bills have passed the House and await a Senate vote.

60. Amy Gutmann, *Liberal Equality* (Cambridge, UK: Cambridge University Press, 1980).

61. 關於國內民主改革之重要性的案例，請見Robin Niblett and Leslie Vinjamuri, "The Liberal Order Begins at Home: How Democratic Revival Can Reboot the International System," in the excellent collection edited by Charles A. Kupchan and Leslie Vinjamuri, *Anchoring the World: International Order in the Twenty-first Century, Essays from the Lloyd George Study Group on World Order* (New York: Council on Foreign Relations, 2021), 10–23.

62. Lilliana Mason, Julie Wronski, and John V. Kane, "Activating Animus: The Uniquely Social Roots of Trump Support," *American Political Science Review* 115, no. 4 (November 2021), 1–9, https://doi.org/10.1017/S0003055421000563.

63. Paul Krugman, "The Gentrification of Blue America," *New York Times*, August 27, 2021, https://www.nytimes.com/2021/08/27/opinion/California-housing-price-economy.html.

64. M. T. Anderson, "In Medieval Europe, a Pandemic Changed Work Forever. Can It Happen Again?" *New York Times*, February 16, 2022, https://www.nytimes.com/2022/02/16/opinion/sunday/covid-plague-work-labor.html.

65. Richard Reeves, "Inequality Built the Trump Coalition, Even if He Won't Solve It," *Las Vegas Sun*, September 19, 2016, https://lasvegassun.com/news/2016/sep/19/inequality-built-the-trump-coalition-even-if-he-wo/.

66. David Leonhardt, "Our Broken Economy, in One Simple Chart," *New York Times*, August 7, 2017, https://www.nytimes.com/interactive/2017/08/07/opinion/leonhardt-income-inequality.html. Leonhardt借鑒Thomas Piketty 及 Raj Chetty的開創性研究。有關不穩定「無產階級」不斷增長及應對措施的深刻診斷，請見Michael Graetz and Ian Shapiro, *The Wolf at the Door* (Cambridge, MA: Harvard University Press, 2020); and Kathleen Thelen, "The American Precariat: US Capitalism in Comparative Perspective," *Perspectives on Politics* 17, no. 1 (March 2019): 5–27.

67. Eric Levitz, "Will 'the Great Wealth Transfer' Trigger a Millennial Civil War?," *New York Magazine*, July 18, 2021, https://nymag.com/intelligencer/2021/07/will-the-great-wealth-transfer-spark-a-millennial-civil-war.html.

68. Eric Liu, *Become America: Civic Sermons on Love, Responsibility, and Democracy (Seattle: Sasquatch Books*, 2019), 204. 另一位歐洲觀察者對重建民主制度社會基礎之挑戰，提出深刻見解，見Vittorio Emanuele Parsi, *The Wrecking of the Liberal World Order*, trans. Malvina Parsi (London: Palgrave Macmillan, 2021).

69. Emily Cochrane, "Senate Passes $1 Trillion Infrastructure Bill, Handing Biden a Bipartisan Win," *New York Times*, August 10, 2021, https://www.nytimes.com/2021/08/10/us/politics/infrastructure-bill-passes.html.

70. Tami Luhby and Katie Lobosco, "What the Democrats' Sweeping Social Spending Plan Might Include," CNN, November 19, 2021, https://www.cnn.com/2021/09/12/politics/house-reconciliation-package-explainer/index.html.法案放棄擴大聯邦醫療保險及免費社區大學。不幸的是，法案遭到西維吉尼亞煤炭州的民主黨參議員Joe Manchin的反對，他的支持對於法案是否能通過參議院表決至關重要。

71. Allison Pecorin and Trish Turner, "Universal Pre-K, Free Community College Tuition: What's in $3.5T Budget Bill," *ABC News*, August 9, 2021, https://abcnews.go.com/Politics/universal-pre-free-community-college-tuition-35t-budget/story?id=79361478.

72. Kevin Rudd, "Short of War: How to Keep U.S.-Chinese Confrontation from Ending in Calamity," *Foreign Affairs*, March/April 2021, https://www.foreignaffairs.com/articles/united-states/2021-02-05/kevin-rudd-usa-chinese-confrontation-short-of-war.

後記與致謝

1. 此文我發表了另一個版本，見"An International Liberal Community," in Graham Allison and Gregory Treverton, eds., *Rethinking America's Security* (New York: Council on Foreign Relations/Norton, 1992), 307–333.
2. 我將此篇社論投書《紐約時報》，但編輯並無興趣刊登。

歐洲版的美洲國家組織

我們、俄羅斯人及歐洲現在需要的是一個歐洲國家組織（Organization of European States），亦即歐洲版的美洲國家組織（Organization of American States）。不是一九五〇、一九六〇年代有時充當美國在拉丁美洲霸權門面的美洲國家組織，而是一個由近乎平等的成員組成的組織，致力於維護和平、促進經濟合作及推動普世人權價值（任何泛歐組織都須如此）。

如同美洲國家組織，根據《聯合國憲章》第五十二條設立的「集體安全」組織，與根據第五十一條設立的「集體防禦」組織（如北約或華沙公約組織等聯盟）不同，不僅要面向外部，同樣也面向內部。除了聯合對抗共同外敵，它還旨在維護當地和平，促進當地合作。跟統一後的德國似乎即將加入的北約組織不同，這個歐洲國家組織將包含蘇聯及華沙公約組織成員。而與華沙公約組織不同，歐洲國家組織將包含北約成員。

所有其他替代方案都不夠好。統一後的德國若加入北約，即便該組織此刻看來不具攻擊性，都向蘇聯的歷史意識傳遞著一種力量對比危險位移的信號。倘若戈巴契夫時代的成就以某種方式瓦解，將讓蘇聯陷入一九三〇年代所面臨的孤立地緣戰略位置。統一後的德國若加入華沙公約組織（儘管難以想像），將讓西方陷入一九三九至一九四一年《德蘇互不侵犯條約》（Molotov-Ribbentrop Pact）時代的類似恐懼。中立的德國將在歐洲政治空間留下一片太大的空白，未來幾年歐洲將面對經濟合作與政治動盪的艱困任務，迫切需要德國的合作及資源。德國若既是北約成員，又是華沙公約組織成員，將讓這個兩次試圖主宰歐洲大陸的國家，扮演太大且太獨立的俾斯麥角色。

歐洲國家組織將把統一後的德國納入中心，但同時還包含美國（具有重要歐洲利益的非歐國家）及蘇聯（具有重要亞洲利益的歐洲強權）。透過期待已久的歐洲和平條約，成員國將建立一個泛歐的集體安全與和平變革保證。軍隊數量將大幅減少，並分配給歐洲國家組織。以中歐大城市如維也納為總部的歐洲國家組織，很快將成為歐洲外交與社會經濟合作的核心，幫助歐洲經濟共同體（EEC）擴展進入東歐新區域。

前方面對充滿挑戰性的過度轉換。北約及華沙公約組織將在兩到三、五年期間逐步淡出，首先從兩德邊境撤退，並縮減總體軍隊規模。德國加入北約將是暫時性措施——所有人都應尊重此為德國的選擇；但由於此舉的暫時性質，加上歐洲國家組織同時開展，導致歐洲共同利益很快將超越聯盟利益，因此此舉對蘇聯的意義應該大幅減低。政權合法性的民主形式及以市場為基礎的經濟組織方式的擴散，將在減輕區域緊張局勢，及支持區域團結方面產生很大的作用，後者是集體安全組織所需。最終利益平衡將取代力量平衡，開始形塑新歐洲的建設與意識。

當然，歐洲國家組織也存在風險。一如所有國際集體安全安排的嘗試一般，需要強烈的相互依賴及共同目標意識，領導力與外交技巧。國際聯盟因為缺乏這些特質而失敗，聯合國也很快陷入僵局。然而，若未能組建歐洲國家組織，將會面對日益緊張的歐洲現狀。而試圖開創歐洲國家組織之舉，並不妨礙我們回到此刻狀態。有時候，不進則退；有時候，唯一的謹慎之道就是創新。今日正是這樣的時代。

邁可·多伊爾
一九九〇年六月一日
紐澤西州金斯頓

Horizon 視野 004

冷和平：冷戰、熱戰之外的第三條路，台灣該如何選擇？

Cold Peace: Avoiding the New Cold War

作者　邁可．多伊爾（Michael W. Doyle）
翻譯　林玉菁

總編輯　林奇伯
文字編輯　張雅惠
文稿校對　楊鎮魁
封面設計　韓衣非
美術設計　走路花工作室

出版　明白文化事業有限公司
地址：231 新北市新店區民權路 108-3 號 6 樓
電話：02-2218-1417　傳真：02- 8667-2166
發行　遠足文化事業股份有限公司（讀書共和國出版集團）
地址：231 新北市新店區民權路 108-2 號 9 樓
郵撥帳號：19504465 遠足文化事業股份有限公司
電話：02-2218-1417
讀書共和國客服信箱：service@bookrep.com.tw
讀書共和國網路書店：https://www.bookrep.com.tw
團體訂購請洽業務部：02-2218-1417 分機 1124
法律顧問　華洋法律事務所 蘇文生律師
印製　博創印藝文化事業有限公司

出版日期　2024 年 3 月初版
定價　580 元
ISBN　978-626-97974-4-8（平裝）
9786269797455（EPUB）
書號　3JHR0004

國家圖書館出版品預行編目（CIP）資料

冷和平：冷戰、熱戰之外的第三條路，台灣該如何選擇？ / 邁可 . 多伊爾 (Michael W. Doyle) 著 ; 林玉菁譯 . -- 初版 . -- 新北市 : 明白文化事業有限公司出版 : 遠足文化事業股份有限公司發行 , 2024.03
面 ;　公分 . -- (Horizon 視野 ; 4)
譯自 : Cold peace : avoiding the new cold war.
ISBN 978-626-97974-4-8(平裝)

1.CST: 國際關係 2.CST: 國際政治

578　113001799